策划委员会主任

黄居正　《建筑学报》执行主编

策划委员会成员（以姓氏笔画为序）

王　昀　北京大学

王　辉　都市实践建筑事务所

史　建　有方空间文化发展有限公司

刘文昕　中国建筑出版传媒有限公司

李兴钢　中国建筑设计院有限公司

金秋野　北京建筑大学

赵　清　南京瀚清堂设计

赵子宽　中国建筑出版传媒有限公司

黄居正　同前

建筑少年的梦

布野修司 [日] 著

赵春水／史书培——译

中国建筑工业出版社

20世纪60年代末到70年代,发生在日本的"学生运动"正如火如荼地进行,日本各地的建筑少年也相继聚集,建立了属于他们的"梁山泊"。在这些"梁山泊"中,涌现了许多举世闻名的现代建筑师。

本书是笔者在"梁山泊"遇到这些建筑师并持续追踪他们的活动而编写完成的。

可以说,本书正是"日本现代建筑的水浒传"。

丛书序

在建工社一直从事日文版图书引进出版工作的刘文昕编辑,十余年来与日本出版界和建筑界频繁交往,积累了不少人脉,手头也慢慢攒了些日本多家出版社出版的好书。因此,想确定一个框架,出版一套看起来少点儿陈腐气、多点儿新意的丛书,再三找我商议。感铭于他的执着和尚存的理想,于是答应帮忙,组织了几个爱书的学者、建筑师,借助他们的学识和眼光,一来讨论选书的原则,二来与平面设计师一道,确定适合这套图书的整体设计风格。

这套丛书的作者可谓形形色色,但都是博识渊深、敏瞻睿哲的大家。既有20世纪80年代因《街道的美学》《外部空间设计》两部名著,为中国建筑界所熟知的芦原义信,又有著名建筑史家铃木博之、建筑批评家布野修司,当然,还有一批早已在建筑世界扬名立万的建筑师:内藤广、原广司、山本理显、安藤忠雄……

这些著作的文本内容,大多笔调轻松,文字畅达,普通人读来,也毫无违碍之感,脱去了专业书籍一贯高深莫测的精英色彩。建筑既然与每一个人的日常生活息息相关,那么,用平实的语言,去解读城市、建筑,阐释自己的建筑观,让普通人感受建筑的空间之美、形式之美,进而构筑、设计美的生活,这应该是建筑师、理论家的一种社会责任吧。

回想起来,我们对于日本建筑,其实并不陌生,在20世纪八九十年代,通过杂志、书籍等媒介的译介流布,早已耳熟能详了。不过,那时的我们，似乎又仅限于对作品的关注。可是，如果对作品背后的建筑师付之阙如，那样了解的作品总归失之粗浅。有鉴于此，这套丛书，我们尽可能选入一些有关建筑师成长经历的著作，不仅仅是励志，更在于告诉读者，尤其是青年学生，建筑师这个职业，需要具备怎样的素养，才能最终达成自己的理想。

羊年春节，腰缠万贯的中国游客在日本疯狂抢购，竟然导致马桶盖一类的普通商品断了货，着实让日本商家莫名惊诧了一番。这则新闻，传至国内，迅速占据了各大网站的头条，一时成了人们茶余饭后的谈资。虽然中国游客青睐的日本制造，国内市场并不短缺，质量也不见得那么不堪，但是，对于告别了物质匮乏，进入丰饶时代不久的部分国人来说，对好用、好看，即好设计的渴望，已成为选择商品的重要砝码。

这样的现象，值得深思。在日本制造的背后，如果没有一个强大的设计文化和设计思维所引领的制造业系统，很难设想，可以生产出与欧美相比也不遑多让的优秀产品。

建筑亦如是。为何日本现代建筑呈现出独特的性格，为何日本建筑师屡获普利兹克奖？日本建筑师如何思考传统与现代，又如何从日常生活中获得对建筑本质的认知？这套丛书将努力收入解码建筑师设计思维、剖析作品背后文化和美学因素的那些著作，因为，我们觉得，知其然，更当知其所以然！

黄居正
2015年5月5日

序 近代建筑评判的趋势 后新生代

1968年4月,我从出云(岛根县)前往东京上大学。也是在那一年,巴黎爆发了五月风暴。6月份,日本大学和东京大学相继开始全校罢课,日本政府把10月21日"国际反战日"的示威行动判定为"新宿骚乱"……再到次年1月安田讲堂地位的一落千丈,那一年相当动荡。每次一读到岛泰三的《安田讲堂1968-1969》(中公新书,2005年),就总能让我回忆起在那短短一年时光中的丰富经历。

之后,我在那次横扫日本的"学生运动"的混乱中度过了大学时代。随着经济高度成长期的结束,日本迎来了黑暗的20世纪70年代。

经历了两次(1973年、1979年)石油危机之后,当时的社会氛围一片死寂。没有工作岗位,没有兴建房屋,有的只是争论!不过这样评价可能不够真实。当时,我们(杉本俊多、千叶政继、户部荣一、村松克己、久米大二郎、三宅理一、川端直志、布野修司……)以"雏芥子"作为团队名称开展活动,并没有考虑到底做什么和怎么做,只是盲目地取了一个名字,也似乎是为了跟其他活跃的团队相抗衡,例如"遗留古迹研究所"(真壁智治、大竹诚……)和"金平糖"(井出建,松山严,元仓真琴);当时,像"武藏野蒲公英团"等这类有怪异名字的团队随处可见。

一方面,"雏芥子"不仅绘制了三里塚的铁塔连接板的图纸,而且还开展了迁建民宅、测量战壕、协助做农活等工作;另一方面,还连续举办

图1、图2 安田讲堂前的"黑帐篷"演讲,"2月与电影院",1972年

了"德国表现主义"电影展,制作"黑帐篷"[1]的戏剧等,非常忙碌。原坂手健刚总编创刊的《TAU》[2](商店建筑社,《吸血鬼备忘录》1973年1月号)记载了这时期"雏芥子"的活动。此后,我们撰写了建筑新闻界的处女作《虚构·剧·城市》和《柏林·广场·剪辑》等原稿。[3]工作中,我们遇见了"遗留古迹研究所"和"金平糖"的兄长,成立了一个类似"梁山好汉"的组织。

就是在这样的学生时代,我在冥冥之中,被负责当时被称为"解开了近代咒语"的《建筑文化》一书连载(1975-1977年)的编辑邀请。在以伊东丰雄(第3章)为首,包括长尾重武、富永让、北原理雄、八束始等成员的组织中,我是最年轻的一个。"解开现代的咒语"虽然是由田尻裕彦总编命名,但它作为对近代建筑评判的课题被广泛论及。在此次策划中,我先后遇到了渡边丰和(第6章)、毛纲莫太(毅旷)、大野胜彦、石山修武(第5章)、安藤忠雄(第1章)等前辈。这次经历让我思考甚多,并成为我研究建筑的原始出发点。

虽然我认为如何解开"近代诅咒",以及如何批判性地超越近代建筑是连载的主题,但应该先以刚刚过去的20世纪60年代的建筑为对象,以及之后如何超越它们,才是要研究讨论的主题。研究20世纪60年代的建筑是我的出发点。在连载的最后部分,我写了一篇名为《六十年代的丧歌》(《建筑文化》1977年10月号)的文章,并将该文放在了开篇,编写了《战后建筑论笔录》[4](相模书房,本书中的战前战后,指第二次世界大战之前后)一书。在1981年,我32岁时,通过追溯历史的形式而讨论建筑在1960年出现的诸多问题,写下了批判建筑意识形态类的书籍。在相模书房工作的神子久忠先生向我邀稿,当时我也不知为什么他主动向我搭话。我觉得这次邀请非常难得,大概花了一年时间,倾注全力思考并写下这本书。现在回想起来,如果没有神子先生的鼓励,就不会有现在的我。后来我跳槽到日刊建设通信报社,他也提供给我很多作建筑评论的机会。

我深知《战后建筑论笔录》肯定不会热卖,但还是引起了各种反响。《战后建筑论笔录》一书的首要目标,是支持20世纪60年代的建筑,从城市、建筑的发展和变迁的新陈代谢中提出新生代的思想。

政治和建筑

新一代组织的最年轻成员黑川纪章,于2007年10月12日(享年73岁)去世。在他生命的最后一年,他仿佛燃尽了自己所有的精力。

回想起来,其实这件事似乎早有预兆。我想起年初时收到他寄给我的一张"国立新美术馆"(2007年)开馆展览会的大幅海报,还曾被吓了一跳:一个人穿着和服,手拿日本刀,目不转睛地盯着正前方,那表情让人毛骨悚然;他两颊凹陷,看起来体弱患病。对于黑川,无论是亲自参与建立"共生新党"的东京都知事选举(4月),还是参与众议院选举(7月),恐怕都是早已注定的事。

"政治世界"是建筑师黑川纪章的遗愿。作为一位遗留作品众多,身兼艺术院会员(1998年)、文化功劳者(2006年)之名的人,功成名就的黑川为何用自己的生命作为赌注,把"政治世界"作为目标呢?很遗憾我不知道真相,坦白地说,他的结局让人联想起堂吉诃德。

建筑师与政治必然不会无缘。无论从国家的建筑工程来看,还是从自己身边的公共建筑设计来考虑,建筑师都与政治有着密切的关系。因此,建筑师的事业不得不卷入复杂的政治关系和现实社会中。

自年少出道以来,黑川纪章生活在最光彩华丽的世界。包括ODA(政府开发援助)的海外项目,国家工程也不少,他与政治界的交往甚为密切。晚年还曾出任1997年成立的全日本最大的保守派团体"日本会议"[5]的代表委员。

作为著名的建筑大师,在其高调动作的背后,虽不能明辨真假,但舆论认为他与政治家的关系非同寻常,这就是黑川纪章。围绕"东京市新立市政府"的设计竞赛,黑川纪章以周刊杂志为平台,曾对自己的老师丹下健三进行了激烈的批判,围绕东京都的行政,师生之间的暗斗掀起了一阵波澜。周刊杂志报道了关于2007年东京都知事选举,黑川纪章对于石原慎太郎知事任命安藤忠雄为负责东京奥运会设施规划的顾问建筑师一事,感到愤怒和嫉妒。他已经对议论纷纷的建筑界感到厌烦,由此我们能够看到黑川纪章始终如一地坚持自己的生存方式。

"媒体型"建筑师

在追悼文中(《产经新闻》2007年10月16日号),矶崎新(第9章)称黑川纪章为"日本第一且唯一的媒体型建筑师"。的确,在临终前的选举战中,黑川的各种表现都淋漓尽致地显示出其"媒体型"的形象。

在媒体曝光度这一点上,虽然可以说安藤忠雄凌驾于黑川之上,但从安藤的立场来说,是媒体的力量让他成为"国民"明星。说到底,是黑川选择成为以空想、完美为目标的先锋派(乌托邦)的做法,使矶崎新认为,他是一位"媒体型"建筑师。

"半个世纪前,我们作为丹下健三团队的成员,参与规划将东京扩大到东京湾上的构想。这是20世纪的最后一个理想规划。当然,东京没有任何变化。我们从中学到了带着承受挫折的心理准备进行策划项目的意义。那时的冈本太郎和丹下健三身上都散发出对近代艺术中理想主义的渴望。当时作为助手的我们,也受到很大影响。我们参加了被称为具有划时代意义的大阪世博会EXPO'70,近代理想主义在这里得以实现,以理想主义为目标的先锋派至此结束了自己使命,这是历史的捉弄。作为建筑师,面临独立时期的我们,被迫重新选择道路。于是,我选择了把建筑作为建筑来思考这条路,即具批判性地设计建筑。另外,黑川纪章选择了与媒体打交道,即从社会、政治、经济等建筑的外部因素决定其构架与组成。他面对这一复杂的角色游刃有余。"

矶崎新曾多次发表关于大阪世博会EXPO'70的文章,这不仅成为他对自身的锤炼和作为建筑师的出发点,也成为近代建筑史上重大的转折点。矶崎新称,从那里看到了社会变革(社会激进主义)和作为艺术的建筑(建造)之间不可逾越的鸿沟。

矶崎新选择了"把建筑作为建筑来思考这条路",而黑川纪章选择了"从社会、政治、经济等建筑的外部因素决定其构架组成"。但矶崎新也并不是否定建筑与社会的关系,而是"分享与分担广义的建筑师的社会性使命"。关于"东京都新政府大楼的设计招标"(1986年)未中标一事,他曾说"我并没有悲观。只要有好的想法,即使不是我,也一定有人能实现。"由此，我们或许就能理解何为他所谓的分享与分担。

矶崎新认为，东京都知事选举之际，黑川纪章的宣言是出类拔萃的，还说"它完全抓住了首都东京革新的关键，是具有超越性的新设计主题""这些内容集合了黑川纪章长达半世纪的多面性活动。"矶崎新甚至给出"半个世纪以来，他对我们一直背负的如同心灵创伤一样的东京建设问题，提出了解决对策"这样的高度评价。

"世界建筑师"

黑川纪章踏上建筑师这条道路，是从京都大学毕业（1957年）后，进入东京大学大学院（即研究生院）、丹下研究室时期（1957–1964年）开始的。从在丹下研究室发表《东京计划一九六〇》、1960年以"世界设计大会"为契机成立革新团体（川添登、菊竹清训、大高正人、桢文彦、黑川纪章、浅田孝、粟津洁、荣久庵宪司……），到东京奥运会的召开（1964年），日本经济开始向高度发展时期迈进，黑川作为腾飞时期的建筑师，是那个时代的代表人物。

黑川纪章在研究生时代，相继发表了《新东京规划案——50年后的东京》（1959年）、《垂直壁都市》（1960年）、《农村都市规划》（1960年）、《东京计规一九六〇》（cycle transport system，1961年）、《霞之浦规划》（1961年）、《丸之内商业地域再开发计划》（1961年）、《东京规划一九六一》（螺旋线规划，1961年）、《箱型量产公寓计划》（1962年）、《西阵地区再开发计划》（1962年）等城市规划方面的文章。"东京规划"是丹下研究室的项目。

20世纪50年代末到60年代初，日本建筑师纷纷钟情于"城市化热潮"。以菊竹清训的《海上都市》《塔上都市》《海洋都市》为首，城市规划文章的发表盛行一时。丹下研究室的《东京规划一九六〇》是那个时期的代表和象征之一。

"城市规划"这样一个虚拟的领域出现了，对城市的应有面貌提出建议，探寻它在社会、经济、技术上的可实现性，这种形式是近代建筑英雄时代的大师形式。也就是说，建筑师成为既是思想家又是实践家这样一种综合性人才，以像上帝一样能让世界秩序化的"世界建筑师"为出发点，提出规划方案。能看出黑川纪章一直追求上述的立场和风格。"哈萨克斯坦的首都计划"就是一个未完成的城市规划。

作为参与城市发展的方式，"世界建筑师"形式造成的冲击只是一段极短的时期。虽然未来城市规划在大阪世博会EXPO'70的会场上作为一瞬间虚构的都市得以实现，但却在结束后急速褪色。在众多新市区规划被具体化时，建筑师的想象力开始被残酷的现实拷问。

1973年末，第一次石油危机袭击了全世界，建筑师们不得不"从城市撤退"。城市规划自不用说，在连建筑设计的工作也没有的情况下，以实际的小规模项目（住宅设计）为基础，年轻建筑师开始了对近代建筑评判的激进尝试。

原广司（第8章）所著的《住宅中埋藏着都市》《从住宅看城市（空间构成）、从住宅设计看城市设计》中所体现的思想方法虽被大众所接受，而另一方面，"世界建筑师"形式的根基却丧失了。作为象征的丹下健三，将工作重心移到海外，整个20世纪70年代，其在日本国内的工作机会几乎消失。

建筑师·建造者

持有黑川纪章的世界观、认识论、设计方法的革新派，在20世纪60

年代已成为在建筑界中具有支配性的思想体系。我面对被那样思想体系影响的黑川纪章的人生轨迹以及他抵达的目标而感慨万千,而且,我认为有必要再一次研究革新运动的走向。

随着地球环境构成和承载极限的确定,循环、再利用、再生、转化……作为课题逐渐被重视起来。因此,在这种环境下,对拥有生命力的新陈代谢这一概念具有重新研讨的价值。革新运动以后,对于紧跟现代思想潮流的黑川纪章来说,革新运动和"共生的思想"是没有分歧的。关于建筑意识形态的革新和其结局,我想留在《战后建筑论笔录》中讨论,也许可以说,革新运动本身肩负着证明"废除和建造"是正确的职责;或者说,具有促使"社会空间商品化"的作用。革新的批判,即对近代建筑根源的批判,可以说能够达到批判产业社会理论本身的目的,这也是《战后建筑论笔录》的基本框架。

完成《战后建筑论笔录》后,我参加了一个叫HPU(房地产规划联盟)的组织,之后创办了《群居》杂志。1982年12月发行创刊准备号,次年四月创刊,到2000年为止已经发行了50期。成员以大野胜彦为首,由石山修武、渡边丰和、布野修司成立,之后野边公一、高岛直之、松村秀一等也加入进来。我们共同的方针,是将建筑师的工作内容缩小到住宅设计这样一个小范围之中,以住宅建造、流通、消费的全过程作为对象,展开具体活动。战后不久,住宅问题就成为所有建筑师的重要主题。回到初衷,我想对战后日本建筑师的工作情况进行总结。

《群居》提出、讨论,并记录的题目种类繁杂,以住宅、街道建设为主题,反复讨论了住宅建造商、工匠、建筑业者、开发商、筹划者、建筑师等的工作。从中浮现出一个新职业的影像,那就是克里斯托弗·亚历山大[6]所谓的"建筑师·建造者"。

注释及文献

*1

剧院的前身是1968年由六月剧场（津野海太郎等人）、自由剧场（佐野诚等人）和发现社（瓜生良介等人）共同成立的"戏剧中心68"。1970年，开始在黑色帐篷里进行流动演出，并更名为"戏院中心68/70"。为了与唐十郎领导的"情况剧院"的"红帐篷"对应，最后更名为"黑帐篷"。到了1971年，更名为"68/71黑帐篷"。它与寺山修司的《天花板码头》等作品共同成为20世纪60年代末和70年代初"地下"戏剧热潮的代表。现在其正式名称是"黑帐篷剧团"。"虞美人"在安田礼堂前制作了黑帐篷讲座《二月与金马》（由演员绿魔子主演，1972年5月）。

*2

即《Trans Architecture & Urban》，是商店建筑出版社发行的建筑月刊杂志，但仅发表了四期就停刊了。此杂志过度开展了现代建筑在反思背景下产生的各类理论尝试。在第一期的"丹下健三与市政厅建筑——修辞的分析"一文中对丹下的批评，使之成为20世纪70年代首先对丹下评价的杂志。

*3

收录于《布野修司建筑论集Ⅱ城市与剧院——城市规划的幻觉》（彰国社，1998年6月）。

*4

《战后建筑的终结——世纪末建筑论笔记》（炼瓦书房新社，1995年）是《战后建筑论笔录》的扩展修订版。

*5

其前身是"保护日本国民委员会"。1978年，在保守派文化人士、前最高法院首席法官石田一辉的倡议下，成立了"国家元典立法委员会"。此团体在元典通过后重组，并于1997年与以神道教、佛教、修行组织为中心的"保护日本协会"合并，成立了日本理事会。

*6

1936年出生在维也纳，后移民英国。在剑桥大学主修数学和建筑后进入哈佛大学建筑系大学院学习。成为加州大学伯克利分校教授。他曾提出将模式语言作为建筑和城市规划的理论。其著作有（为日文版翻译的年份），《社区与隐私》（1967年）、《俄勒冈实验》（1977年）、《城市规划新论》（1989年）、《用模式语言建造住房》（1991年）和《建筑的永恒之道》（1993年）等。此外还有在哈佛大学进修时写下的博士论文《形式综合论》。他的设计方法是将数学方法应用于建筑，通过合理的程序将复杂的设计条件与形式联系起来，对从事建筑和城市规划的研究人员有着重大的影响。后来，他意识到《形式综合论》中存在的局限性，并开展了"模式语言"理论研究。在《模式语言》中，他列出了253种让人们感到"舒适"的环境（城市和建筑）的相关模式。让居民和用户能够在建筑决策过程中参与进来，并探讨了"居民决策"与《城市规划新论》的关系。他通过《用模式语言建造住房》进一步质疑了整个住房生产系统，在《建筑师·房地产论》中也围绕这一主题展开了论述。

第8章　从聚落到宇宙　原广司　261

第9章　「世界建筑」的指南针　矶崎新　293

第10章　建筑的本源　成为建筑少年　335

后记　345

译者的话　348

目录

丛书序

序　近代建筑评判的趋势　后新生代

第1章　永远的建筑少年　安藤忠雄

第2章　建筑的起源　藤森照信

第3章　不断创新的建筑形式　伊东丰雄

第4章　家族与地域的形态　山本理显

第5章　自我构筑的世界　石山修武

第6章　建筑的遗传因子　渡边丰和

第7章　扎根在地球　象设计集团

第 1 章

永远的建筑少年

安藤忠雄

一 从拳击运动员到东大教授 安藤忠雄的人生轨迹

安藤忠雄是继丹下健三、黑川纪章去世之后,日本最著名的世界级建筑师。继丹下健三、黑川纪章之后,日本建筑师的代名词就是安藤忠雄。尽管从建筑界的国际知名度来看,除矶崎新(第9章)另当别论外,伊东丰雄也足以与安藤忠雄匹敌,但在日本国内的声望上,安藤却更出类拔萃。他自学建筑,并成为东大教师,而且还是文化功劳和文化勋章获得者(2010年)。他成功的故事,引起了日本国民的极大关注。

在日本近代建筑历史中,当人们去考察研究建筑界主流学派的谱系时,会发现它非常独特。尽管有在战前毕业于藏前工业高中,从邮电部工作的制图工到兴办"创宇社"而一跃成为时代宠儿的山口文象,或者同样是自学建筑的白井晟一(末章)等例子,但是由于时代不同,媒体的发展情形也不同,与此同时,建筑学派的影响力在不断下降。因此是媒体的力量将安藤忠雄塑造为国民明星,而且现实的时代也需要安藤忠雄,"谁都可以是建筑师,谁都能成为建筑师。"安藤忠雄让人们看到了这个梦想。

双胞胎的安藤

1941年9月13日,安藤忠雄出生于大阪市港区,由家住旭区的外祖父母抚养。据说在横宽12日尺(1日尺约为10/33米)、进深48日尺的长室(长屋:日本关西地区特有的一种住宅形式,其为竖长条形,数家住房紧密依靠在一起,共用同一地基——译者注)长大。安藤曾在《安藤忠雄建筑手法》(A.D.A.EDITA Tokyo出版社,2005年)一书中写道:"因为空袭房屋被烧掉了,疏散后再次返回到大阪居住,当时的家是下町典型的长屋街。尽管很难说是一个良好的居住环境，但是由于高密度而密集的社区，对于童年时代的我而言，这里的木材厂和玻璃厂等街道工厂有着很大的魅力。"

出道作品是"住吉的长屋"（1967年），对于在长屋出生的安藤而言，长屋是其原点，但是在他的作品集当中，却没有"密集社区"的味道。安藤自己从街道工厂学到了制作产品的样式、规则，体会到制造产品的严格和喜悦。在安藤十多岁初中二年级的时候，就出现在自家改建的现场，目睹了早已看惯的昏暗的房屋通过引入日光而发生变化的过程，那一刻的感动也是他立志成为建筑师的一个理由。看到这所房子外观的照片，让人有一种优美脱俗的感觉。

北山孝雄是他双胞胎的弟弟，下面还有一个建筑师的弟弟北山孝二郎。安藤于1969年在大阪建立安藤忠雄建筑研究所，但"玫瑰花园"（1977年）等几个早期作品，是同弟弟孝雄所属的、由毕业于"Setsu-Mode"研究班的滨野安宏任代表的滨野商品研究所一同实现的。我们这一代人就是通过"玫瑰花园"才知道的安藤忠雄。

北山孝雄作为一名制作人，开展过"神户大丸周边规划及BLOCK30""ONAIR（涩谷）""函馆西码头""德岛市东船场木板路""龟户SUNSTREET"等丰富多彩的活动，同时也有很多著作。

"SSF"（site specials forum，特别场地论坛）以"大文（大工之文）"和田中文夫栋梁及"职人大学"为目标，因SSF的活动，我与北山孝雄频繁见面时，他曾赠予我《大阪人北山孝雄的24小时》（东京索邦出版社，1997年）一书，我对于他们之间这种有些意外的联系而略感吃惊。作为少有的木工知识分子而为人所知的"大文"，曾同已去世的建筑史学家野口彻曾和滨野安宏共事。在"大文"的追悼会（10月11日）上，通过致辞，我更直接地聆听了他们之间的这种缘分。

安藤忠雄从事建筑设计工作的原因，与他的双胞胎弟弟存在明显关联。建筑设计这项工作，对于他来说是前所未有的一种职业。弟弟北山孝雄从1962年起在东京工作，安藤则通过弟弟的人脉认识了很多知己。

最小的弟弟北山孝二郎也是一名建筑师，因与美国建筑师彼得·爱森曼合作的作品"—IZM"（小泉照明剧院IZM，1990年）而知名。这一家人的建筑才能，毋庸置疑。

安藤传说

据说安藤从工业高中（大阪府立城东工业高中机械科）毕业后，便自学建筑。而在高中期间，17岁那年，便作为一名职业拳击手出道。因为弟弟孝雄突然开始练习拳击，受其影响，安藤开始去拳击俱乐部练习，并于2个月后取得了职业认证。台上绰号"伟大的安藤"，属于次轻量级，职业总成绩8胜3败1平（也有23战13胜3败7平的说法）。"自学"和"拳击手"是"安藤传说"的两大支柱。尽管没有确认过真实性，但是却有安藤一副精悍的面孔下准备出战姿态的照片为证（《安藤忠雄 建筑手法》《建筑家 安藤忠雄》，均为新潮社2008年出版作品）。

也曾有人说，安藤是从大阪工业大学的大专建筑科（夜校部）中途退学。而对于这一说法，他曾直接打电话给予否定。可能是和弟弟北山孝二郎混淆了。据说安藤从工业高中毕业后，曾在公司工作过一段时间，但是马上辞职了。在好友的介绍下开始进行室内设计，这便是他踏往建筑师之路的第一步。就这样边看边学，竟无师自通。之后，他还去听大学的建筑学科课程。据说只用了一年的时间便读完了所有课程。

"最痛苦的就是必须独自思考，到底应该怎样去学，以及学习哪些东西。首先得溜进没能上成的大学,私自旁听建筑学科的课程。但是仅这一两个小时的课程,无法找到自己想知道的答案。于是我便去购买大学所使用的教科书,并制定了一年之内读完这些书的计划。即便在打工的地方,午休的时候也一边啃着面包一边认真看书。晚上也舍不得睡觉,拼命地看书。尽管有点勉强自己的意思,但还是达成了目标。老实说,课程内容我有一半无法理解,甚至有很多内容都不知道为什么需要学,但还是在糊里糊涂的过程中了解了大学的建筑教育是一个什么样的体系。"(《建筑家 安藤忠雄》)

尽管是通过网络授课掌握了绘图,但不管怎么说,安藤并没有接受专门的建筑教育。

安藤说,他建筑学习的源泉是不断的旅行。20岁的时候便已绕日本一周。事后他回顾道,当时看到的弗兰克·劳埃德·赖特设计的"帝国饭店"及丹下健三设计的"广岛和平中心",是他立志成为建筑师的缘由。据说他曾接触到的古民居也起了很大作用。另外,在1965年,他还去欧洲进行了个人旅行。据说拳击比赛获得的奖金和辗转于各设计事务所打工所积攒的钱全花光了,但是无论如何,安藤说他就是想去看那些建筑。在当时的建筑界,神代雄一郎、宫胁檀等人已经开始进行设计调查。20世纪60年代初期,日本列岛的各处还都残留有很多美丽的村落和街道景观。接触日本传统景观依旧是安藤的出发点。

是旅行成就了建筑师安藤。

同刚刚开放欧洲自由行时一样,澎湃的青春力促使着年轻人环游日本。他一边从事室内装饰、家具及画刊设计、城市计划的工作,一边购买建筑杂志阅读,读了很多的"教科书",并偷偷去大学旁听。并且反复阅读太田博太郎的《日本建筑史序说》。据说去欧洲时,他还带着西格弗里德·吉迪恩的《时间·空间·建筑》。首次旅行时,他还带着雷纳·班纳姆的《第一机械时代的理论与设计》,虽然也可能记错了。

从出发点上讲,安藤忠雄始终是一个热爱"建筑"的"建筑少年"。

开办事务所

1969 年,年仅 28 岁的安藤在大阪的梅田开办了事务所。在这之前,他在大阪市立大学水谷颖介教授主办的 TeamUR 帮忙进行再开发调查及总体规划。去年我通过渡边丰和的介绍,与水谷颖介先生结识并在大阪一起小酌过几杯。水谷先生在关西地区为业界所熟知,学生也很多。据说与水谷在学校的接触,对安藤也有很大的帮助。

对照安藤的作品年表(《安藤忠雄的建筑 1House & Housing》TOTO 出版社,2007 年)可以发现,他的第一个项目是"小林邸(SWAN 商会大楼)"(1971 年)。但是根据安藤本人所写的内容,事务所最先承接的工作是"富岛邸"(1973 年)。接着于 1974 年完成"立见邸"等 5 栋住宅,1975 年又完成"双生观(山口邸)"等三栋小型住宅。在石油恐慌袭击日本列岛的时候,能有这样的工作量,实非易事。当时在大阪还能保持这样的高度成长性,应当是 1970 年大阪世博会的余韵吧。

这个时期,学习建筑的年轻学生最关注的应当是《都市住宅》杂志(请参照植田实《都市住宅编年史Ⅰ·Ⅱ》,MISUZU 书房,2007 年),或是《建筑》杂志。无论是哪个,它们的创刊都与平良敬一有关。关于创办到 4 号刊便结束的《TAU》,我们在序章也提到过,当中曾提及很多年轻建筑师、学生。"遗留品研究所""金平糖"等活跃的舞台便是《都市住宅》杂志。石山修武、毛纲莫太(毅旷)两个人则在《建筑》杂志连载了共同挖掘的"奇想异馆",毛纲莫太的表现尤其突出。"反住器"(1972 年)

项目极具冲击性,"给水塔的家"项目(毛纲邸计划)(《都市住宅》1969年10月号,与"北国的忧郁"同时发表)里则藏有一颗炽热的心。六角鬼丈的"家相的家"(1970年)、渡边丰和的"吉冈邸【1・1/2】"(1974年)、象设计集团(team zoo,第7章)的"鱼状住宅"(domo・Seracant,1974年)、石山修武的"幻庵"(1975年)等,众多后现代潮流的住宅作品应运而生,而此时正是20世纪70年代初期。

安藤忠雄将他的"富岛邸"和两个计划案刊登在了《都市住宅》(附册,住宅第四集,1973年)中。当时最先发表的文章是《都市游击住宅》,后续我们将对该文章进行介绍。

在《都市住宅》中介绍安藤忠雄的是渡边丰和。根据《文象先生、毛纲莫太的时代——山口文象・毛纲莫太备忘录》(编辑出版组织体ACETATE,2006年)介绍,现在仍然在籍于RIA的渡边丰和,与毛纲莫太是在1969年安藤开办事务所时相识的。不久之后,他们也与安藤开始了交流。后来,渡边、毛纲、安藤这三人便被称为"关西三奇人(三傻)"。据说是植田实给他们起的绰号。

住吉长屋

1976年,安藤一边忙于近10栋住宅的设计,一边致力于"住吉长屋"(图1)的设计。"住吉长屋"于1979年荣获日本建筑学会奖。此外同时获奖的还有宫胁檀的"松川BOX"、谷口吉生与高宫真介的"资生堂ARTHOUSE"。

安藤先于象设计集团+mobile工作室("名护市政府大楼",1981年)、毛纲毅旷("钏路市立博物馆・钏路市湿原展望资料馆",1984年),以及长谷川逸子("眉山大厅",1985年)获得了日本建筑学会奖,比原

图1. 住吉长屋,安藤忠雄建筑事务所,1976年

广司("田崎美术馆",1986年)甚至渡边丰和("龙神村民体育馆",1987年)还要早。与第二年通过"一系列的住宅"而获奖的林雅子相比,安藤只凭借一户住宅而获奖,简直就是一个特例。

至于日本建筑学会奖,在前一年度以"无符合作品"告终,1979年度好像也是"无符合作品"。当时的评语如下:"特别担心作品奖的连续空白对今后带来的影响,于是将审查的方针改为,与作品本身相比,更重视作品设计者的精神、思考方法的可能性、制作态度,因此'住吉长屋'成为符合的作品。"(《建筑杂志》1980年8月号)前两年的审查委员长都是大江宏。我作为在彰国社计划刊的新建筑学大系第一卷《建筑概论》的编辑核心人员,而有幸能与大江先生频繁见面。且由于当时居住在下马的公寓与先生的家非常近,先生曾数次深夜乘出租车送我回家。尽管没听先生直接说过,但能从他的语气中听出,虽然"广岛美术馆"是"综合得分很高"的有力候选者,但因其"制作态度"没有得到认可而最后被淘汰。

所以,也可以说安藤的获奖很幸运。这次获奖是对于他作为建筑师起点而言很大的转机,对此不但安藤本人多次提及,且也被大家所公认。伊藤郑尔的朝日新闻报道(1976年10月8日)安藤时曾说过,"奖项可以育人。"

在"住吉长屋"或这之前的"双生观"之后,安藤作品的方向突然逆转。正如他本人所说的那样,安藤在初期的狭小住宅上反复作业,模板便是阿道夫·路斯[1]的"空间规划"(raumplan)。安藤一直尝试着"在无情的四角箱内,潜伏复杂多样空间的戏剧性效果"。但是在"住吉长屋"上,安藤彻底放弃了"复杂多样"。关于这一点,让我们继续探索。

"在下雨的日子去厕所必须撑伞,这对建筑师而言是多么的残酷啊。"

这确实很耻辱，他丢弃了所谓的功能主义的规划设计手法。与此同时，选择了其他方法。无论是谁，都嗅出了近代建筑及对其批判的本质。

表彰理由如下：

"关于建筑整体，通过内外均使用清水混凝土，地面使用玄昌石，手工家具等数量较少的材料和施工方法，使住宅空间呈现出一种明快的设计意图，格调高且具有稳定感。另一方面，也存在着对于外墙隔热及没有扶手的楼梯、在雨天也能穿过透光庭院这些生活上的问题产生的不安感。但是，在这种接近极限的住宅环境下，以关注城市中日渐消失的人类和自然的关系为目标并使之得以实现，而且建成后仍要进行周期性的维护，在这种努力下存在着的住宅是城市住宅的一种状态，因此被授予日本建筑学会奖。"

就任东大教授

继"住吉长屋"之后，"玫瑰花园""北野小径"（均为1977年）"甲东小径"（1978年）等商业建筑也相继竣工。而且他设计的大规模集合住宅"六甲的集合住宅 I"（图2，1983年），还获得了日本文化设计奖（六甲的集合住宅之外）。这之后他因多次获奖而大显身手。成就安藤忠雄的是客户，他还得到了那些帮助自学年轻人"资助者"的助力。在由学派充斥工作网络的日本建筑界，很多建筑师会感叹缺少人脉，但是安藤忠雄正好相反，在这方面非常擅长。他对周围的人都非常诚恳。跟他认识不久后，我收到了他的明信片。听说他每年要寄出上千张。

《安藤的世界》是在经过"水之教堂"（1988年）、"光之教堂"（1989年）后，召开"安藤忠雄建筑展"（1992年）时完成的。与他初次见面是在

图2. 六甲集合住宅,安藤忠雄建筑事务所,1983年

"解除近代诅咒"的系列活动上（与伊东丰雄的谈话），后来渐渐熟识。我在去京都大学赴任（1991年）后，编辑了《建都1200年的京都——日本都市的传统和未来》（《建筑文化》1994年2月号），还曾委托他发表文章。当时"京都府立陶板名画庭"正在建设之中，安藤对此充满信心。

之后的历程，正如大家所知，从"塞维利亚万国博览会日本馆"（1992年）开始，经过"UNESCO冥想空间"（1995年），飞跃到"世界的安藤"。随后，安藤突然于1997年就任东京大学教授。

二战前对日本建筑学派进行总结的书籍中，有村松贞次郎的《日本建筑师构成图》（鹿岛出版会，1965年）曾写道，是东京帝国大学——即东京大学建筑系出身的建筑师在引领日本近代建筑的发展。对东京大学而言，将首席设计师聘为教授建筑师（专职的大学教授）是理所当然的指导方针。当时，一直引领战后建筑的是前川国男和丹下健三。前川和丹下两个学派培养了矶崎新、黑川纪章等很多建筑师。1962年东京大学成立了都市（城市）工学科，丹下健三、大谷幸夫从建筑学科调到该学科的同时，还在建筑学专业举办了规划设计的讲座，邀请了芦原义信。此后还邀请了桢文彦。

在那次"学生运动"的尾声之际，我同从法政大学调到东大赴任的芦原义信就"我们才是'雏芥子'"发生了激烈的争执。当时学习设计制图的是一年级的阵内秀信、六鹿正治、初见学、林章等学生，他们是第一届毕业生，我们是第二届毕业生。现在回忆起来，当时的争论好像是围绕身边空间的利用和管理展开的。从中我们学到了很多关于空间状态的知识。最终，以芦原义信先生为首，内田祥哉、稻垣荣三、铃木成文等诸位老师相交甚密。而上一届却并非如此。学生和教授之间好像存在着较大的隔阂。而就是这上一届学生中的铃木博之把安藤聘为东大教授的。

人们当然期待继芦原义信、桢文彦之后的教授是在世界范围享有盛誉的建筑师。详情不得而知，但是就排除了众多东大毕业生而选择了安藤忠雄一事，引发了很多争论。因为我在京都大学工作过，所以知道当时的京都大学也有聘请安藤为教授的想法。然而因京都大学工学部要求聘任的教授必须拥有博士资格（写了博士论文），于是此事便作罢。

所以说，安藤也很幸运！

二 名为游击队的建筑少年　安藤忠雄的建筑思想

其实，关于安藤忠雄发迹的相关信息，经常出现。

把建筑作为梦想！让其充满绿色和自然！让其具有地域性和日本精神！

难缠的建筑理论和方法论与安藤井水不犯河水。安藤忠雄自认为不擅长写文章，但其实，他好像是想要与建筑师展开的座谈会和小组会议保持一定距离。安藤说，因为对大部分建筑师来说设计作品是理所应当的事，所以无法讨论。

安藤通常只对"建筑师"才说出看似隐晦，但实质朴实的话。通过安藤的电视媒体访谈能看出，他具有真性情和非凡的说服力。

然而，安藤的作品是否能与其质朴的主张相符合呢？这就是另一个问题了。虽然写下了安藤绪论，但是对于将混凝土作为主要材料的安藤来说，"自然"究竟是什么呢？安藤忠雄的"再绿一点！"说得不是太轻薄质朴了吗？例如，明明是"淡路花博览会"（图3），但其实际上却是人工建筑物。虽然收集了数百万枚的扇贝（图4），但也不过还是和混凝土一样坚固。表里不一，这也是大部分人的感受。[2]

图3. 淡路梦舞台，安藤忠雄建筑事务所，1999年

图4. 铺在水盘上的帆立贝贝壳

都市游击队住宅

安藤忠雄写的第一篇文章,名为"都市游击队住宅"(《别册·都市住宅第四季》)。当中他提出了"将个人作为理论的中心,或者其他……"的观点。这是强硬,还是单纯呢?总之,这是他发表的首篇激情飞扬的文章。

他的论点都非常简洁明了。

对于"经济型效率的原理""技术发展的原理"而言,如何"将个人作为理论的中心"是其文章的主题。随着"近代资本主义理论的渗入和高度的'信息化'",在"官僚制度"之中,宣布了"以'个人'作为理论中心;以直观感受作为基准;还有表现自我的住宅"这三点作为中心主题。

同时发表的还有分别名为"游击队Ⅰ""游击队Ⅱ""游击队Ⅲ"的住宅作品,都是在如"猫额头宽度的区域"建起的独立居室。

"比起半途而废且伪善的社区论,在这样的城市中,若就继续在这里生活的人们的想法,及此时唯一能解决问题的办法而言,更有效的方法难道不就是其地块本身吗?"安藤果断作出表述。

"由于外部环境的破坏,例如,追求以'戏剧性的内外空间的相互渗透感'作为空间主题,是虚幻且毫无意义的,但是鉴于这点过于明确,便对此不再追究……通过对于外部环境的'厌恶'和'拒绝'的表达,完成主立面并充实其抽象化的内部空间,由此使其中的微观宇宙显现出来,最后探索其中所具有的新兴的现实产物。"

这可以说是非常精明的。

东孝光的"塔之家"发表于1967年,表达了人们即使是住在"猫额头的距离"般狭小的空间,也还是要继续留在市中心的这种固执想法,这也是那个时期的先例。年轻的建筑师经常通过住宅作品出道。安藤的

"游击队住宅"是在1972年发表的,同年发表的有前文所述的毛纲毅旷的"反住器"。他编写了《日本的住宅:战后50年——考证向21世纪转变与未转变的事物》(彰国社,1995年),在被选定的50部作品中,仍有很多20世纪70年代初的作品。当时他写下的以"转变与未转变的事物"为题的论述如下:

"20世纪70年代前中叶,是时代变换的转折点。转折的象征是毛纲毅旷的'反住器',石山修武的'幻庵'。在此之后,后现代主义建筑的流派在住宅方面逐渐显现。此外,原广司的'作为最后堡垒的住宅设计'中的思想,或者是'被住宅埋葬的都市'的思想,都反映了当时的状况。也就是说,经历了第一次、第二次石油危机打击的20世纪70年代,对于一般的'建筑师'来说,住宅设计存在种种限制和不便。于是,尝试超越近代住宅、现代居住所和nLDK(几室几厅)的思想被作为住宅设计的课题。而20世纪80年代泡沫经济的高峰时期开始出现历史性样式及装饰的复活、地域原则、基拉瓦纳节奏、概念论节奏……就此迎来了令人眼花缭乱的后现代主义。"

然而,安藤的风格却从来没有向后现代主义转变。

作为方法的旅行

安藤忠雄的著作大部分都是作品集,除此之外的零散文章并不多。其中,被印刷的有安藤作品的原稿和作品发表时的采访、访谈、演讲记录。称得上讲义笔记的有三本,分别是在东京大学的讲义笔记——《论建筑》(东京大学出版会,1999年)《屡战屡败》(东京大学出版会,2001年),以及NHK人类讲座的《梦见建筑》(日本放送出版协会,2002年)。我们现在以这三本书为核心来讨论一下安藤忠雄的建筑论和建筑观。这三场讲座基本在同一时期举行,演讲的内容有很多重复。此外,其各自的后续讲座也都不具有系统性。这些演讲都采用了以自己的作品为中心、将各种例子引用在个人主题或者关键词上的形式。

在以个人采访为中心的著作中,安藤再次论述了"旅行"。《论建筑》由五次讲座的讲义构成。装订成册,所以也附上了序言,且以"想象的力量"命题。他第一次的欧洲之旅,是从横滨坐船横渡纳霍德卡,又坐火车抵达西伯利亚。后经马赛回到象牙海岸,再经由开普敦和马达加斯加到达庞培,最终止于贝拿勒斯(瓦拉纳西)。讲义中提到,他在恒河的河畔突然想到"人生"和"死亡","把人生作为游击队"的想法也是从那时候开始。虽然现在也有面向年轻人只需几百万日元的环游世界漂流之旅(和平之舟),但在刚刚能够自由跨国渡海的时代,可以说大航海时代的旅途事迹非常值得一写。夸张地说,我觉得他肯定有空海和尚当初来到长安感叹道的"这才是世界啊!"的想法。我认为对于安藤来说,24岁的这次旅行非常震撼,他本人也反复如此强调。

安藤以此次旅行为主题撰写了《安藤忠雄的都市彷徨》(杂志小屋,1992年)。名为《布鲁特斯》的大众杂志也连载过安藤的作品。这本名为《布鲁特斯》杂志的媒体效应也为建筑师开辟了新的道路。

"旅行造就人类……旅行造就建筑师。"安藤以此话为起始。种种体验,是建筑师的基本。安藤一直专注于有关旅行的话题。此后几年,他还把自己初次的世界之旅比喻为"体验了英国良家子女传统教育"的一种"地域观光"。

虽然由于工作原因往来于世界各地,但他对亚洲的关注却丝毫未减。第一次海外旅行,他为了拳击独自前往曼谷,也如前文所述,在第一次海外行程后,他又在印度驻足了一段时间。此外,名为《安藤忠雄的都市彷徨》的 NHK 节目最初还选址在了越南的顺化市。后面谈及的淡路花博会的会场设计，也为莫卧儿帝国第三代皇帝阿克巴³的法塔赫布尔西格里城⁴埋下伏笔。

安藤建筑的出发点，想必就是寻找和追踪名建筑的起源，并将其变成适应当时现场环境的建筑（转移、变形）。

伦佐·皮亚诺曾说："你们的建筑只是参考。这并不是直喻，而是引喻。"对此安藤说道："过去看到的事物和自己身旁的事物，在我的血液里凝结、混合、过滤之后，突然有一天，将会以疯狂的速度喷发。"（《安藤忠雄的都市彷徨》，第49页）

作为文本的近代建筑

然而，旅行的目的地却全然变成了欧洲。对于完全没有接受过正规建筑学教育的安藤忠雄来说，旅行的首要目的，是向世界闻名的建筑学习。具体而言，便是与近代建筑息息相关的建筑作品。

若要列举《安藤忠雄的都市彷徨》中曾提及的主要城市、建筑师或他们的作品，当中有巴黎、巴塞罗那、塞维利亚、格拉纳达、海牙、柏林、巴塞尔、维也纳、雅典、艾哈迈达巴德、纽约、波士顿、洛杉矶、马赛、罗马、米兰、威尼西亚（即威尼斯）、伊斯坦布尔、卡帕多西亚、哥伦比亚；高迪、里特费尔德、米开朗琪罗、帕拉第奥、希南、密斯·凡·德·罗、阿道夫·路斯、基斯勒、弗兰克·盖里、汉斯·霍莱因；范斯沃斯住宅、沃茨塔、斯托克莱公馆、塔塞尔公馆、马略里卡住宅、朗香教堂、圣家族教堂、奥尔塔住宅、泰姬陵……

我们一个接一个地简单谈谈吧！无论是哪个，对建筑初学者而言都如试题一般吧。安藤忠雄对建筑的这种"关注"，或许称为他"对建筑的体会"更好理解。在"讲义"中,出现了很多和安藤一样关注建筑的建筑师或作品。无论哪位建筑师,都是在一直比较着与其他建筑师作品的距离、差异中而完成工作的。正是这种比较的手法划分了建筑的派别。对安藤来说,当初比较的标准是近代建筑那些华丽的建筑巨作,特别是勒·柯布西耶的作品。

安藤是这样回顾过去的:

"当时,日本大部分同时期的建筑师都对如何克服现代主义有过各自的尝试。如今我虽仍未整理完现代主义问题,却再次审视了这些建筑师的活跃时期,从现代主义的原点出发,寻找新的可能性,并找到了自身做建筑的目标。在我看来,正是测量这一起点与现代主义之距离的方法的不同,决定了他们各自建筑活动之间的差别。"(《安藤忠雄的建筑 1 House&Housing》,第72页)

朴素的民族主义?!

另一方面,安藤也表达了他对大众建筑世界的关心。在《梦见建筑》中,他首先是围绕作为建筑原点的"住宅",写下了"与聚落的邂逅"。接下来,他以集合住宅作为群居住宅的原点,谈及了中国福建省的客家"圆形土楼"和爱琴海圣托里尼的村落。

20世纪60年代初,日本诞生了"设计·调查"的潮流,人们开始关注各地的民居和聚落。此外,继伯纳德鲁道夫斯基《没有建筑师的建筑》(*Architecture without Architects*)出版之后,在世界范围内,人们也逐渐开始关注地方建筑(Venacular Architecture)。1979年1月,我首次去到别的亚洲国家(印度尼西亚),并感受到了地方建筑的丰富多彩。前年5月,我被派遣到东洋大学工作,当时矶村英一学长指派我进行名为"关于东南亚居住问题的理论性实证性研究"的课题研究,随之与前田尚美、太田邦夫、上彬启、内田雄造等老师开始了共同探索。我从那时开始,直到现在还在开展"亚洲都市建筑研究",并从太田邦夫的《观看世界住宅——工匠们的技术与聪慧》(学艺出版社,2007年),特别是《民族建筑》(SD选集,2010年)中学到了很多。此外,无论是对R.沃特森的《活着的房屋——东南亚建筑人类学》的翻译[5],还是对《世界居住杂志》(布野修司编,昭和堂,2005年)的总结,太田先生都给予了宝贵的教诲与指导。

日本建筑师中采用"聚落之旅"方法来彻底调查住宅集合的理论。将"聚落的教诲"作为其建筑手法的,是原广司(第8章)和山本理显(第4章)。而与把空间的形式和创立制度作为问题源头进行探索的山本理显相比,安藤对此的关心只是略知皮毛。

安藤所阐述的是相对多样的地方建筑是统一化且简单易懂的近代建筑的二元对立样式。非常敬爱勒·柯布西耶并反复对其作品进行论述的安藤,在他关于近代住宅的基本命题中必定会涉及"住宅是居住的机器""近代建筑的五大原则""多米诺系统"的理论,同时必然也会谈及罗伯特·文丘里[6]之后对近代建筑的批判潮流。

问题是,安藤忠雄到底是站在哪边呢?

而且,据说他曾想试着超越近代、超越"住吉长屋"。然而,他是否能做到呢。

起初,安藤忠雄更倾向于阿道夫·路斯的空间规划,设计了不少小型住宅。随后,他还论述了勒·柯布西耶的萨伏伊别墅(Villa Savoye)和里特费尔德[7]的施罗德住宅(Schröder House)。

显然,安藤不会参与文丘里对近代建筑的批判。他曾说道:"没有比我

和新艺术风格更不相称的了。"(《安藤忠雄的都市彷徨》，第154页）

批判性地域主义？

能够说明安藤立场的唯一关键词是肯尼思·弗兰姆普墩[8]的"批判性地域主义"。安藤在《论建筑》的第一讲——"国际主义和地域主义"中，提出了来自弗兰姆普墩的"面向批判性地域主义，因'抵抗建筑'而产生的六大问题"。[9] 弗兰姆普墩按照"文化与文明""先锋派的兴衰""批判性地域主义与世界文化""场所——形式的对抗""文化自然——地势、背景、气候、光、构造的形态""视觉性对触觉性"的标题顺序，进行了考察研究，而安藤也将他所认为的"批判性地域主义"概括如下：

- 对现代化批判的同时，也接受现代建筑为进步性的遗产，因为它们反映了翔实全面的实践。
- 是扎根于地域，充分发扬风土性的建筑。
- 顺应构造规范的建筑。
- 不仅是在视觉上，也是诉诸其他感官的建筑。
- 并非将地域性无批判地作为直接形态使用，而是加以改变创造出作为现代主义实践而被重新定义的地域性。
- 建筑实践对现代建筑的批判是积极的。

安藤虽然已经指出弗兰姆普墩言论中令人难以接受的点，但却没有进行具体和深入的探索。可以看出，安藤只不过是把"传统"和"地域性"简单地放在了对立面上。对于日本现代建筑的方向，在以"丹下vs白井"或"弥生时代vs绳文时代"为漩涡中心争论得沸沸扬扬的20世纪50年代，虽然也谈及了日本传统大辩论，但却没有人对其有深入的观点或评论。这既不是"按照弗兰姆普墩所提倡的批判性地域主义理论所建立的系统"，也"有别于丹下老师所说的传统论"；真正的问题，是"不能仅继承形态，还要知道如何继承并发扬风土精神，或是如何在实际的建筑中表现出对待城镇的方式"，以及"如何将日本事物的形态、思考方法、精神等用建筑学的语言表达出来"。

安藤忠雄经常与政治事件相随。开设事务所的前一年，也就是1968年5月，在第二次去欧洲旅行的途中，他正好赶上巴黎"五月革命"的鼎盛时期。此外，他还曾见证了柏林墙的崩塌（1989年）。他还曾就"美国同时段多次发生恐怖事件"的"9·11"事件发表言论（2001年）。从"以当时状况为契机"（《新建筑》1977年2月号）、"抵抗的堡垒"（"新建筑住宅设计竞赛来自审查员们的信息"《新建筑：住宅特辑》1985年冬季号）诸如此类的初期的文章中，能够看出他以"游击队"作为出发点的动机。然而，如上文所述，安藤的建筑论形式即使未必是"游击队"式的，也绝不是"反抗"式的。他的内心深处，与其说是激进，倒不如说是"建筑少年""梦想"的纯真。

三 混凝土的几何学与自然 安藤忠雄的建筑手法

归根结底,建筑并不是某种"语言"。

安藤忠雄这样回顾道"说实话,我对于所谓的后现代主义运动完全没兴趣。倒不如说,我对于实行全是'语言'的建筑风潮抱有某种厌恶感。不过,虽自称为'游击队',但却并不是为了反抗后现代主义。我想要挑战的,是现代主义简明的理论所不能掌控并充满各种矛盾的现实性城市;想要创造的,是充满破壳而出生命力且没有条理的空间。现在想想,我觉得与其称之为建筑,倒不如称为雕塑。"(《安藤忠雄的建筑1 HOUSE & HOUSING》73页)。

从宏观角度来看安藤忠雄的作品,其高度一致的特点非常让人震惊。无论是住宅还是公共建筑,都是由混凝土箱子来建造的。这种建筑手法,无论在日本还是海外,都同样被使用。这种过分坦白的单纯性和其一贯性,理应使人震惊。这是他用自己的方式诠释了建筑的"地域性"和"场所性"。

如果用一句话来描述近代建筑,那就是"钢铁、玻璃、混凝土并存的四方形的箱形建筑"。这不正是"安藤建筑"吗?自安藤被人们所熟知以来,在各地都有了"模仿安藤"的混凝土建筑作品。如果能将混凝土打磨出好看的模样,那么模仿安藤的风格应当是个很好的选择。"安藤作品"本土化无可厚非,且也实际发生着。如果把对现代建筑批判作为自己的课题,我想,批判"安藤忠雄",早已是年轻一代的追求了吧。

清水混凝土的墙和箱

关于安藤忠雄名为"岐阜加子母村社区中心"(2004年)的作品,有这样的故事。我每年夏天都和学生们一起去参加1991年起由藤泽好一、安藤正雄两位老师在岐阜的山区策划的名为"木匠私塾"的某项活动。之前将高根村作为据点，之后移至加子母村。听说他们长年在"社区中心"上课，与学生们一起进行非常有意思的创作，还互相热心地讨教，只是村里的人们还是选择了"世界性的安藤"作为设计师。因"东浓扁柏树"而为人们所熟知的加子母村，因其是伊势神宫建造的御用备木林，而不得使用混凝土。好在，安藤忠雄也有不少木建筑作品。

"下町唐座"（1988年）、"塞维利亚世博会日本馆"（1992年）、"宾库县木之殿堂"（1994年）、"南岳山光明寺本堂"（2000年）、"野间自由幼儿园"（2003年）等，都是安藤的木制建筑，但是他却对"木头"本身和"木结构"毫无兴趣。他使用的实则是一种集成材料，即一种均质的构造材料。安藤对于混凝土的倾向可以说是非常彻底。

但是，安藤曾说自己"并非拘泥于混凝土，只是倾心于20世纪的建筑。"

混凝土作为建筑材料最早在古罗马时期就被使用。其他更宽泛的使用方式，如把水泥类、石灰、石膏等这样的无机物质和沥青、塑料等有机物质材料作为结合，混合砂石、砂砾、碎石等骨架材料后形成的混合物以及固化物。但使建筑设计的世界从根本上发生变化的钢筋混凝土的出现或者说是发明[10]，才是对当今建筑界起了决定性作用的存在。它的出现，也确实与现代建筑的发展密切相关[11]。

这种新兴的材料和构造被认定会决定"现代建筑"的未来。不得不省略追溯战争前期的言论，战后钢筋混凝土制造和使用的创造便是日本近代建筑华丽开场的象征，但是大多数的建筑师却依旧感到很受拘束。即使在英国被称作"新粗野主义"，但是残留模板木纹的混凝土建筑仍旧是20世纪五六十年代日本建筑的代表特征。

然而，其施工、加工，还有维护管理中都存在着技术性的问题。从正面来防止这些问题发生的方法，是把瓷砖作为模板的"嵌入式瓷砖法"，最先使用这一方法的，是领导日本近代建筑的前川国男。此后，脱模后的混凝土表面，也应当使用瓷砖和其他物体覆盖。事实上，混凝土碱骨料反应等突显了钢筋混凝土的局限性。利用海砂制造的钢筋混凝土是相当脆弱的，而且绝对不持久。

"对现代建筑批判的表面化"，与"建筑的表层再次被丰富多彩的物体覆盖"相互并行。而这些的先驱，则是表面覆有名为"超图"（Super Graphic）的建筑。

安藤终究还是对混凝土情有独钟，而他也从中找到了自己的独特性。创造出"安藤建筑"特征的是加工混凝土的美感。对混凝土的加工精度、水和水泥的比率、坍塌度指数、钢筋和模板之间的间隔、钢筋间隙等"激烈争论"的经验值，才是最好的武器。安藤的别出心裁之处，与"大型观光"中被称为"最大冲击"的勒·柯布西耶的"朗香教堂"不同，而是与路易斯·康的"索克研究中心"，或是"金贝尔美术馆"[12]有异曲同工之妙。

然而安藤却说："我本身在主观意识上其实是完全没有重视混凝土的想法的。"（"生活空间与混凝土"，附录，《家1969-1996》，第12页）他还对"越来越脏"的外墙表面的维护管理、补修、清洁非常用心。

安藤忠雄十分排斥素材感（材料质感）。他关心的并非混凝土表面的质感，而是平滑的表面。这一点，与彻底拘泥于使用自然素材的藤森照信是相同的。也许安藤忠雄早已摒弃了"厚重且等质的材料"——混凝土。

也许我们也早已对钢筋混凝土失去了信心。

正方形与圆形

安藤的建筑品质已在前文中明确地表述。他从未改变对所谓"现代建筑"的偏爱。虽然也接触过高迪和奥尔布里希（Joseph Maria Olbrich）[13]、霍塔（Victor Horta），以及新艺术的鲁道夫·斯坦纳[14]等表现主义作品，但他自己却从未踏上这条道路。他对于装饰或者说历史性的样式毫无兴趣。因此，也没有与后现代主义的历史主义相对应的作品。此外，对于以上所说的素材本身也完全没有表现出什么关心。

当初钢筋混凝土被发明（发现）时，众人期待的是它的可塑性。钢筋混凝土的制造是用模具浇筑成形。建筑的骨架是没有接缝浑然一体的，只有用模具才能自由地将其变成任何想要的形状。而建成怎样的形状才是个大问题。

但是，安藤对于制造具有可塑性的钢筋混凝土的形状毫无兴趣。而且，他还与概念建筑划清了界限。与"关西三奇人"中的后两位——渡边丰和和毛纲毅旷所追寻的基本形状的力量不同，安藤完全不依赖于"形状的力量"。

他所依赖的是单纯的几何学。对于曲线的使用，也只是圆形或者圆弧，最多是椭圆这种初级几何学图形。中之岛项目中使用的椭圆形状虽然很吸睛，但也只用到了最普通的柏拉图立体几何图形。

安藤接触了由画家亚伯斯（Josef Albers）[15]所写的名为"正方形礼赞"的一系列著作后，曾明确地表示"我在建筑领域中将只选择使用简单的圆形和正方形。"（"重叠抽象与具体"，《新建筑住宅特辑》1987年10月号，第102页）

为何由简单的正方形和圆形所组成的结构如此流行呢？真是不可思议。人们的欲望大体都是"刻奇"的。[16]

安藤曾说:"如果我们将围合的全部平面用等置的材料完成,把空间的意义缩小到毫无争辩的程度会如何呢?""单纯性中是否能诞生出复杂的空间呢?""我想去创造由代表现代的混凝土和几何构成——即任何人都能使用的材料和建造法,创造出史无前例的建筑空间。"(《屡战屡败》,第209页)这便是作家的论点,也是一种美学。

模拟自然的光、水和绿野……

是规模和容量界定了消除材料质感极其抽象的、由线条与平面构成的空间。关于规模,F. O. 盖里有如下言论:

"安藤在姬路建造的'儿童博物馆'出乎意料地毫无深度可言。无论如何我都不能理解,为何为孩子们建造的博物馆居然和他其他的作品如出一辙。还使用了他一贯的建筑语言,这实在是非常固执。其实,我也带着自己的孩子去过那里,而他们却因原本特别期待能体验面向普通孩子的博物馆而感到些许失望。"(《安藤忠雄建筑展:向着新的地平线——人类与自然、建筑》图录,1992年)

对于安藤的大规模公共建筑,我也有同样的感受。倒不是说规模调整有问题,但还是会产生"按照模型建筑"的不协调感。安藤的真正本领,还是住宅规模的隐蔽空间。

因此,成为唯一主题的是"开口部分"。若是没有开口部分,只是使用最原始的混凝土来处理墙壁,便能体现开口部分的决定性意义。通过开口部位被控制的是风与光……即自然。如果按照古山正雄亲自编著的建筑论——《墙壁的探求 安藤忠雄论》(鹿岛出版,1994年)即"安藤论"[17]而言,便可称为"穴(开口部)的探求"。

安藤说:"通过将单纯的矩形这种抽象形态导入自然,才能使建筑人性化。"("重叠抽象和具体",《新建筑：住宅特辑》)，或者说是可以"使抽象具体化"。

将抽象化的几何学空间构造放置在具体的场所时，其与围绕这种场所的"自然"就形成了必然的联系。用一句话来说，通过制止其关系的几何学的形态设计来创造"建筑"（人性化、具体化），就是安藤的建筑手法。

第一把钥匙是"光"。并非"视觉"，也并非单纯的"明媚"，而是"光"。到底是什么样的"光"，这便是空间构成的第一原理。"光之教堂"（1989年）、"光之教堂·周日学校"（1999年），还有"地中美术馆"（2004年），都鲜明地表现出了这第一原理。

可以说是阅尽世间所有"建筑作品"的摄影师二川幸夫说："被誉为大师的建筑师都很擅长使用'光'。"还说"日本建筑师中，最善于利用'光'的便是安藤先生。"（《安藤忠雄 建筑手法》，第28页）

安藤在建筑云游之旅中学到最多的也是有关"光"的使用手法。他的作品不仅是现代建筑的杰作，当中还会呈现出他游历古典建筑的经历。

接下来是"水"。

"水之教堂"（1988年）是颇具有代表性的作品，还可以追溯到"TIME'S Ⅰ"（1984年）。那段时期安藤作品中，"水"频繁登场。尝试从高濑川京都市中心流淌的河流水面接近的"TIME'S Ⅰ"是极具冲击力的。然而，安藤的"水"却未必是"流淌着的水"。无论是"水之教堂"，还是"宾库县立儿童博物馆"（1989年），虽然也利用了基地内的自然河流，但大部分使用的却是"静态水"。在此也能看出安藤非常拘泥平面和"水面"。安藤的"水"不仅是"人工水"，也是"可操控的水"。同时没有"生物环境"等想法。

对安藤来说的"自然"究竟是什么？

安藤说,"让城市充满绿色!"然而,安藤在现场留下的只不过是一棵树,最多也只是围一个院子。在"六甲集合住宅"的屋顶上覆盖的绿色,也只是非常漂亮的"绿色的平面"。

安藤在阪神大地震后展开了花草种植运动,被人们熟知。这应该是值得赞赏的事情。然而,对于人工环境化日益显著的城市来说,什么是本质又成了另一个问题。"让城市充满绿色"这种由安藤发起的社会运动,有什么作用,又如何来实施?究竟又会变成什么样?人们不禁反问。

原型

从"住吉长屋"中酝酿出的小户型住宅的格局中,安藤继续就"城市"这一话题发表言论。从演讲中确定看到的是"大阪站前项目Ⅰ——地上30米乐园"(图5,1969年)。在单曲线画的断面图的每一处都设有绿化面,并绘出每一棵树的草图。这是事务所当初设立时的草图,也是安藤的另一个原点,是建造"都市游击队住宅"的初衷。可以看出,继续植根于大阪,继续使用改建"富岛邸"来作为大淀工作室的安藤忠雄,有着一贯的志向和信念。

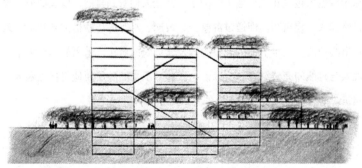

图5. 大阪站前项目Ⅰ——地上30米乐园,安藤忠雄,1969年

关于安藤忠雄，必须深究的是"住吉长屋"与这幅草图之间的故事。"淡路花博会"的会场构造（"淡路梦舞台"）是以法地布尔西格里古城为基础建造，这我们在前面已经谈及。安藤对于阿克巴运用几何学建造的这座城市颇为喜爱。博览会代表着城市的形象。安藤也拥有了实现这一蓝图的机会。野外剧场，以"奇迹之星植物园"命题的温室、称为百段园的花坛等主要建筑物都由他来设计。在这里，安藤简直就是造物主。此外，"淡路花博会"还把复活"自然"作为主题。为了弥补京阪神临海部因开采大量沙石而变为一片惨淡的景象，在这光秃秃的大山中，复活自然便是花博会的主题。恢复了由于石灰岩的开采而荒废的山体——温哥华的布查特花园便是一个典范。这就是地球网络（Geoweb）施工法。

当时的陈述如下：

"既然对于倡导自然再生场所的人造石、人造树木、人造花有稍许不安，那就转向梦舞台区……尝试再次恢复绿野和山林。首先对于其伟大的实验表示敬意。应该马上绿化日本光秃秃的山顶和用混凝土加固的丑陋悬崖，复原其本来面目。安藤一贯歌颂与自然共生。但是，他并非一味用绿色来包裹建筑。他主张的是怎样让人们看到自然，以及如何凸显自然和人工建筑物。即通过混凝土、玻璃、水等的巧妙搭配来建造。最别出心裁的，是水下铺满无数闪闪发光贝壳的做法，采用静动搭配来实现人与自然的完美结合。所以说，安藤并不是随随便便地将自然融入于建筑。他有的是对于建筑本质的感知力。"[18]

这当然存在讽刺，但也会产生疑问。

最终，我认为对安藤建筑的评价，可以归结于"住吉长屋"或者是"六甲集合住宅"是否能成为日本城市住宅的原型这一点。

安藤在"小筱邸"的设计中明确地掌握了转换的契机。此时的工作虽然是"在繁杂的城市环境存在的极小地块中获取丰富的住宅空间","小筱邸"作为"在宽大的地块被限制规模的项目却没有被束缚",而"住吉长屋,是在完全相反的立场上,追求以自我为目标创造建筑原型的机会。"(《安藤忠雄的建筑 1 house & housing》,第 75 页)

这是城市的"地"还是"图"?如果安藤放弃"顽固抵抗"从而转向"图"的话,那么他就必须开始与"地"进行游击斗争。

第1章 注释与文献

*1

1870-1933年。出生于奥匈帝国（现捷克布尔诺）的布隆（Brünn）。主要在奥地利和维也纳活动。1890年毕业于赖肯贝格（现利伯雷茨）皇家帝国州立技术学院，在军队服役后毕业于德累斯顿技术学院。在卡尔·梅雷德（Carl Mayreder）办公室工作后自立门户。处女作品是艾恩斯坦服装店的陈列室（1897年）。他以"装饰即罪恶"为论点，强烈批判了"维纳分离派"和"维也纳工坊"的装饰性。他的作品有"咖啡博物馆"（维也纳，1899年）、"美式酒吧"（维也纳，1907年）、"米歇尔大楼"（维也纳，1911年）等。

*2

"亲爱的安藤忠雄，世界上最美丽的街道是哪里，东京奥运会和建筑师职能"。《建筑杂志》，2007年8月。

*3

1542-1605年。出生在信德省。莫卧儿王朝的第三代皇帝（1556-1605年在位）。13岁时被即位。在阿格拉附近建造了新首都和法塔赫布尔西格里（1574-1584年）。直到1598年仍是阿克巴首都的拉合尔古堡也是由阿克巴所建造。

*4

这座城市由阿克巴建造，位于印度阿格拉以西约40公里外。当时，阿克巴没有继承人，但住在这里的一位重要的伊斯兰教徒预言了一位王子的诞生，并在第二年成真，所以他在这里建了一个新首都作为纪念，并从阿格拉迁都。然而，由于缺水和酷热，该城市只坚持了14年（1574-1588年）就沦为废墟。于1986年被列入世界遗产名录。

*5

罗克萨娜·沃特森（Roxana Waterson）《活着的房屋——东南亚建筑人类学》（*The Living House: An Anthropology of Architecture in South-East Asia*），布野修司译，学艺书屋，1997年3月。

*6

1925年出生在美国费城，1947年毕业于普林斯顿大学，就职于埃罗·萨里宁事务所。1954年去罗马游学。回国后，在路易斯·康的办公室工作。1957年成立了个人设计事务所。1964年成立文丘里 & 劳赫事务所（Venturi & Rauch）。1989年开设了文丘里与斯科特·布朗事务所（Venturi, Scott Brown & Associates，VSBA）。

1991年被授予普利兹克奖。他的主要著作有《建筑的复杂性和矛盾性》（*Complexity and

Contradiction in Architecture,1966年)、《向拉斯韦加斯学习》(Learning from Las Vegas,1972年)、《建筑中的图像学和电子学》(Iconography and Electronics upon a Generic Architecture,1996年)等。建筑主要作品有母亲住宅(Mother's House,1963年)、巴斯科陈列室(the Basco Showroom,1976年)和英国国家美术馆塞恩斯伯里侧翼(the Sainsbury Wing, National Gallery,1991年)。

*7
1888-1964年。出生于荷兰乌得勒支。在家具工匠父亲的培养下,并在1911年开办了自己的家具厂。1918年与蒙德里安等人一起参加了荷兰风格派运动。他在1924年设计的施罗德住宅(2000年被列入联合国教科文组织的世界遗产名录)。最出名的作品是"红蓝椅"(1917年)。

*8
1930年出生于英国的沃金,建筑历史学家。他曾在吉尔福德建筑学院学习,1956年毕业于伦敦AA学院,在以色列和道格拉斯·斯蒂芬事务所担任建筑师。在此期间,他还在皇家艺术学院和伦敦AA学院学习,并从1972年起在哥伦比亚大学任教。期间加入彼得·艾森曼的纽约城市建筑研究所(1972-1982年),是批判性地域主义的倡导者。主要著作有《建构文化研究——论19世纪和20世纪建筑中的建造诗学》(Studies in Tectonic Culture:The Poetics of Construction in Nineteenth and Twentieth Century Architecture)、《反美学:后现代文化论文选》(Anti-Aesthetic:Eassays on Postmodern Culture)等。

*9
收录于哈尔·福斯特(编辑),《反美学:后现代文化论文选》,译者:室井尚+吉冈。劲草书房,1987年(Foster, Hal Ed, The Anti·Aesthetic:Essays on postmodern culture, Bay Press,1983年)。

*10
这种钢筋混凝土确实是一种方便使用的复合材料,兼备钢的抗拉度和混凝土的抗压性能。然而,有一些"巧合"确成为被"发明"的条件。钢材和混凝土之间的附着力必须足够强;混凝土是碱性的,只要钢被完全包裹在混凝土中,就没有生锈的风险;且钢筋和混凝土的热膨胀率非常接近。钢筋混凝土结构极具耐久性、抗地震和火灾的能力,被认为是最理想的结构材料。参照文章《100年前的建筑设计 / 如何装饰国家》(《季刊设计》第8期,"特辑100年前的设计"大田出版社,2004年7月)

*11
水泥的原意是指能够结合或粘合物质。最早的水泥是由石膏(CaSO$_4$·1/2H$_2$O)和沙子混合成的砂浆,在建造金字塔时曾被使用。然而,钢筋混凝土是在 150 年前被"发现"的,也仅仅是在 100 年前开始投入使用。1850 年左右,法国的朗博(J. L. Rambaud)用钢筋混凝土建造了他的第一艘船,随后莫尼耶(J. Monnier)将于 1867 年制造了钢筋混凝土部件(钢筋混凝土花盆和铁路枕木)作为专利品在博览会上展出,之后便开始被普及。J. Monnier 在 1880 年开始尝试打造钢筋混凝土抗震房屋的原型。后来,来自德国的魏斯(G. A. Weiss)于 1886 年发表了结构计算方法。该计算方法虽于 1886 年发表,实际上早已经开始用于桥梁和工厂设计,并在建筑中被广泛使用。第一个建筑杰作是佩雷在巴黎富兰克林大街 25 号的公寓楼,它建于 100 年前(1903 年)。

*12

把固定模板的螺杆当作装饰,并有意将面板用 V 形切割作为接缝,该方法是与结构工程师奥古斯特·E.科缅丹特(August E. Komendant)合作研发。

*13

1867–1908 年。出生于捷克共和国的奥帕瓦。在维也纳美术学院上学时,在奥托·瓦格纳(Otto Wagner)手下学习建筑,并与约瑟夫·霍夫曼(Joseph Hoffmann)等人一起学习。于 1897 年加入以古斯塔夫·克里姆特(Gustav Klimt)为中心的维也纳分离派。设计了"分离派会馆"(Szecession Hall, 1898 年)。1899 年,受恩斯特·路德维希(Ernst Ludwig)的邀请,他被委任负责在达姆施塔特建造艺术家村落玛蒂尔德高地的项目。并且加入于 1907 年成立的德意志工艺联盟。作品有"恩斯特·路德维希之家"(Ernst Ludwig House, 1991 年)、"婚礼塔"(Marridge Tower, 1908 年)、"莱昂哈德·蒂茨百货公司"(Department Store Leonhard Tietz, 1909 年)等。

*14

1861–1925 年。出生于奥地利帝国(现在的克罗地亚),是神智学会的成员,并于 1902 年创立德国分会,担任总书记。1907 年为在慕尼黑举行的神学大会设计室内装饰。1912 年退出了该协会。1923 年成立人智学会,设计了歌德纪念堂,且于 1920 年 9 月开放,但于 1922 年 12 月被火灾烧毁。1925 年,开始建造由混凝土制的第二座歌德纪念堂,此工程在他去世后的 1928 年竣工。

*15

1888–1976 年。出生在德国。先后在柏林和埃森的艺术学校学习后,毕业于包豪斯学院,成为一名大师。他深受立体主义、建构主义以及"桥"小组的影响。1933 年移居美国。曾在黑山学院和耶鲁大学任教。他最著名的作品是《正方形礼赞》系列。除绘画外,他还运用平面艺术、玻璃、砖材和青铜等进行创作。

*16

在1860年左右的慕尼黑，"刻奇"（Kitsch）一词以一种全新的概念被相传，并在德国南部被广泛使用，广义是指"聚集"但在狭义上也被用来指"把旧家具集中起来做新家具"。之后从"刻奇"派生出"Verkitchen"一词，这个词的意思是"秘密地提供有缺陷的或假货"或"欺诈消费者，挂羊头卖狗肉"。因此，刻奇这个词最初有"道德上不诚实"和"不真实"的含义。在19世纪末的德国，"刻奇"是指假货、劣质品、假冒品、仿制品或伪劣品，后来逐渐被更广泛地使用，成为一个更普遍的概念，不一定指具体的东西、假货或仿制品。它也不是简单地指一种风格，是一种不坚持某种风格的混杂形式。

"刻奇"也是一种态度，是人与事物联系的一种模式。

*17

关于安藤的讨论并不多。其他相关内容包括松叶一清《ANDOU—安藤忠雄·一个建筑师的构思和工作》（讲谈社，1966年9月）、平松刚《光之教堂——安藤忠雄的现场》（建筑资料研究社，2000年12月）、菲利普·约迪迪奥（Philip Jodidio），《安藤忠雄的建筑与设计》[*Tadao Ando*［*Architecture & Design*］，美国TASCHEN出版社，1997年；日版由山下祥子（Shoko Yamashita）译，2006年6月出版]等。

*18

"淡路梦舞台：安藤忠雄——从天空中的露台看再生的山坡；兵库县淡路岛——绿色再生的巨大实验 伤痕和愈合……建筑的本质。"《见闻录（连载）》共同通信社、2001–2002年。

第 2 章 建筑的起源

藤森照信

一 从建筑调查者到建筑师 藤森照信的人生轨迹

作为建筑新闻界中的"建筑师",继安藤忠雄之后,超过其地位并备受瞩目的是藤森照信。他的《建筑侦探的冒险——东京篇》(筑摩书房,1986年)和之后一连串的"建筑侦探"在流行系列中出类拔萃。

从建筑史学家开始,他作为一名建筑师,过了40岁才首次亮相,通常这种故事并不稀奇。即便是村野藤吾,也是在过了40岁以后才单飞,连丹下健三也是在将近40岁时才初次亮相。如果把40岁前作为研修时期来考虑的话,可以认为藤森成为"建筑师"的过程也很普通。

没必要列举作为日本建筑史学始祖的伊东忠太的理论,即"先有建筑,后有建筑史"。建筑史之所以成为史学是由于它是属于实证主义史学的范畴。

另一方面,对于建筑学家来说,建筑的历史是由他们的设计理论所决定。安藤忠雄系统性学习过的便是近代建筑史。毛纲毅旷、石山修武、渡边丰和等诸如此类的建筑师都出身于建筑史研究室也绝非偶然。即使是日本建筑学会,也被称作"建筑史设计",这是"建筑史"与"设计"相结合的领域。虽然设立了其他的建筑史学会,但对于建筑学会来说,建筑史与设计本来就不可分割。

如果以"想成为建筑师"为目标来看的话,这种持续发展的轨迹是可以被理解的。与安藤相同,藤森照信也是"建筑少年",他们都痴迷于建筑。打动人心的是创造(还有观察)建筑的那份淳朴和发自肺腑的快乐感。

藤森向往的是建筑的"过去""明治""原始"和"自然"。

诹访郡宫川村高部

藤森照信于1946年，即日本战败的一年后在长野县诹访郡宫川村高部地区出生，那是昭和时代人口激增的时期。虽然他是小我三岁的后辈，但我不禁想，都是从农村来到东京的我们，心里也许与那些在大城市出生的人们感受不同。在《the·藤森照信》（无限知识，2006年）中有他从小学二年级一直居住的幕府末期建造的老家的平面图，而我在出生地的住所也是位于出云市的"四人间"民居。他的外祖父貌似是位木匠，我的祖父也是。据说在最初的《古事记》中，建御名方命从出云侵入到州羽（诹访），之后成为诹访大神。读了《蒲公英的绒毛》（朝日报社，2000年）后，虽然可以忽略年龄差的事，但还是觉得养育了藤森少年时期的诹访郡宫川村高部比养育了我的簸川平原落后了20年。虽然看过"杀鸡"的场面，但是却没吃过蜻蜓和蝴蝶。

由于受到"东大斗争"的影响，我晚了一个月毕业，到6月份才入学，与在1972年进入东京大学大学院的藤森照信的相遇，是在大学院太田博太郎老师的最后一节"建筑史学史"课上。我们不同于那些一起比赛、一起辩论的好友。由于在学院没有见过他，所以记得很清楚，我是在学年表里看到他的名字才知道他的，据说他还在东北大学留级了两年。他比我早一年开始研究生课程，在建筑史研究室中，与阵内秀信、渡边真弓、六鹿正治等是同年级同学。

一年后，与"雏芥子"同门的三宅理一、杉本俊多也进入了稻垣荣三的研究室，到现在我也常常感觉他们还一直在我身边。当我转到东洋大学后，便在国分寺定居。因为有幸与藤森同住于国分寺，他有时也会带着孩子来我家拜访。反过来，我也会去他所居住的大野胜彦设计的"积水住宅M1"拜访，到那里一看，"果然是没有屋顶的房子"，旁边还有一栋新盖的木屋,这便是藤森的住宅。在中央线的北和南的同等距离处,布置着各自的用地,这种情况至今为止还一直保持。"面向皇宫,布野在左边,我在右边"是藤森照信的口头禅。

在这之后,客座教授藤森与客座副教授布野在广岛大学有过合作(1997-1998年)。那时的藤森已经构思了专辑《丹下健三》,并在执笔过程中;"广岛和平纪念公园"的中轴线设计及未发表的位于淡路岛的"战败后学徒纪念馆"(1966年)等,都是藤森广为人知的作品。

去京都后,在亚洲范围内我们经常因各自的工作奔波,一起工作的机会虽然不多,但他却总是发给我他的最新著作。我在远方怀着忐忑的心情看着他这些精彩至极的作品。也许是历史学家所特有的性情所致,临近花甲之年的藤森已完成了自传("特集·藤森照信——建筑快乐主义",《我发现了》,2004年2月号)。我想藤森之所以亲手写下诸多评论,也许是为了给后人对"藤森照信"评价而留下一些线索吧。自我神话的言论集——《the·藤森照信》那时也早已编写完成了。

围绕家乡的主题,藤森照信说:"我觉得每天都像生活在江户时代的延续当中"。"与江户时代截然不同的是照明设施,不是灯火而是电灯,水管道代替了井,连隔栅的中间都镶嵌着玻璃……全国各地的乡下生活,直到快速发展之前都还是保持不变。"("后记",《蒲公英的绒毛》)

在藤森所秉持的建筑观的深处,故乡"诹访"的影子无处不在。《蒲公英的绒毛》描述了少年藤森的世界,即使是处女作"神长官守矢史料馆"(1991年)和"高过庵"(2004年)也都是在诹访。NHK的电视节目《欢迎来到课外辅导——让我们亲手建造'家'吧》(2001年),也正是在故乡建设了绳文住居。"高过庵"也正是在被称为实验考古学家族的"自家用绳文住居"(1987年)用地所建。

"山添喜三郎传"

据说藤森是因为想进军造型界，但并非绘画或雕刻，而是工艺或者建筑的领域才进入了工程学部。如前所述，他的外祖父是一位木匠行家，在小学二年级时就有协助重建住宅楼的诸多经验。安藤忠雄也如此，一直驻足于自家修建的现场；这也是他成为"建筑师"的原点。

据说藤森在旧制高中的中学时代，就产生了"奇怪的幻想世界"，进入大学后便沉迷于文学世界（"向着历史的方向"，《the·藤森照信》，第96页）。我认为，他也许创造了历史。"有从现实中抽身的感觉"，这是我非常能理解的。我在那次"学生运动"中最大的收获，是认清现实社会各种政治性力量。藤森照信说："在建筑的领域，历史帮了大忙"，在这一点上，他与三宅理一、杉本俊多持有相同观点。我也开始带着某种意义，再次转向研究历史的方向。我虽然没有利用之前所积累的机会，但还是多亏被纳入吉武泰水研究室并进行建筑设计的契机，才得以探索其起源与成立的根源。藤森终日待在图书馆，并浏览了明治时代以来以《建筑杂志》为主的全部的杂志。

我们的上几届基本上都大学毕业，或者肄业。我们年级上博士课程的只有在环境工程领域前途无量的内田茂、三宅、杉本、布野四人而已，内田茂不幸死于交通事故。我们根本没有充裕的时间去写毕业论文，却也趁着混乱，没写论文就直接毕业了。

藤森在东北大学建筑史教授坂田泉的提携之下，完成毕业论文《山添喜三郎传》（1969年）。山添喜三郎出生于新潟角海滨船匠家庭，离开东京后才成为建筑工人，还跟着师傅一起建造了"澳国万国博览会"的日本馆。此后，他成为宫城县的工程师，还亲自参与建造了诸多公共建筑。以上便是山添三喜郎的评传。藤森自己也在毕业论文中提到"走在现场，探索文献，观察实物，与关联者见面等等，在此之后，我做过的事情大家也都做了。"论文中既没有什么引用，也没有什么典故，只是在详细的年表里附加了资料号码。这的确是藤森派的作风。

另一方面，他的毕业设计则以"为了幻想而实现幻想的鲁道夫氏方法"为命题。虽然"仙台现有的街道变成废墟，沿着广濑川的一带恢复了自然，架设新兴的街道型桥梁"等，但是其桥梁所具有建筑魅力风格的机械化表现[1]，与"明治建筑"研究，及那时期的建筑作品有着很大的分歧。但非常明显的是，藤森对于设计有着不同凡响的热情，并很早就对鲁道夫有了关心。他与"金平糖"（井出，松山）和"雏芥子"（杉本，三宅，布野）一起创立了"鲁道夫研究会"，这是后来的事。藤森的毕业设计作品在全国毕业设计展里展出（图1）。自《早稻田为学》开始，就出现了重村力（第7章）的"烂醉天使"。藤森内心对自己的设计才能充满自信，有着某种思想上的自负。

图1. 藤森照信，"鲁道夫通过幻觉获得想象中复制品的方法"，毕业设计透视图，1971年

建筑侦探团

从藤森毕业论文的研究方向来看,他能进入村松(贞次郎)研究室是很自然的事。村松研究室是现代建筑史研究的一个重要场所,藤森加入研究室后,坚韧不拔地工作,之后成为强有力的后盾。

从自嘲"作得不好"的硕士论文"日本居民区西洋风格建筑研究"(1974年)开始到博士论文"明治时期城市规划的历史性研究"(1979年),藤森在村松贞次郎的教导下,总结了关于"明治的西洋风建筑"(村松贞次郎编《近代的美术》第20卷,至文堂,1974年)的文章,撰写了约西亚·康德(Josiah Conder)、辰野金吾,长野宇平治等的评传("国家的设计"《日本的建筑——明治大正昭和》第3卷,照片:增田章久,三省堂,1979年)。另一方面,他与掘勇良合伙组建了"建筑侦探团",随之展开东京地区的户外作业。

设计风波的余温还在回荡。之前提及的"遗留品研究所""金米糖"等组织的学生走遍所有街道,寻求批判近代建筑的证据。"建筑少年"们也接受了由寺山修司鼓动的"丢弃书本,从城市出走"的思想。

再者,建筑系的思想范畴也在发生巨大的转变。其中最早的冲击来自长谷川尧的《是神庙还是地狱》(相模书房,1972年)。

在对复刻版《是神庙还是地狱》(SD选集,2007年)的介绍中("长谷川尧的历史素描"),藤森评价道:"影响力非常之大。"的确,《是神庙还是地狱》和矶崎新的《建筑的解体》(美术出版社,1975年)共同成为当时年轻建筑系学生的必读书。至于藤森,也受到了村松贞次郎的提携,虽然立即接受了"学弟的酒杯",但"雏芥子"也马上回应了这次冲击。有人说"长谷川尧很有意思",并联络他来主持演讲,随后我们就在新宿歌舞伎街的咖啡店见面,并进行了激烈的讨论。初次见面的记忆至今还记忆犹新。

继《是神庙还是地狱》之后，藤森还参与了村贞次郎等主编的《重审日本近代建筑史》(《新建筑》临时增刊，1974年)和《日本的样式结构》（同上，1976年）等，长谷川尧随即成了一颗新星。据说，崛勇良认为"藤森当前的目标应该是长谷川尧。"而且，藤森"比长谷川尧先生更早地调查了近代建筑作品，搜集并阅读了相关资料，找寻建筑师的遗嘱，并收集了原始材料。"随后便针对"现代建筑史研究的三大项目"，着手成立了"建筑侦探团"。

可是能看出来，这既是《明治的东京规划》，也是城市规划史的范畴。而为什么不是现代建筑史而是城市规划史？地点是在东京吗？让我们继续来探究吧。

街头观察学会

藤森的"日本现代建筑史研究三大项目"，是他随后专业发展的巨大资本之一，也是建筑师藤森照信诞生的巨大源泉。

他通过"在明治时期城市规划的历史性研究"拿下了学位，成为东京大学生产技术研究所的讲师，面向大众的学位论文《明治的东京规划》也获得了每日出版文化奖（第三十七回，1983年）、东京市政调查会藤田奖（第九回，1982年）。之后，他在以新闻学为平台的领域里格外出色。

在20世纪70年代，据说藤森自己制定了"只调查近代建筑，做到对古建筑、现代建筑视而不见"的规定。另外他还说过"不作设计"。反复回顾的话，他对现代建筑设计有过非同一般的关注。重要的是，走在街上，只关心"近代建筑（明治、大正、昭和战争前期的建筑）"是很困难的。为什么他的学位论文是"城市规划史"，通过街道调查形成了藤森对城市空间的核心观念就能够理解了吧。

我想"建筑侦探团"与"街头观察学会"相互关联,有其必然性。赤濑川原平与"美学校"的弟子南伸坊等是在街道收集了遗留下的不明物品而被称作"超艺术托马森"。他是当时在日本"读卖巨人军团"中屡次失败,却在美国闻名全国的棒球队中成绩显赫的托马森。在被命名为托马森之前,我非常怀念赤濑川平原总是发给我和宫内康几十张照片的事情。

我在同样的城市中也有看到"丢失的东西"和"遗留品研究所"的例子。我认为人们对于街道的关心自古至今一直存在。只是视野所面向的对象极其多样。被称作"设计托马森"的流程,包括各地所残留的"传统型"的村落和街市,我很想学习这种设计手法。此外,也想转向研究街市保护及修缮(通过城市规划或道路规划,而保留自然景观的修整——编注)。另一方面,这也是有记号性地解读并使其转变城市表层的流派。藤森首先完成了历史建筑的谱系调查。这种公开性的成果,是对以村松贞次郎为代表的《日本近代建筑总览——遗留各地的明治大昭和的建筑》(技报堂出版,1980年)的总结。

而且,此流派在研究室中得到了村松伸的认可,而在他加入后,该流派的影响力在东南亚相关领域急速扩大。集大成的作品是《全面调查东亚近代的城市和建筑》(藤森照信+汪坦监修,筑摩书房,1996年),在此期间,藤森面向大众杂志发表了以西洋馆为主题的大部分随笔,也出版了与摄影师增田彰久合作的诸多著作。大部分作品也许是为了顺应需求,像是迄今为止的存货突然涌现一般,不断地被创作。

建筑师出道

面临1989年的厄运年,藤森照信开始设计"神长官守矢史料馆"。按照年幼的守矢家第七和第八代主人守矢早苗的观点,"现代建筑在自然中"是不协调的,照信先生说过"我对近代建筑的领域具有独特的认识",同时写过"因为大家都了解我家乡的情况,所以能充分理解史料馆的意义。"(《the·藤森照信》,第29页)所以,如果没有这个机会,也许就没有建筑师藤森照信的诞生。正是藤森的故乡成就了建筑师藤森。

如前文所述,出于设计缜密的动机他作出"不作设计"的决定,在这种压制下,藤森创作的欲望之流,像被除掉闸门的大坝一样汹涌地迸发出来。接下来,他设计的是自家的"蒲公英之家"(图2,1995年)。

藤森最初居住的是大野藤彦设计的"积水住宅M1"。"对于我来说,积水住宅M1的泰然自若感给我带来了意外的满足。一开始就知道它们只是一些看起来笨拙的盒子,本应会马上感到厌恶,可事实却恰恰相反。"("追踪着来我家",《创造家是很欢乐的》,王国社,1998年)

图2. 藤森照信+内田祥士(习作名),"蒲公英之家"

买下"积水住宅M1"并居住的,是同为建筑师的林泰义和富田玲子(第7章)夫妇。据说他们还把由富田玲子写的辞藻华丽的建筑论集《小型建筑》(Misuzu书房,2007年)的21个单元都买下了。因为成本便宜,所以增建起来也很自如,并且两个人都是建筑师,所以也没纠缠什么,这便是购买"积水住宅M1"的原因。围绕大野胜彦的"积水住宅M1",通过"群居"来继续思考。围绕骨架填充方式或者环保房间来看,建筑师和居住者之间关系确实有着现实问题。

暂且先说到这儿,藤森不久之后在狭窄的自宅,增建了一间木结构小屋,我拜访他的时候就是在那儿见面。那里据说被附近的孩子说成"没有屋顶很奇怪的房屋"。而且,恐怕他自己也认为应该造个屋顶吧。总之,自己家就能够自由改造,这就是"蒲公英之家"诞生的原因。那时的藤森也领悟了建造的快乐。

二 被称作"建筑史学"的魔咒 藤森照信的建筑史观

最终,藤森照信作为建筑史学家的工作项目是:《明治的东京规划》(岩波书店,1982年)、《日本的近代建筑(上、下)》(岩波书店,1993年),以及《丹下健三》(新建筑社,2002年)。这三本书据说是他的代表作。但是,《明治的东京规划》被评论为城市规划史,《丹下健三》则是他毕业论文后的诸多著作之一。即使是《明治的东京规划》,所面向的也只是包含制度设计的工程,而与其相关的人们的人物群像,则是其基础。藤森完成了《日本近代建筑》这本著作并在书中写道:"我认为研究日本近代建筑史的目的,是从历史研究里脱离出来。"("藤森照信年谱"《the·藤森照信》)。他在"后记"中清楚地写道:"这本书的最后,我想说,自幼认为比起写文章更喜欢实际工作的我,却希望拓展更多这样的工作。"也许《日本近代建筑》就是他集大成的著作。

虽然是个人的一孔之见,但至今为止,在评论藤森照信言论中最尖锐的一篇文章("历史构思的意义你明白吗",《尤里卡》"特辑*藤森照信——建筑快乐主义")中,中谷礼仁作出如下的言论:

"藤森的指导教授曾是村松贞次郎(1924-1997年)。他是在日本近代建筑历史中,很早就将西洋建筑技术引入和转化的大人物,他在其他的工艺技术研究领域中,也有着非常显著的业绩。然而,本应是弟子的藤森为什么会是样式研究者呢?这符合他本人所提倡的'招牌'样式主义者。他所提交的博士论文是《明治的东京规划》,该论文说是对城市历史的彻底研究,而事实果真是这样吗?

……藤森既然属于后者的领域(技术史、生产史、工学领域/引用者注),为什么还要调查建筑,主张样式构造,并作出关于都市的言论,最后是否能够一直延伸到艺术领域（陆上调查、托马森），外人来看仍然无法预知。这真说不清楚！"

针对建筑生产史研究派系（渡边保忠研究室），自称是"历史工学者"的中谷，在这段话中描述了"建筑学"体系中所蕴含的"历史构思"和"建筑"的本质，由此也可以看出藤森照信的"可疑"。藤森的"建筑观"和"建筑史观"或如下文所述。

是神庙还是地狱

为什么是都市规划史？藤森对其错综复杂的情况作出各种言论。村松贞次郎、稻垣荣三、桐敷真次郎等人在昭和三十年代（1956-1966年）就开设了日本近代建筑研究所，对于看到了一定成果之后却又进入停滞期，而后又重新进行研究的藤森来说，研究主题的选择是个大问题。"继幕府末期、明治初期的实证性研究后，明治十年代（1878-1888年）后约西亚·康德及辰野金吾等正统建筑师进行了实证主义研究"，"对于那些贯穿历史的研究，众人所知的分离派对他们的概略成果是否采取了更深一步的研究调查呢？"在这些问题产生的高峰期，长谷川尧的《是神庙还是地狱》出版了（"长谷川尧的历史素描"《是神庙还是地狱》SD选书，2007年）。

总结《是神庙还是地狱》的研究论述文章，是在《近代建筑》杂志上连载时才出现的。从矶崎新《建筑的解体》（1975年）的连载中也一样能看到。我认为以此为基础所写的《美术笔记》的连载文章，也是必读的著作。我想所谓当年的"学生运动"或者是"团块时代"，都是相通的。《是神庙还是地狱》和《建筑的解体》是对年少一代具有决定性影响的图书，它们是指引日本的"建筑后现代"方向的两部作品。

《是神庙还是地狱》的易懂之处，在于其明确的二元论式题目。将主导了近代建筑的流派归为"神庙志向"，并进行了全面批判，文中还提到，建筑师本来是"建造地狱"的人。"神庙志向"的代表是前川国男、丹下健三及其弟子，矶崎新被彻斩出局。与之相对的大正时期建筑师中涉及"丰多摩监狱"的后藤庆二却被广为称赞。后续出版的《建筑——母性的视角》（相模书房，1973年）与《都市的回廊——或者建筑的中世主义》（相模书房，1975年）同样也运用了二元论，将"中世"或"近代"，"母性"或"父性"这种明确的二元对立作为辩证法的基准。"父性"定义了日本近代建筑的"构造派"（建筑构造学派）。

我个人将"昭和建筑"称作近代合理主义建筑，它拯救了"大正建筑"，并让试图重新定义历史的长谷川尧受到巨大的打击。1976年末，虽然崛川勉、宫内康等一起成立了"昭和建筑研究会"，但长谷川尧一系列著作的冲击力让他的名声更加响亮。总之，他并不是全面否定"昭和建筑"，而是具有能从中看出其他可能性的某种对抗意识。"昭和建筑研究会"不久就改名为"同时代建筑研究会"，此后活动一直持续到宫内康过世（1992年）。[2]

1981年，我出版了处女作《战后建筑论手册》，其中对长谷川尧的历史评价的叙述占据相当一部分的内容。即使我同长谷川尧对近代建筑的批判思想有着强烈的共鸣，但我不太满意他只是通过追溯历史来明确思考的方向。年青一代要如何来跨越"战后建筑"，这才是问题的根本。可以说，以矶崎新《建筑的解体》中的"近代建筑"的流派为前提，而尝试对"近代建筑"进行批判的观点才使我产生由衷的共鸣。同时阅读不同观点的两本著作，影响了我跨越近代建筑的思考方法。

另一重大主题是关于战前战后的连续和非连续的问题，其中也有对

"帝王（合并）样式"的评价问题。长谷川尧即使是把"帝王样式"作为日本近代建筑必须处理的对象，并像"排泄物"一样清理干净，但是关于日本法西斯主义和表面性的设计制度问题却根深蒂固。这个问题是随着"后现代建筑"的飞扬跋扈而成了"同时代性"问题，如今还大量地浮现"景观问题"，并一直持续至今，是个绝对重要的问题。而最终显而易见的，是单纯标榜了样式和装饰之复活的"后现代历史主义"（Post-modern Historicism）的流派。我想长谷川尧的工作与这种表面设计的流派毫不相干。但是，其主张与此流派却被同时接受。最终也许不能领悟到《是神庙还是地狱》最深奥的地方。因为建筑师持有的"建造地狱"的传统自古至今一直存在。在此之后，长谷川尧的工作是面向重新审视历史的角度，围绕后现代建筑，从喧嚣中渐行渐远。

招牌建筑

《战后建筑论笔录》是批判建筑观念形态的书籍，是历史书而并非研究类书籍。然而，对于一心专于研究的藤森先生来说，长谷川尧需要解决的最大难题就是亲自写书。

"因为长谷川尧率先表述了我曾暗自思考过的文学性历史叙述，这一点让我无法忍受。"对于藤森来说，最大的敌人便是实证主义史学了。

"在大学研究室里学习建筑史学的藤森，属于正规的学院派，着重强调实证性"。

我们曾经向藤森本人询问过，但他每每提及的还是有关"招牌建筑"的事情。"他还在日本建筑学会上发表了'对于招牌建筑概念'的演说。从前年开始虽已有了挖掘调查的实证性结果，但在新闻界的报道中，负面性批判还是频频出现。"（"藤森照信年谱"《the·藤森照信》）

虽然由于所持立场的不同而使我们之间的交流并不顺畅,但是听说批判性的评论来自于稻垣荣三。稻垣荣三所写的《日本近代建筑成立的过程》(丸善株式会社,1959年)对我本人有很大影响。虽然《战后建筑论笔录》中有过相关内容,但无论是对于"近代日本的建筑"还是"日本的近代建筑"这一观点,我认为与其他建筑史学家相比,稻垣的思想都较为深刻。

关于是学院式还是媒体式的问题上,藤森曾与稻垣荣三以及将建立商铺为重大课题的野口彻探讨过(《居住论》创刊预备号)。对于一般读者,文章本身的表现力也成了一种力量,也许不应该积极地靠拢媒体,相对于拥有这种想法的我,他二人却依然坚持他们论文中的方向。

"1928年,日本正式开展了地震灾害复兴运动,该运动以替代以往街道及其形式作为基础,完成了具有独特西洋式外观的都市居住建筑。在邻里规划、平面规划、构造技术方面,虽基本沿袭先前实行的街道住宅形式,但在外观方面,却存在着根本性差异,这就宛如在建筑的躯体前放置一道屏风,像这样的处理方式便称之为'招牌建筑'。"

在我看来,关键问题不在于像"招牌建筑"这种命名是否存在于媒体界,而在于"招牌建筑"是否有新型的都市居住形式。而对于稻垣、野口以及从意大利引进先进(建筑类型学)手法的阵内秀信稻垣研究室来说,用地和建筑的形式才是问题,而"招牌建筑"并不是最重要的因素。

发现以户外作业为基础的"招牌建筑"群体,为其命名的藤森可谓功不可没。之所以能够形成街景都市景观,就是因为"招牌建筑"的缘故。而大部分标榜后现代主义的建筑也是"招牌建筑"。

问题在于,藤森的目光是否只停滞于建筑外观这种表层上。

明治的东京规划

藤森所在意的"实证主义"问题,当然也是普遍性问题。但是,在所谓建筑学的学院式制度中,"论文"(书写)这种制度,或许因其考察形式的问题会更浅显易懂。在把"建筑"变成论文这一课题上,从建筑学领域来说,依旧是很大的问题。而建筑史学如果渐渐趋于历史学的话,显然会被其思想范畴(实证主义史学)所束缚。而若将建筑归到工程学技术范围内的话,也会被工程学的思想范畴所拘束。

以工程学框架为出发点的日本建筑学历史,从世界范围来看,可以说相当卓越。[3]而日本建筑学会提倡学术、技术、艺术的三位一体,即便在世界上也算是独特的"学术"殿堂。另一方面,大部分的日本大学,要求职业建筑师(兼职教授)拥有博士学位。说到安藤忠雄在东京大学就任教授一事,先前已经说过,在东京大学,即便是招收内井昭藏、高松伸这样的建筑学家为教授也要求写学位论文。而藤森能授予渡边丰和以及竹山圣这样的建筑师博士学位(东京大学),在建筑学的学院史中,应该作为壮举而被特别书写。而对于藤森来说,那与其说是壮举,不如说是与自己坚守的建筑学基本原则有关。

总之,为了书写学位论文,藤森选择了"明治的东京"这一课题。之后也成为出类拔萃的"学位论文"。

说起城市的规划史,第一,停留在制度史或者法制史的情况很多,时至今日依旧是主流情况;第二,藤森之前,几乎没有人对近代日本的城市规划进行过研究。而石田赖房、渡边俊一出版面向大众的著作则是后来的事。即便将问题聚焦在日本国内层面,大众对于导入欧美城市规划制度却显得毫不关系。其中,藤森在讨论城市规划是一个项目确立过程中的重要环节时,表明了强有力的政治观点。

藤森编制了"银座炼瓦街规划""明治10年东京防火规划""市区改造规划""官厅集中规划"等项目。直到昭和战争前期，待定的"明治东京规划"才被出色地编制出来。

建筑调研组通过在东京的实践而摸索出来的经验之谈，最终被作为论文主题。这篇"独一无二的论文"被赋予生动的内容。藤森所关注的焦点，也未必是东京的城市历史，而是那些想要进行城市规划的建筑师的思想，和其实践的过程。这与书写建筑学家评传的手法相同。这也没有改变托马斯·J. 沃尔特斯[4]、恩德（Ende）& 贝克曼（Beckmann）[5] 等工作的重心。

其中，从土地的方面来描绘城市，例如阵内秀信的《东京的空间人类学》（筑摩书房，1985年），与几何理论有所不同。几乎与此同时，松山严编著了一本名为《乱步与东京——1920年都市的样貌》（PARCO出版，1984年）的著作。松山通过解读江户川乱步的侦探小说，使人身临其境地看到近代东京的景象。其中，人物及其状态，是当时大量作品表现东京的线索。这样一来，我们便有了成为东京论核心的三部作品。20世纪80年代中期到90年代初，发生了一场东京论的热潮，而从建筑领域延伸出的这三部作品则是该讨论的导火线。

大部分的东京论，是关于那个时期的"草图"，大致可分为三部分，即怀旧派东京论、后现代派东京论和东京改造论这三部分。这三种东京论实际上从根本来看是相同的，其所处背景，都是关于统称为"东京（过于集中）问题"。

在当时，《早稻文学》（1989年7月号）有如下记载：

"怀旧派的东京论就是只一味地发掘关于昔日东京的观点。所谓昔日东京便是江户，是20世纪20年代的东京。再有就是地形、湖池、山野、自然。而对于已丧失这些自然产物的东京，有的也只有追忆和怀旧。另外，对于现在的东京来说，所失去的事物，及其价值只是相对而言的。另一方面，后现代派的东京论是一味地以喜爱来推崇现在的东京。如今，东京可以称之为趣味横生，世界上最激动人心的都市也是'东京'。这是在实地考察及逛街所得出的结论。然而，这两种类型的东京论实际从根本上来看，可以看作是一致的。我们如果从后现代派的建筑设计来考虑，就更容易理解了。覆盖在都市表层的正是过去建筑样式的片段，即肤浅的历史主义设计已经支配了城市表层。而对于近代建筑来说，称之为批判（标榜后现代派）的装饰以及样式实际上被轻而易举地放于对立面。过去以及自然都极其容易被发掘，而现在的城市，已经开始被那些浮躁的事物所掩饰。

另外，这两种东京论结果都被轻视了，支持并促使这种被轻视的因素是改造东京的种种蠢蠢欲动的思想。怀旧派的东京论对于改变东京的某种思想而叫苦不迭。东京的面貌，及其再开发和改造性运动，与对昔日东京的怀念等引发的热潮有着直接的联系，这点不言而喻。而对于过往的思乡之愁，大概也只能成为一种无奈吧。然而，也可以说，对都市的过去及自然与湖河的再次认识，巧妙地与滨水区开发、城市的再次开发相联系。因此，被划分为三部分的东京论都指向了同一个方向。如今所谓东京的空间，确实一直在被重编改组。东京的物理构造，现如今也一直全面被改变着。"（收录于《印象中的帝国主义》，青弓社，1990年）

17世纪初，当时只不过是狭小贫穷山村的江户，到19世纪中叶便改名为东京，就在东京历史形成的仅一个多世纪里，也有过几次巨大的转折。藤森所关注的焦点，是从江户到东京，即空间改组重编的时期。另外，是东京大地震之后的近代都市的构成；在第二次世界大战时，一瞬间沦为废墟以及战后的复原；以东京奥林匹克运动会为契机导致高度成长时期的巨大变化，这都能明显看出东京这座城市达到了饱和状态，且在20世纪80年代末，城市领域也在持续削减，这引起了人们极大的关注。

"日本近代建筑"

稻垣荣三于1959年完成了《日本近代建筑成立的过程》（丸善，1959年/SD选编，1979年）。而藤森在1993年也创作了同样内容的书籍，相隔34年之久。村松贞次郎的《日本建筑技术史》（地人书馆，1959年）也包括《日本近代建筑史摘要——建造西洋馆的人们》（世界书院，1965年）所写的有关日本近代建筑历史的评价，在《战后建筑论笔录》中亦占有相当大的比重。

稻垣、村松等对历史叙述基准的共同点，是日本建筑的近代化。稻垣《日本的近代建筑》的论述最具概括性地涵盖了从日本近代文化的特质到建筑生产机构、从设计的特质到对其支持的技术、从都市规划到住宅的变化过程，此外还涉及职能问题以及其他多方面内容。如果大致整理的话，这是一部以近代设计的确立、建筑师职能的确立，以及建筑技术、建筑生产机构近代化的确立三部分为中心内容，就日本近代建筑形式和其领域提出质疑的作品。这就是稻垣。

我对藤森《日本近代建筑》最不满意的地方在于，其所述内容与稻垣荣三的《日本近代建筑》完全相同，且都只写到第二次世界大战。

尽管历经战后半个世纪，可为什么没有写战后的过程呢。并且，其记述中，大半都是在写幕府末期和明治时期的内容。倒不如说，还总结并向上追溯了历史的脉络。从实证主义建筑史学的史学观出发，或许这样的评价有些浅薄，但像伊东忠太所具有的那种明确指明日本建筑行进方向的能力，不正是藤森所不具备的吗？在《昭和住宅故事——从初期现代主义到后现代主义23种居住方式和建筑师》（新建筑社，1990年）中，虽有触及战后住宅作品，但仍有必要至少叙述到战后的某个阶段。

与此相比更大的问题，是还原日本近代建筑历史样式的变迁史。在藤森照信的著作《日本近代建筑》的开头，就展示了"日本近代建筑系统图——一二群三八派"的年表。即使使我想起同为老师的村松贞次郎的《日本建筑家群脉》，可是依据这种系统图所整理的历史究竟是什么？在《样式选择史观》和书评（《共同通信》配信、《岩手报》1993年12月24日号）中曾有写道三八派中的"社会政策派""历史主义建筑论"等，但坦白地说，仍令人十分困惑。如果是唯一评价的话，在文章开头段落写下了"殖民时期建筑"，正是暗示着他对于亚洲的观点。事实上，藤森的研究生论文《日本人居留地西式建筑的研究》中，就有关于此观点的内容。从平户商管开始叙述，到触及釜山日本馆、日本人居留地的研究论文，不言而喻，这对于亚洲建筑史方面具有先驱性意义。《全面调查东亚近代都市与建筑》中，也有其成果的总结。但是，依旧有着日本的近代建筑能够更进一步地扩展到全世界的愿望。

最终，对于藤森来说，所谓的历史研究，也许停留在历史建筑物的目录里，或者在整理的样式以及支持样式的诸多关系里吧。

藤森认为，应该展现自己建筑的方向，并让人们感到犹如亲临建筑现场一样。

三　以人类的建筑为目的——藤森照信的作品

围绕着首次作为建筑师身份而登场的藤森照信，产生了各种各样的评价。

矶崎新说过"真犹如化缘的鼻祖啊。"（"比喻乞食的照信"，《the·藤森照信》）铃木博之提倡"藤森一休说"（"高过庵的茶话会——藤森一休论序"，《the·藤森照信》）。两人不谋而合地说道藤森是喜茶之人，因为他们相继发表了"一夜亭""矩庵"（同为 2003 年）、"高过庵"（2004 年）、"茶室彻"（2005 年）等茶室作品，也许是真切地感受到"风雅精神"的缘故吧。而且，也正是这些做法和行为，让人们追忆起昔日饮茶者的世界。

引用"织理屈，绮丽账面远江，于姬宗和二，武藏宗旦"这样的狂诗，矶崎称藤森为"武藏宗旦"，也就是"不修边幅的千宗旦"。[6]

其景物图是十分有趣的，曾将布鲁诺·陶特（Bruno Taut）比喻为村田珠光、掘口拾己比喻为千利休、丹下健三比喻为古田织部、将自身比喻为"绮丽（出色）"，也就是"绮丽古雅"的小堀远州，这也是他所埋下的伏笔。如果从茶道人的视角来看日本建筑状况的话，远州亡故之后，安藤忠雄被比作首领将军片桐石州[7]，而备受宫廷及大德寺和尚们爱戴的金森宗和[8]，即"宗和公主"便好似伊东丰雄，而藤森则被喻为千宗旦。据说他希望有本阿弥光悦参与景观图。此外，早已提前空出了山上宗二[9]、ノ贯[10]、滕村庸轩[11]等人的位置。

非同寻常的业余木匠

高桥靓一是最先引领日本战后现代主义建筑的建筑师，他曾说过"藤森先生的作品会让人平静下来，但他并不是我的对手""他并不会侵略我的领域,所以我们能够和平地相处。大家不都这样想吗?"

人们对藤森也有"超越专家的外行"(初田亨)、"专业的业余木匠"(铃木明)这样的评价。那么,藤森到底是内行还是外行呢?

藤森具有相当优秀的鉴别能力,这一点是毋庸置疑的。这至少源于他关于近代日本建筑方面的观点,无论是谁都能看出他的自负感。然而,他的作品是无缘于这种近代建筑历史的,且看起来过于原始。

安藤忠雄的问题很有意思。

"藤森老师的建筑看起来偏离一切现代建筑史的流派和构思。您认为自己的建筑是在历史之'外',还是之'内'呢?"

藤森本人虽然果断地回答在"内",但这对于一直认为只有现代建筑才是孕育自己的母体的安腾来说是无法理解的,在他学习过的现代建筑历史的教科书中,藤森无法定位。

藤森是魔术师么?

矶崎新和平时一样,把自己放在有特权的位置上来定位藤森。藤森之所以备受关注,是因为批评性的、尖锐激进的时代已变成过去,变成后现代主义。

建筑世界失去了公认的共同语言,不仅是设计语言,建筑批判也变得支离破碎。"建筑师撇开理论,开始沦为比拼金钱之辈。为赚钱而忙碌,却也丧失了言语的机会""沦为金钱关系的传闻或是戏剧节目的无聊笑话。"

但在这些人中,藤森仍然极其认真。

自然素材的使用方法

藤森作为建筑师首次登场时,日本建筑师被分为"红"和"白"两大派。追求事物实在性的是"红派",追求抽象性的是"白派"。"白派"

的代表是伊东丰雄，而我自己自然是"红派"的代表。虽然我认为如果用颜色区分的话，用更多的"颜色"来区分（像安全帽的颜色那样）更好，但在后现代主义之后，支配建筑场面的确实是顺利回归的现代建筑。这是以低成本和单纯的美学为借口的简陋建筑的复活。

其中出现的藤森作品是"蒲公英之家"。

对其反应最为激烈的是伊东丰雄，我认为此事颇为有趣。"只对人造物的抽象、简洁的美着迷的现代建筑师们"——总之，可以说藤森只用"蒲公英之家"就将伊东丰雄打败了。他切实地建造出"福冈岛国中央公园核心公园设施 圆溜溜"（2005年）等作品。至于伊东的扑朔迷离的变化史，我们下一章再谈。

藤森虽说在继"神长官守矢资料馆"之后创造了"蒲公英之家""韭菜之家"（同为1997年），但其实最先是这种在屋顶上种植"蒲公英"和"韭菜"的奇思妙想吸引了人们注意，正是这种好似在哪里见过的、不可思议的形态之下所形成的具有冲击力的信息，是他所专注的自然素材。

使用枯草、高粱和土，才是最为文雅、风韵的世界。然而，无论是所见之处，还是被他精选出来称为"野蛮前卫"的作品中，却都没有这种氛围。使用"粗糙的自然素材"的手法，是藤森的流派。

如果从《藤森派素材使用方法》（彰国社，2005年）来看，"创造在铁平岩石中种植蘑菇的自然屋面""建造外墙左官荒壁""外墙隔板防渗墙""内壁梁入着色砂浆涂料"……这些实践细节被一一列出，真是十分有趣的创意。

神长官守矢资料馆

据说从处女作"神长官守矢资料馆"开始，藤森照信就开始参加日本建筑学会奖的申报。虽然只有那么一点点的自信,但他深知"奖励"这种力量的驱使,超越了由于论文的本数而倍受好评的"学会"机制,这可是顶级的大奖。

"蒲公英之家"之后的第三部作品,即"韭菜之家"在"日本艺术大奖"(第29届,1997年)中获奖。也许他的赤濑川原平宅也为此作出了贡献。总之,这不是"学会奖",而是"艺术大奖"。"所有奖项都有联系",这也是山本夏彦的名言。

接着藤森又报名参加建筑学会奖,第六部作品"熊本县立农业大学学生宿舍"也在不经意中获奖。其实,我曾是十人审查委员会中的一员。

到现在再也没看到藤森的作品。但是,我还是认为"很有意思"。

也许谁都可以成为建筑师。

而且,很少有建筑史学家能够本着认真的态度去作设计。

与心血来潮的好奇心等完全不在一个层面上,真的有可以期待的东西。

从"熊本县立农业大学学生宿舍"(2000年)来看,我认为是坦诚的"烂好"。我在下文将写作"拙劣"二字。

"整体看起来就像是令人怀念的木制风格的宿舍。把施工时堆积残土的小土堆的裂缝填平,由五棵只是剥开树皮的树,穿透入口的屋檐来建造,这混合出一种不可思议的格调。手工制作的滴水槽是非常有意思的。使用的材料也基本上是木头、布和绳线。照明设施等,都处处体现了手工制作的韵味。充分利用手工制作的自然(生物)材料,便是此建筑的设计原则。

设计者就是建筑侦探,是以藤森照信为首的本土建筑师共同体。如果选择藤森来设计'熊本艺术领地'项目的话,想要作出有特点的建筑,邀请类似藤森的地域精英合作,是独一无二的选择。自因'蒲公英之家'

的设计而作为建筑师亮相以来,藤森的作品虽然非常多,但是以自然材料为基调,是他的一贯作风。

现在,工业材料鼎盛,世界被单一的建筑所埋没,我想通过尽量使用自然素材这种单纯的主张,或许可以呼唤出最质朴的共鸣。但事实上却很艰难。树木的砍伐、切割声,轻易就掩盖了人们的呼声。现场的争论非常激烈。如果是普通建筑师的话,也许会受不了这些不满和抱怨。

然而,完成的空间却很绝妙。其中,压轴的是食堂,非常像一片枯树林。真不愧是当代具有鉴赏价值的作品。总之,我由衷地认为,为了让建筑领域更好地发展下去,要持续并频繁地反复思考建筑。

从上空观察建筑物,就像电子游戏厅那样,好像是从另外一个世界横空出世一般。虽说接受过建筑师训练,但藤森的本行是建筑史,从建筑专业角度来看也只是外行。这座建筑物如果从精细和娴熟等角度来看,与成熟作品相差甚远,甚至可以说十分粗糙。但是,在已经完成的空间里,却具有与建筑原点相关的感染力。'朴素地去建造,谁都可能成为建筑师',我认为自己能够听到藤森的这种心声。"[12]

只通过图3这一张图就能感到食堂是个"很惊人"的作品。好像"树木"一样的支柱"自由"站立着。然而,瞬间就产生了此构造是如何支撑的"疑问",于是注意到每一部分的平面设计。我对于扶壁的出现和径直出现的庭院空间表示由衷的钦佩。曾担任构造领域代表委员的渡边邦夫曾说,该建筑过了20年就会变得"乱七八糟",但这却使我对该作品有了好评。

奖项是包含政治性平衡的事物。在熊本艺术领地工程的投标中,我经过反复的思考权衡后投了一票。当然,共同设计者(藤森照信+入江雅昭+柴田真秀+西山英夫共同体)的职责也都受到了极大的认可。但是,

图 3

据说获奖者只有藤森一人。虽然省略了选拔过程,但也引起了强烈的不满。于是有了如下的总结。

"我认为在最终评判中,全体委员会成员在进行着某种权衡。意思是,这是一场公正的选拔。

只是个人的评价是不同的。第一次选拔留下的八部作品中,一直到最后还占优势的是团纪彦的'上林晓文学纪念馆'、横内敏人的'三方市绳文博物馆'、松永安光的'中岛庭院'这三部作品。虽然前两部作品在第一次选拔中获得了最多的票数,但在现场调查中没有得到支持,这实属遗憾。虽然有宏大的构想而非细枝末节的手法,但其新空间的预想,并非以线条单薄平滑的建筑而是具有存在感的建筑作为评价标准,评委们不得不指出那些呈现在眼前的缺陷。

'熊本县立农业大学学生宿舍'非常充满活力,不愧是现代具有影响力的作品,我对其抱有很大好感。特别是食堂的空间所具有的那种不可思议的魅力。只是,平面设计也好构造设计也好,外行肯定不会买这样的作品。我一直怀疑木制材料是否能支撑那么久的时间,也一直为旧式且古怪的设计施工体制而担忧。'东京国立博物馆法隆寺宝物馆'在完成度上虽没有能让人抱怨的地方,但若通过此作品来包揽'大奖'的话果然还是有些牵强。'中岛庭院'是在尝试提出日本城市化住宅形态原型的'茨城县营长市公寓'影响之下而受到好评。"

丹下健三论

长谷川尧在《是神庙还是地狱》这部作品中将丹下健三当成靶子。

既是长谷川尧的弟子,又以"重新审视近代建筑史和重新审视样式建筑等现代批判为工作的藤森,怎么会想编写《丹下健三》"呢?根据《丹下健三》（新建筑社，2002年）中的序言，据说藤森认为"作为近代建筑师，为了后世的人们而总结丹下老师的业绩，您觉得合适吗？"

不能不理解"作为近代建筑史家"的职业使命。如前文所述，藤森在编著《丹下健三》的时候，在广岛大学期间曾多次与他见面，当得知丹下有未发表的"学徒纪念馆"（1966年）时，马上忆起调研的经历。沉迷于有关丹下健三诸多"发现"的藤森充满活力，毫无疑问，他就是"建筑少年"。

丹下健三为什么指定藤森为他写作？有很多种可能。丹下健三被长谷川尧的《是神庙还是地狱》重击之后，就在日本销声匿迹。他在东京大学退休（1974年），接着成立丹下健三·都市·建筑设计研究所（图4）（URTEC），后来他在海外的舞台上大显身手。

虽然藤森说过丹下"不在"或者"外出"了，但正是在此期间，藤森的事业出现了新起点。明确出发点并再次确认他本人写作方向的，是《丹下健三》这部作品。

图4. 丹下健三+都市建筑设计研究所

藤森写下如下言论：

"1971年开始的数年间，长谷川尧言论活动的冲击力相当巨大，但不可思议的是，建筑界的方向却没怎么变化。尝试创造意味深远、合理的结构，布置能够让人们感到舒适的空间，但最终也没有出现认真考虑建筑与自然的建筑师。"

只有自己才能明白"认真考虑建筑与自然的建筑师"的事情。"《是神庙还是地狱》（2007年）的前言（'长谷川尧的历史描写'）指导了我处女作的设计，该建筑实现了长谷川尧所说的建筑形式。有些方面确实是这样的，现在我也十分确信。"

人类与建筑的历史

创作了《丹下健三》，以及将《日本近代建筑》一直写到战后内容的藤森，一口气追溯到建筑的起源，那便是《人类与建筑历史》（千曲入门新书，2005年）。

即便我自己见识过无论是"偏见"还是"史无前例"的建筑史观，但还是对藤森的建筑史观大为惊讶。全书6章中的前4章是到新石器时代的历史，第5章是"青铜器时代开始到产业革命为止"，第6章是"20世纪现代主义"。

而且，这实在是种令人惊骇的单纯。

不得不说，书中写下"人类创造建筑的第一步，世界各地都一样：住在圆形的住宅里，建立柱子来祈福"等，这些言论与作为"世界居住杂志"编者的身份不符。

然而，藤森想说得非常明确。"1919年开校的包豪斯带动建筑设计世界的发展。之后，白盒子中能够打开大型玻璃窗户的设计形式，在战前蜂拥扩散到欧洲和日本，而战后，在被纳粹追逐而横渡美国的格罗皮乌斯和密斯的领导之下，作为玻璃盒子的超高层建筑被大量建造，并在世界范围内的其他城市渐渐扩散。"听到他这样斩钉截铁地断言，就没有身份不符的感受了。

以追求"用更薄的墙壁来取代厚重的墙壁；用细梁来取代粗梁；使用更轻巧透明的空间"等抽象的造型世界为中心，在其周围"有梦想复原物体存在感的人们，还有个性强的少数人在不断议论"，这是藤森现代建筑的构图。这也是前面所描述的红派和白派的对立构图。

于是，藤森想利用外行的设计手法来回归自然素材，据说还有过去的绳文时代（绳文建筑团）。在"欢迎课外教授自主建造住宅"（NHK，2001年）的活动中，藤森展示给我们他建造的绳文式住宅。专注于绳文时代建筑的建筑师是渡边丰和，而唯一对藤森的处女作"神长官守矢资料馆"作出好评的也是他。这当中或许也有着某种因缘吧。

尚未见过的建筑

对乡土建筑的关心，自鲁道夫斯基的《没有建筑师的建筑》出版以来，在建筑界广泛存在。即使是在日本，如伊藤郑尔的《民宅的幸存》（美术出版社，1963年）等，对于民居的关心也一以贯之。20世纪60年代后期关于服务设计、原广司的世界聚落研究，正如前面所接触到的一样涌现。安藤忠雄也说过民居和传统聚落很有魅力。然而，藤森的立场不同。对于乡土建筑的关心，一般意义上是指支持《惊异的构思》（B.鲁道夫斯基，渡边武信译，鹿岛出版社1981年）的世界。在历史中孕育的技术，虽然有学习创意技巧的意向，但藤森却想要赤手空拳地转向原始自然，是真正的"野蛮前卫"。

藤森看起来对这些工匠视而不见。迄今为止专注的，是以下所述的"新的形态"。

"即使到了伪造历史的地步，也想从根本的角度看看'新的形态'，那我们就退回历史吧。在建筑中，我不想失去加工材料的手工质感，想品味多种多样形态的乐趣。"

追求创造"尚未见过的建筑"，激发藤森的也许是消极追求新奇性、反对现代的原始信仰吧。矶崎新深入揣摩了藤森主张的枯树、泥墙还有稻草的"手法"。藤森确实是后现代主义批判的旗手。

然而，我与藤森都一直单纯地追逐着建筑少年的世界，并不只是为了实现这个梦想。

第2章 注释与文献

*1

以1961年至1970年在伦敦出版的杂志《建筑电讯》(*Archigram*)为活动中心的建筑师团体。1961年,彼得·库克(Peter Cook, 1936年-)、戴维·格林(David Greene, 1937年-)、迈克尔·韦伯(Michael Webb, 1937年-)出版了第1期《建筑电讯》。1962年,沃伦·乔克(Warren Chalk, 1927-1988年),丹尼斯·克朗普顿(Dennis Crompton, 1935年-),罗恩·赫隆(Ron Herron, 1930-1994年)加入并出版了第2期。主要作品包括:行走的城市(Walking City, 1964年),由可拆卸的空间单元组装"插入式城市"(Plug-in City, 1962-1964年)等。该工作室于1974年关闭。

*2

宫内靖的遗集《怨恨乌托邦宫内靖的居所》(炼瓦书房新社,2000年),很好地描述了"神殿或监狱"的时期。同代建筑研究会也举行了一次研讨会,长谷川隆和矶崎新担任嘉宾。(同时代建筑研究会编,《悲喜剧:1930年代的建筑与文化》,现代企划室,1981年)。

*3

文章"现代日本建筑研究的历史发展"(大江宏编《新建筑学大系——建筑概论》,彰国社,1982年。)

*4

1842-1992年。出生在爱尔兰。1864年从香港移居鹿儿岛,在萨摩省从事纺纱厂的建设和其他工作。1868年被委托货币局项目,建造了大阪造币厂宿舍(现泉布观)。获得了大隈重信等人的赏识,后搬去东京,于1870年起被大藏省委任。银座大火事件后开始着手于银座砖街项目的建设。他还亲自建造了一个砖厂(霍夫曼窑),并收了很多日本徒弟。后又调到工业部就职,1875年被解雇后远赴上海。

*5

1860年,恩德与他的同事贝克曼开设了一家建筑设计事务所。1887年,明治政府委托恩德和贝克曼事务所进行城市规划,在日比谷和霞关附近集中建造议会大厦和中央政府办公室。1890年,外务大臣井上辞职,集中政府办公室的计划被抛弃。此内容收录在作品"司法部,法院"中。

赫尔曼·古斯塔夫·路易·恩德(Hermann Gustav Louis Ende, 1829-1907年)。出生于德国。自1850年起,在波茨坦市首席建筑师朱利叶斯·曼格手下从事建筑工作。1851年在柏林

087

Bauakademie 建筑学院毕业。1852 年加入建筑师协会。1855 年获得建筑审查资格。1860 年设计了商业大臣宅邸项目。于 1878 年在赫林建筑学院（Herlin Baucademie）担任教授，1881 年在工科大学担任建筑系教授。1882 年开始担任美术学院副院长。于 1883 年担任普鲁士技术和建筑局建设和建筑学院主任。1895 年任美术学院院长。

威廉·贝克曼（William Beckmann，1832-1902 年）。出生于德国。1854 年加入建筑师学会。毕业于柏林建筑学院（Berlin Baucademie）。1869 年成为建筑师协会的主席。1902 年成为建筑学会的荣誉会员。

*6

1578-1658 年，在其祖父利休的要求下，以膳食播报员的身份被送到大德寺，并在春屋宗园接受禅宗修行。1594 年还俗后，与弟子们一起传播利休派"侘茶"的茶道思想。1600 年左右，其父亲少庵隐居后，他接管了家族管理。他在晚年建造的一张榻榻米的茶室（面积大约等于两张榻榻米），被认为是"侘茶"精神的究极体现。

*7

1605-1673 年，出生在摄津省。1627 年继承总督职务，成为封建主。1632 年至 1643 年，负责重建知恩寺的工作，并在土木建筑方面取得成就。1638 年，他在大德寺内建造了高林庵。在桑山宗仙的指导下学习茶道，并创立了石州派。1663 年，为纪念其父而建立了慈光院。1665 年，被幕府将军德川家纲册封为茶道大师。

*8

1548-1656 年。生于飞驒高山，宗和派的创始人。在京都大德寺跟随绍印和尚修行，剃了头发，取名宗和。他经常出入贵族世家，专门致力于茶道，他的茶风被称为姬宗和。之后，他在加贺藩任职。佛号是甲坚院殿德英宗和居士。死后埋葬在京都上京区寺町地区的天宁寺旁。

*9

1544-1590。安土桃山时期的茶道人。千利休的得意弟子。店名是萨摩屋，又名飘庵。堺市的商人山上宗壁的儿子。其秘籍《山上宗二记》记载了他对当时有代表性的茶具的感悟，是关于利休茶道故事的珍贵文献资料。

*10

出生和死亡日期不明。战国晚期至安土桃山时期的传奇茶道人。据说他的名字源于"人"的部首"丿"，他也被称为"丿恒""丿观"。据说，他曾在武野绍欧手下学习茶道。他在山下建了一座隐居所，因其许多古怪的行为而闻名四方。在他的晚年时期，去往萨摩。在萨南学派的南浦文之的诗作中可以看到与丿贯的交流。《三国名胜图会》中记载，在鹿儿岛郡西田村的有个叫"丿恒石"的土丘，因此被世人推断此处便是他的安葬之地。

*11

1613-1699年。江户时代早期的茶道人，千宗旦的得意弟子。庸轩派茶道的创始人。在京都经营和服生意。店名号为十二屋，名为源兵卫、政直、当直等，店名号也有时被称为反古庵。出版汉诗集《庸轩诗集》(1803年)。现存的茶室有京都金戒光明寺内西翁院的"淀看席"（原为紫云庵），以及与北村幽庵共同被称为近江坚田的"天然图画亭"等。记录其茶风的书有《茶话指月集》，由庸轩口述，其女婿须美疏安为其撰写，还有由其孙子久保又梦撰写的《茶话望月集》等等。

*12

《见闻录》，共同通信社。

第3章 不断创新的建筑形式

伊东丰雄

一 时光飞逝——伊东丰雄的人生轨迹

伊东丰雄作为日本领袖级建筑师,与安藤忠雄并驾齐驱。他与安藤忠雄都出生于1941年,两人都朝气蓬勃、精神抖擞,没有人会想到他们将要步入古稀之年,尤其伊东丰雄,风范仍不减当年。

在1941年——日本袭击珍珠港,日美战争爆发时期出生的建筑师还有长谷川逸子、毛纲毅旷、六角鬼丈、仙田满等人。他们被称为建筑界的黄金一代。

在黄金一代中,伊东丰雄一贯注重"建筑条件",是一直与"建筑条件"互动的建筑师。如果说安藤忠雄是一味拘泥于混凝土这种模式的话,伊东则被视为可以自由地改变其风格的先锋派。无论是从"中野本町之家"(1976年)到"银色小屋"(1984年),到"仙台媒体中心"(2000年),再到"台中大都会歌剧院"(2014年),他一直在作"最前卫"的设计。

迄今为止,伊东丰雄整理了《风的变样体——建筑编年史》(青木社,1989年)及《透层建筑》(青木社,2000年)两部编年史集,这沿袭了矶崎新《向空间》(美术出版社,1971年)的风格。矶崎新的编年史集从1960年开始,至1969年结束。伊东的编年史集始于1971年,至1988年后中断,2000年开始续写。如果读完这三部作品,就可以理解到日本建筑界"最前卫"的演变情况。

伊东丰雄与矶崎新[1]一样,最终没能成为建筑学教授(专职大学教授)。两人作为世界著名建筑师,按理说母校东京大学应邀请两人担任教授,但遗憾事实并非如此。而其结果是,他们成立的团体或组织,得到了更自由的发展与延续。伊东丰雄始终以创造"最前卫"的建筑为目标,我想这也是他与那条道路无缘的原因。

在此略显唐突地说，与伊东丰雄给人智慧的印象怎么也衔接不上的是他善于歌唱。记忆中，他无比热爱唱歌，最拿手的是鹤田浩二的曲子。他歌技非凡，说是专业级别也不为过。之后，大概他的拿手曲目不断增加，擅长曲目也更专业。

以《我只在乎你》（邓丽君原唱，作词荒木，作曲三木）为题，并不意味着伊东丰雄是漫无计划的机会主义者。我能够证明伊东丰雄作为一名建筑师，一丝不苟地活着。我深信，身为歌迷的伊东丰雄一定喜爱这首歌，才以此作为本部分的标题。

出道前夜

如前所述，伊东丰雄参与了《建筑文化》杂志（彰国社）的"解开近代咒语"的连载，此后，我有幸目睹了他潇洒的人生轨迹。

1969年，伊东丰雄辞去菊竹清训建筑设计事务所的工作，于1971年成立了自己的工作室"城市机器人"（URBOT）。这一命名体现出了时代的氛围和伊东对建筑的热情。此外，在《都市住宅》杂志上发表的处女作"铝之家"（1971年）也鲜明地体现了这一点。我学生时代的《都市住宅》办得还是非常富有激情的。但是，从"千泷山庄"（1974年）到下一次飞跃性的一步"中野本町之家"（1976年）之间的作品编年记录出现了空白。

在设立独立事务所之前，伊东丰雄是东京大学吉武研究室的研修生，当时的东京大学建筑学科不要说"设计"，甚至连"研究"也无法进行。同年一月，虽然"安田讲堂"落成，"东大斗争"走向平息，但谁也无法预测的混乱仍然持续着。当时，吉武研究室被外界追问"设计"和"研究"的关系，以研究室为基础而进行的设计活动本身也陷入了被批判（产学结合批判）的状况之中。近来颂扬产学结合的大学的状况恍如隔世。我作为1971年的毕业生被分配到吉武研究室，不巧正好与伊东丰雄错过，成了他的后辈。与他初次见面，提到在吉武研究室的工作情况时，我在协助石井和纮作"直岛小学"（1970年）的设计。受人委托设计"直岛小学"的吉武先生，对前设计负责人的反对感到束手无策，不得不将设计工作交给年轻的石井和纮及难波和彦。当时伊东丰雄正好因为是研修生而回到研究室，吉武就叫伊东来帮忙。

接着，石油危机来袭（1973年）。

日本列岛陷入了恐慌。加之遭受了因伊朗革命（1978-1979年）而引发的第二次石油危机，20世纪70年代年轻建筑师的经历可以说是泡沫经济时期人们难以想象的严峻。

伊东独立以后，虽说几乎没有真正完成的作品，却每天面对着制图板。在事务所成立二、三年后，通过亲朋好友的帮助，业务范围有了扩展。然而，"想着终于可以给员工们发放奖金之时，石油危机的瞬间袭来，使几乎所有的项目一夜之间成为泡影。"

剩下的只有争论，虽说萧条时期引发"建筑运动"，即使没有工作机会，但至少能够思考。"解开近代咒语"的连载就是那些争论展示的平台之一。

"某处建筑师们的聚会，到了换场时，同龄的成员们会自然而然地十人左右围着小酒馆的桌子……就算评论最近建筑杂志的话题，也几乎是恶言谩骂，之后便开始聊起建筑师们的绯闻。待酒劲稍微上来后，同座的人就互相打起拳击。但几乎没有标准的直击拳，全是应付似的犯规的腰下拳而已。无论从背后还是侧面，毫无松懈与空隙，如果没有摆好架势，时常会有意料不到的后果。对细微失误展开激烈攻击，双腿互相拉

拽。"(《风的变样体》,第128-129页)

在这期间,伊东丰雄仿佛看清了自己的将来,记录了作为发展目标的三名建筑师(菊竹清训[2]、矶崎新[3]、筱原一男[4])的事情。

下诹访——中野本町

伊东丰雄出生于汉城(2005年后称首尔),成长于诹访。我年轻时与他相遇,还是作为京都大学的外聘讲师,虽说我们见面的机会不少,却没有直接问过他的成长经历。

"下诹访町立诹访湖博物馆——赤彦纪念馆"(1993年)建于他少年时代住过的城市,家的对面就是诹访湖。"从学校回到家,立刻迫不及待地丢下书包,在院子前面钓鱼和虾,骑自制的摩托艇。"("变样体的建筑",《住宅建筑》1985年7月号)。在院子前面钓鱼,这无可挑剔的环境多么让人羡慕!"扔石子的地方、钓鱼的地方、捉蜻蜓的地方、乘小船的地方、欣赏烟花的地方,它们各自形成了形形色色的风景""小学时代每天眺望游玩的湖面广阔而美丽",但"设计时望见的湖面,却到处都相同且狭小。"(《透层建筑》,第242-243页)

所谓"曾经宽阔的湖",过去的确如此。少年时代体验的空间与转换到成人"眼"中的"空间"显然不同。有趣的是,藤森照信与伊东丰雄有着同样的成长环境。年纪相差五岁的少年(藤森照信)成长的诹访郡宫川村高部(第2章 从建筑侦探到建筑师)可能要好一些。诹访湖博物馆的建筑后面有一座山,在半山腰上搭建了一栋小屋,靠烧炭维持生活。听说同年级的学生会带着青蛇去学校,班主任老师很是苦恼。吃蜻蜓或捉蝴蝶,做烧炭和玩青蛇,在同样环境下成长的伊东丰雄和藤森照信却成了风格完全不同的建筑师,我对这一点颇有兴趣。

伊东丰雄虽然说"只是凭借想象当时的湖面、山峦的风景，从而设计了这座建筑""希望通过在丧失了场所性的地方修建房屋，来恢复其原有的魅力"，藤森的回答却显然与他不同。如后面所提及的，伊东所依据的是城市，是东京。

从生长环境培育建筑师这一论题出发的话，也许中野本町比较适合。在诹访长大，搬迁至东京后的住所是"从哈佛留学归国的年轻建筑师芦原义信设计的大约30坪（1坪约为3.3平方米）的廉价平房"（"向着风的建筑"，《建筑文化》1985年1月号），而据说刚进入高中（日比谷高中）的伊东在房梁上跟人打斗过。我与芦原义信先生颇有缘分，曾经有过密切的交往。然而虽有过交往，也并不知道此事，还错过了了解此事缘由的机会。不如说在伊东丰雄首次亮相之前，芦原义信先生做梦也想不到自己设计的住宅"养育了"伊东丰雄。并且之后在那里建了"银色小屋"，还在附近建造了"中野本町之家"。

关于伊东丰雄，除了日比谷高中与东京大学的精英课程以外，我所了解的，是他与矶崎新一样，是左撇子棒球投手。

同级生

翻开东京大学建筑系同学会"木叶会"的名单，能看到1965年毕业的伊东及同年级的月尾嘉男的名字。此外，还有翻译了柯林·罗的《风格主义与近代建筑——柯林·罗建筑论选集》（彰国社，1981年）一书的松永安光。更有担任日本建筑学会会长的村上周三，及担任"日本建筑师学会"会长的大宇根弘司。在"东大斗争"中固守在安田讲堂而被逮捕的内田雄造也在其中。这真是非同寻常的一届。

说到月尾嘉男，他是在"月尾嘉男——未来世纪日本"（北海道频道）

等电视节目里出名的播音员。另外,他还在管理改革派行政执行官(地域独立战略会议)方面为人熟知。此外,他还酷爱皮划艇和越野滑雪,与全国各地的伙伴们一起经营着私塾,并投身于环保事业。在东京大学建筑系培养的活跃于媒体界的特殊人才中,还有女演员菊川怜和她的前辈月尾。

伊东丰雄在"城市机器人"时期,曾与月尾嘉男共事。我读研究生时,曾在月尾嘉男成立的"都市系统研究所"(1972-1975年)打过工。那时,伊东丰雄有时会来"都市系统研究所"探访。

"都市系统研究所"的工作包含翻译等,但给我印象比较深的是协助丹下健三的松江项目。我撰写了招募大学来松江选址的计划。在当时穿孔卡片的时代,我们用磁带将国际电话的电路与美国计算机进行链接。我记得,协助丹下一事遭到了在《是神庙还是地狱》一文中对丹下健三展开强烈批判的同乡(生于岛根县玉造温泉)长谷川尧先生的愤怒谴责。暑假时,我在桢文彦事务所(桢综合计划事务所)工作过一个月。另外,我同时在吉武研究室的助手下山慎司、曾田忠宏两位先生的事务所"设计规划研究院",及石井和纮、难波和彦的事务所(landing)兼职,参与绘制了"直岛幼儿园""54之窗"的设计图及模型的制作。我当时就是这样一个建筑少年。

菊竹清训建筑设计事务所

在东京奥运会余波未平的1965年,伊东丰雄加入了菊竹清训建筑设计事务所。无论在以世界设计大会为契机而结成的革新组(1960年),还是大阪世博会EXPO'70(1970年)这一被称作日本建筑界的黄金时代,都有菊竹。之后,内井昭藏、土井鹰雄、武者英二、仙田满、长谷川逸子、富永让等众多优秀建筑师,如雨后春笋般涌现。

伊东丰雄加入事务所时,正是菊竹获得日本建筑学会奖的设计作品"出云大社厅"(1963年)及"东光园"(1964年)刚刚竣工之际。他在事务所期间,参与了"都城市民会馆"(1966年)、"岛根县立图书馆"(1968年)、"国铁久留米站"(1968年)、"久留米市民会馆"(1969年)、"岛根县立武道馆"(1970年)的设计工作。

菊竹清训的初期作品,由故乡的九州、久留米开始,直到探寻日本神话一样的山阴地区,菊竹在那里设计的作品很多,受到当时的岛根县知事田部长右卫门的喜爱。"田部美术馆"(1979年)也是菊竹的设计作品。我从在松江市政府工作的我父亲那里得到了这本书,因此我中学时代就已知道他的大名。生于出云(知井宫),长在松江的我,对于"岛根县立博物馆"(1960年)之后的菊竹所设计的建于山阴面的作品有了经常性的接触。我那时还经常去"岛根县立图书馆"。听说"岛根县立武道馆"项目由富永让负责。

之后,我担任了位于内道湖畔的"岛根县立美术馆"(1999年)项目的审查委员,在那发生了让我感慨万分的事。由于大高正人委员长发布"布野全权负责解释各方案的问题与疑问"这一命令,我受到了一些著名建筑师的故意刁难,这着实令我为难,但最终此项目以全票通过。虽然"江户东京博物馆"那时正在修建中,却难以让人联想到它们是出自同一建筑师之手。这让我感到非常荣幸。

RIBA英国皇家建筑师学会金奖

凭借"中野本町之家"正式出道(自称"悲惨出道")的伊东丰雄,一边承受着人们对"中野本町之家""严厉批判"的舆论,一边摸索着日后的方向。当然按常理说也并非"严厉批判",只是伊东就此开始转变其以后的方向。因此,"中野本町之家"成了伊东丰雄的一个特殊作品。而对他的设计方向造成重大影响的,是与筱原一男、多木浩二的相遇。据伊东所说,"让暧昧任性的我变得周密严格的,是筱原学派。"

但是伊东并没有停留在筱原学派,他在自认为是"筱原学派的劣等生"的同时,不断改变着自己的方向。经过"中央林间住宅""小金井之家"(同为1979年)的设计积累,"笠间的家"(1981年)获得了"日本建筑师协会新人奖"(1984年)。此后成为转折点的事件,是他凭借"银色小屋"(1984年)获得了日本建筑学会奖(1986年)。这与安藤忠雄相比足足晚了七年,在四十五岁获得此奖并不算早。像桢文彦这类被称为"和平时代的野蛮武士"的建筑师,是在20世纪70年代后期才获奖的。不仅在建筑界,获得一般大众关心的也是从"东京游牧少女的蒙古包"(1985年)、"流浪者饭店""横滨风之塔"(同为1986年)的时期开始。

关于"银色小屋"设计风格的转变,藤森照信曾发表了诙谐的文章。据说伊东丰雄对大家只一味地谈论"中野本町之家"而不能理解自己的设计感到很气愤,之后大家都沉默了。我虽记得不是很清晰,但对于伊东丰雄"藤森先生,请你告诉我,那些意识到现代建筑矛盾,却又没有能够依赖乡村和大自然的建筑师们,将来应设计什么样的建筑……"这一质问的解答文章中,藤森写道"石山、毛纲、布野和我去参观了银色小屋……所有人都无法理解,为何伊东设计了一个用护墙板贴的,或者说如同脆弱空洞的折纸一般的建筑。"(《the·藤森照信》,无限知识《住宅》编辑部,2006年)的确,我当时在场也几乎没有看到"银色小屋"。我还记得那之后,他便与担任NHK解说员的原律子夫人长聊起了与建筑无关的话题。

1991年，伊东丰雄开始首次亲自设计公共建筑（"八代市立博物馆·未来的森林博物馆"荣获 1992 年每日艺术奖）。对于当时 50 岁的伊东来说也不算早。之后，他开始从事大量公共建筑的设计。"大馆树海巨蛋"（1997 年）荣获了艺术选奖文部大臣奖（1998 年）和日本艺术院奖（1999 年）。多次获奖的战绩体现出建筑界对他的高度评价。另外，对于伊东丰雄自身来说，在此之后的巨大转折点是"仙台媒体中心"（2000 年）。的确，继"仙台媒体中心"之后，伊东丰雄像附体的邪魔被褪去一般，"TOD'S 表参道大楼"及"MIKIMOTO Ginza 2"（图 1）的巨大变化震撼

图 1. "MIKIMOTO Ginza 2"，伊东丰雄建筑设计事务所

人心。

年过花甲的伊东一跃成为世界建筑的领跑者。我们能看到他开始不受任何束缚,自由追求新奇的建筑形态。阅读泷口范子所著的跟踪记录文献《日本的建筑师伊东丰雄观察记》(TOTO 出版,2006 年),能充分感受到他自由的心境与工作态度。

伊东丰雄年轻时就已周游四海。几乎无人知晓他曾设计过航空公司在海外办事处的售票柜台。大约从 1989 年起,由于海外会议、讲演及工作原因,他飞遍了全世界。2006 年,伊东丰雄荣获了 RIBA(英国皇家建筑师学会)金奖。

如开头及其他地方所提及[5],担任多所大学外聘讲师及客座教授的伊东并未担任过专职的建筑学教授。如果说安藤忠雄不能够担任东京大学教授,那么伊东也是可以的。伊东在较早前,大约 50 岁就开始担忧大学的设计教育,实际上他十分热衷于教育事业。

"在日本大学本科最后的学年里,即使不是设计专业的学生,设计制图也成为必修科目。然而与此相反,在硕士课程中却几乎没有设计制图这门课,这似乎存在问题……这甚至让我怀疑,现在的大学到底是否在认真地培养建筑师。"("关于大学设计教育的担忧",《新建筑》1991 年 8 月号)

伊东培养出了许多建筑师,石田敏明、妹岛和世、佐藤光彦、曾我部昌史、横沟真、松原弘典、平田晃久等人都来自伊东事务所。

妹岛和世与西泽立卫(SANAA)同时荣获了被称为建筑界诺贝尔奖的普利兹克奖(2010 年),现已成为世界级建筑大师。作为日本建筑师,他们是继丹下健三、桢文彦、安藤忠雄之后,第四组获得这个奖项的日本建筑师。他们与第一届获奖的菲利普·约翰逊(1979 年)济济一堂,一同迈进这一领袖建筑师光辉之路的还有限研吾。如学生时代就已了然于心，通往世界级建筑师的路其实就在身边。

横沟真加入到滋贺县立大学的学生自由组织"谈话室"时（2008年），我说"初次见面，请多关照"，他却说"曾经我们一起喝过酒呢"，这令我很吃惊。他说在伊东事务所工作时，伊东丰雄带着他去新宿的酒吧唱歌时我碰巧也在场。新宿的酒吧是当时另一个"梁山好汉"组织。

1988年至2000年，横沟真就任于伊东事务所。2001年独立发展，并凭借"新富广美术馆"国际招标的获胜正式出道。他将独立后立即亲自设计的"HEM""FUN"（同于2002年）、"HAB""MSH"（同于2003年）、"TEM""MEM"（同于2004年）等一系列住宅、集合住宅的作品展示给我看，那是在低成本的严格控制中给出的精明的答案。20世纪70年代初期，安藤忠雄、伊东丰雄、山本理显……本书所列举的所有建筑师，都再一次忆起了从住宅出发的时期。对于无论是在预算方面，还是建筑场地环境方面都没有适合条件的竞赛中，尝试将重点放在创意方面，这一举动引起了大家的共鸣。特别，用铁板作为主要构架的一系列作品是一个现实挑战。虽说以"单纯的复杂"为目标，但我认为单纯就行了。2009年，横沟真成为母校——东京艺术大学的副教授，我期待他在教育方面的大步飞跃。

松原弘典，作为文化厅派遣艺术家的在外研修员，在北京大学建筑学研究中心研修时（2002-2005年）我们曾见过面。"从今以后将是中国的世界，去中国工作吧！"我想这么鼓励他，而这似乎也正是他的想法。他在2005年成立了"北京松原弘典建筑设计咨询有限公司"，向我介绍了2007年度建筑学会春季学术研究会于北京召开的情况、北京奥运会前夕的建筑情况，以及在北京的几个工作项目的情况。我想，他开创了日本建筑师一条全新的发展道路。

  我与平田晃久熟悉是从京都大学竹山圣研究室学习时期开始,平田的同级生中,以左官修业为首,还有森田弥一及在印度和非洲开展土壤建筑的渡边菊真等,才俊颇多。

二　风的变样体和透层建筑　伊东丰雄的建筑论

伊东丰雄非常多才多艺，与安藤忠雄不同，他撰写了不少文章。当中大概很多都是受人之托，如著名专栏作家山本夏彦主办的《室内》杂志，曾几度邀请伊东为其写时评。从这一点可以看出他作为评论家及随笔作家的非凡天赋，同时涉猎面也很广。

我的第二本书中关于处女评论集《贫民窟与兔子小屋》（青弓社，1985年）的书评"穿透的光明"（《住宅建筑》1987年6月号）有幸被收录于《风的变样体》（青土社，1989年）。而且，伊东似乎彻底看透了被"亚洲贫民窟"所吸引的我对此事的关心。有趣的是，伊东写道："如果选择在日本以外的地方生活，那么第一是曼谷，第二是巴塞罗那，第三、四为墨西哥和布宜诺斯艾利斯。如果在美国生活的话，则是洛杉矶。"（《透层建筑》，第384页）这不仅体现了伊东丰雄不局限于欧美的全球性立场，也体现了他的感性与温柔。

关于建筑理论一类正式的论文很少，他的风格是在建筑师论或作品评论里融入自己的建筑理论。通常是在看清建筑、社会状况和形势的同时，定位自己及其设计作品位置的表达方法是其建筑论文的特征。此外，还有对建筑师来说理所当然的，从对设计这种行为本身的不断探究中提出问题。

伊东在发表设计处女作"铝之家"（1971年）之际，撰写了"设计行为只是为了追寻自己歪曲思考过程的结果"（《新建筑》1971年10月号）这一题目很长的文章。在这篇文章的开头，伊东引用了宫内康的"具有煽动性的建筑"（《美术手册》1971年8月号）这一说法。他一边说"努力将设计这一行为建立一种理论，我们去相信这件事吧"，一边却又说：

"假设要将设计这一行为坚持到底,那应该把自己周边发生的种种不合理按照不合理的原样表露出来。"他还说:"最重要的,是我想把创造具体的事物这一初衷作为一切的基础。我只想在没有此理论的情况下,以灵感作为沟通的前提。"

引导伊东丰雄一直走在建筑界最前端的就是"理论之前的感觉"。

后现代主义

伊东丰雄在其处女作论文"无用的伦理"(《都市住宅》1971年11月号)中,根据"URBOT",举出了对其思想产生很大影响的两个相反派系,一个是以查尔斯·穆尔[6]为代表的加利福尼亚学派,另一个是从建筑电讯派(Archigram)到超级工作室(Superstudio)[7]都有所关联的奇幻的乌托邦学派。

当时,矶崎新《美术手册》的连载,出色地梳理了世界建筑脉络,还归纳整理了《建筑的解体》。可以说,从伊东那一辈人到我们这一代,都依据这本书对建筑发展抱有共识。根据矶崎新流派"无主题"这一概括,虽说矶崎新着手制定自己的后现代主义方向性(手法论、引用论、折中论),但我们该选择哪一个作为方向成了当时的问题。此外,如何超越先辈,是每个时代都存在的问题。"解开近代咒语"的连载中就有对上述问题夜以继日的争论。

如前所述,对于伊东来说,应该超越的具体对象,首先为菊竹、矶崎和筱原。

伊东丰雄一面批判菊竹的新作"萩市厅舍",一面又总结似的写道:"向菊竹清训先生请教是我们的疯狂得以延续下去的方法。"(《建筑文化》1975年10月号)"菊竹清训这样的一位建筑师在十年间的境遇如何,而他又是如何面对的呢？此外我还想向菊竹请教他对我的看法。"

伊东丰雄一方面指责无论是作品的质量，还是对社会的反应，菊竹都欠缺了一种称为"狂野"的魄力，应该把与境遇的搏斗作为目标，无法找到其方向的焦急感在标题中被体现出来。另一方面，他认识到了情况的变化。20世纪60年代，建筑师与社会或城市的关系被划分为"生活派""社会派"与"空间派"。对此阶段，他曾表明认同明显代表后者的筱原一男的观点。实际上，丹下在对筱原的住宅作品进行分析的同时写道"对筱原一男先生的建筑作品还从未有过像现在一样的关注。"关于矶崎新，伊东一边回顾其作品，一边围绕着他的新作"北九州市立美术馆"，写下如下批判："像矶崎新这样的建筑师，他对于空间的兴趣点只在于表现他个人的身体性，以及与他身体性相关的修辞与表现手法。"只有个人身体性的建筑到底能否成立？也有人提出过这样对矶崎新的批判。

从城市到城市

如此一来，无论是建筑与社会或城市的关系，还是与环境的关系，始终是伊东丰雄思考的基本问题。早期的伊东一直在思考应该将自己设计的建筑定位在哪个脉络上。在现代建筑各种各样的潮流中，试着从1960年自己刚开始学建筑设计时的建筑动向、应超越的先辈及互相竞争的同一辈建筑师的方向中，探寻出自己依据的脉络。"中野本町之家"被指责没有脉络（多木浩二），伊东为回应此事而写的"追求脉络"（《新建筑》1977年6月号）中这样写道："结果是，我所依据的脉络就是现实的城市。"他将现实的城市与自己的建筑相结合，列举了以下关键词：① 拼贴 ② 等质性 ③ 表面性 ④ 修辞学 ⑤ 格调 ⑥ 断层。据说他对"拼贴式的建筑"与"表面的建筑"非常关注。⁸ 在归纳了初期建筑理论的文章中,有一篇名为"〈俗〉世里投影的〈圣〉"的文章,就采用了"从城市出发""再次进军城市"的结构。

伊东从最初就一直保持着对城市的关注,特别是对东京的关注。这与安藤忠雄作为现代建筑大师将勒·柯布西耶的作品作为范本不同,也与藤森照信将"自然材料的建筑"为目标不同,伊东是将极度错综且混沌的现实城市作为文脉,一直以来给予伊东设计创意力量的,是具有本土性的现实城市。

伊东丰雄的建筑理论,同时也是城市理论,实际上他的很多文章都涉及城市。⁹《虚拟城市的建筑》(INAX 出版,1992 年)一书是为了参加在伦敦召开的日本节活动"日本的未来"展,而将其之前的作品作为城市理论而制成的宣传册。

消费的海洋

"沉浸于消费的海洋便再无新建筑"(《新建筑》1989 年 11 月号)写于泡沫经济中期,面对此状况,伊东的处理方式非常出色。在"势如破竹的建筑被建造与消费"的状况之中,"如果这种状况对于建筑师来说是危机的话,这并不是建筑师否定消费社会而获得生存的问题,而是建筑师如何彻底摒弃那种只有建筑师能够置身于消费之外的想法。在这样的时代,是无法试着去争论建筑形态的好坏或有无独创性的。"

这种认识的取向与安藤忠雄朴素的建筑观有本质上的不同。另外,虽然他们同时意识到消费的海洋,但他与藤森照信在战略目标方面也并不相同。他们两人似乎在沉默中,臆断地设定了"建筑"的概念,而伊东却对此表示怀疑。"如果是有意识的建筑师,大家都向往'建筑'的概念,但是几乎所有的尝试却都过于有意识地与消费最前沿相对应,也就是说看上去过于信赖自己的建筑设计""对建筑的自律性、艺术性的有效尝试难道不是 70 年之前的事吗?"

伊东丰雄说:"但这并不是否定'建筑'的概念,不如说正好相反,是在无法切断建筑是'社会性的存在'这一前提下,没有必要感叹建筑被消费化这一现状。社会远比建筑师所想象的冷酷且激进。我所关心的仅有一个问题——那就是在这个时代背景下,建筑是单纯作为建筑本身而存在的吗?"

他还说道:"询问建筑概念时,不希望是形式主义的操作,而希望是从发现新的城市生活的本质来思考。"

伪装工作

出道十年来,伊东越发清晰地意识到超越菊竹的革新论、筱原的象征论、矶崎的手法论的指向性。"设计行为是基于意识性操作形态的伪装工作"(《都市住宅》1981 年 4 月号)这篇文章,是将处女作设计"铝之家"发表时所写的"设计行为只是追寻自己逐渐扭曲的思考过程的作业"以概括的形式写下的,他说道:"对于跟自己的想象吻合的形态或空间的强烈执着与信赖,连自己都感到惊讶,不甚羡慕。"事实上并不是"逐渐被扭曲""假设来说,将设计初期阶段设定的建筑模型解体,到了大部分形态消失的地方为止和持续操作的过程中,无论是形态还是空间,当初的清晰感消除后都渐渐浮出了半透明的杂质。""即使希望设计出美丽的建筑,却不能够突出其美丽的空间。即使希望设计出清晰的明快感,在追求能从半透明的沉淀物中看见的空间时,这个作业变成根据镜头的焦点移动的行为,变成目送被暮色包围的风景的行为。"由此得出以下结论:

"存在于现实,却丝毫不让人感受到存在。已经开始丧失其形态的,或是已经没有物体实感的诸如此类的形态,应该只能根据意识性的伪装工作来完成。"

即使由于外部条件产生扭曲,也保持了纯粹的想象空间。伊东渐渐放弃了对于形态的强度和空间透彻度的要求。之后,渐渐失去了建筑论的要领。不如说,"建筑"并非坚定不移的,而是时刻变化的,这才是建筑理论的根本。自己所说的关键词是两本评论集的题目——《风的变样体》和《透层建筑》。

形态的熔融

如前所述,关于设计程序的真挚思考得到了证实——伊东丰雄宣布以"风之建筑"作为目标。"风之建筑"不是指将风视觉化的建筑,也并非吸收风的建筑。

"如果建筑的存在像风一样轻盈,只有状态,而没有具体形态,那该多么美好。"

一般来说"只有状态,没有形态"就不能算作建筑。以此为目标就是以建筑的起源、原始的状态、建成的一瞬间为目标。之后,伊东达到了"境界的暧昧(blur)状态"。"风之建筑"没有固定形状、是不断变换的"变换体的建筑"(《住宅建筑》1985 年 7 月号)。他在"覆盖在身体上的柔软建筑"(《建筑都市研讨会文件 1》1986 年 6 月号)、"覆盖在半透明黏膜上的空间"(《SD》1986 年 9 月号)中就曾作出过具体的提示。"流动体"或"流动性"也是关键词,也可称为"形态的熔融"(《新建筑》1982 年 4 月号)。促使 20 世纪 90 年代建筑方向更加明确的论文是"21 世纪的帷幕——流动性建筑论"(《新建筑》1990 年 10 月号)。

"以风之建筑为目标"(《建筑文化》1985年1月号)是同辈建筑师和后现代主义旗手的未来宣言。伊东表示"停止形式主义的操作",并宣扬与宇宙论的诀别。

"我们身边被内部的宇宙所囚禁、封锁的建筑如此之多。无论是依靠历史性的词汇还是原始的词汇,只要建筑师被内部的宇宙所囚禁,建筑就不可能具有生命力。"

伊东充满自信地评判着逐渐变为后现代主义主流的"历史主义""概念主义""形式主义"和"本土主义"。

桢文彦渐渐地将一群被称为"和平时代的野蛮武士"的建筑师分门别类。另外,在丹下健三提出"后现代主义没有出口"这一"来自天上的声音"的同时,泡沫经济破灭,伊东也开始认真地探寻现代建筑评论的深度。被称为宇宙派或宇宙主义的渡边丰和、六角鬼丈、毛纲毅旷不得不沉默,只因奇观异景不适于城市舞台。即使是谋求突破工业地域风格的石山修武的设计作品,也无法称为时尚。控制这个时代的是以伊东丰雄为首的学派。

原型(prototype)的解体

关于所著的《贫民窟与兔子小屋》,伊东丰雄写了下面的一段话。"吸引布野修司的亚洲贫民窟的所谓透彻的光明,是一种无法形容的、只能称之为无秩序的光明。"他还在以"奇妙的新城市"[10]为题的随笔中写道:"即使生存在悲惨的贫穷之中,他们也能发自内心地微笑,是因为他们的住所完全开放,与现代建筑相比,能展示给我们更多东西。如布野所指出的,对他们来说,居住本身就意味着建造。他们在生活中建造,在建造中生活,这个简单而明显的事实打开了他们的住宅。"

伊东丰雄欣赏变形、流动、假设,厌恶陈规俗套的模式化,并且对所谓原型本身表示怀疑。他在"八代市立博物馆"以后,开始从事公共建筑的设计。这是与山本理显的共通之处,但是对于山本提出的新观点"设施=制度"(Institution),伊东却避之不及。因此伊东的建筑也被称为"逃走"(透层)建筑(日文中"逃走"与"透层"同音——编者注)。

"必须首先从怀疑'使事物合理地运转'的秩序开始。"("追求人形机器人式的建筑",《季刊思潮》第1期,1988年6月号)

带着这种意识进行公共建筑的设计实属不易,因为从设计的最初到最后都受到"设施=制度"这种传统陈规的阻碍。进入20世纪90年代,"公共建筑有何可能性"[11]"作为通过点的公共建筑"(《新建筑》1995年7月号)等关于公共建筑的讨论陆续涌现。伊东丰雄与"公共建筑"或"公"的冲突、摩擦达到顶点的设计作品是"仙台媒体中心"。包括与"地方志"的对应,他继续摸索、辩驳着公共建筑存在的新方式。此外,伊东致力于实现一个临近竣工,自己却看不见完整形态的建筑。

"也就是说,永久地'不能完成'不正是建筑的最大意义吗。""仙台媒体中心"对伊东来说,就是"没有模型的建筑,才是我理想的建筑。"(《透层建筑》,第538页)

三 "建筑"的永久革命 伊东丰雄的建筑手法

谈到建筑理论,有的人胡乱使用哲学用语,使其理论有晦涩难懂的倾向。但对于建筑来说,语言是非常重要的,在各式各样的体裁下,新的概念极大地推进了新空间、新建筑的诞生。对于伊东丰雄来说,"语言"也很重要,将文章与具体作品结合起来才比较易懂。他的作品每次都表现出对建筑认真的思考,对作品的理解是读懂其建筑手法的重要线索。包括"透层"这类自创词汇,被设定为关键词的"词汇"或许可以说是具有感觉、诗意与文学性的建筑概念。

伊东丰雄所追求的方向非常清晰,"如何从物理和精神两方面打开被封闭的空间"(《风的变样体》,第90页)是伊东一贯的主题。此外,我们也已经看到"风之建筑""变样体""流动体""暧昧的境界""形态的溶解"等关键词。

伊东丰雄是非常聪明细致的建筑师。回想起"中央林间之家"(1979年)刚竣工之时我前去参观,感动于他对建筑每一处细节的斟酌。伊东丰雄对家具也一贯挑剔,甚至亲自设计。[12] 在他的论文集中,也大量收入了对大桥晃朗、仓俣史朗等家具设计师、室内装修设计师的批判内容。此外,他也曾被委托尚未问世的日产小型车"bike car"之类的设计工作。

伊东丰雄天生具有对细节设计的感觉。被称作"概念主义""形态主义"的建筑,虽在设计图和照片上看起来很美观,却常因细节有所欠缺,而使到访者感到失望。这类事情从未发生在伊东设计的建筑上。更有甚者,有一味追求新空间和说过"细节什么的有何关系"的渡边丰和这样的建筑师存在。因此真的可以说建筑设计是十分有趣的行业。

封闭并开放

伊东丰雄与众多年轻建筑师一样，以住宅设计出道。虽然期间也设计了"酒店D"（1977年）、"名古屋PMT大厦"（1978年）、"福冈PMT大厦"（1979年）等建筑，但直到首次设计的公共建筑"八代市立博物馆"（1991年）之前，伊东丰雄的主要工作还是住宅设计，但是那些住宅作品中并没有贯彻始终的内容。从"铝之家"（1971年）到"中野本町之家"（1976年）、"银色小屋"（1984年），他的作品风格一直在变化。

对于建筑师来说，在探索出自己的风格之前必然会有很多错误尝试。但安藤忠雄却立刻找到了自己的方向，此后一直追求混凝土材料的建筑几何学。与他相比，伊东实在是犹豫不决，不是倾心于利用铝这一素材，也并非像石井和纮那样，接连在设计上使用新的手法和形式。初期的伊东丰雄不断追求着淳朴中的"脉络"。此外，他还清晰地意识到真实变幻的城市（东京）就是自己所依据的脉络。

如何考虑城市与住宅的关系是建筑师的共同命题。那么，无论是安藤还是伊东，无疑都认真思考了住宅的设计问题。伊东将"URBOT'002"的胶囊状寝室作为个体，独立为"URBOT'003"，在银座的步行者天国形成了一幅鳞次栉比的合成画面。安藤忠雄也梦想过"城市游击住宅"。建于同时期的两栋住宅"住吉长屋"与"中野本町之家"是对最初现实性城市的解答。古今东西，为了城市集体居住，共通的基本居住形式是庭院式住宅，但在空间的品质方面却存在对比性。我认为"中野本町之家"在其内部空间的品质方面，显示出了至今为止日本住宅前所未有的可能性。在白井晟一设计的"虚白庵"召开的小会议上（"原爆堂与日本战后""虚白庵——谈白井晟一"，2008年8月15日），我见到了伊东丰雄。我对他的突然出席感到吃惊，但听说他是想实地参观"虚白庵"。

据说在设计"中野本町之家"时,他一边参照"虚白庵",一边多次进行了草图设计。

问题是"里院"及内部与外部的关系,这显然与直接在里院将自然占为己有的"住吉长屋"的处理不同。它超越了规模的差异、东京与大阪的差异等城市的背景问题,成了伊东的精神创伤。

伊东写下了如下这段话:"在某种程度上,这个空间是我自身的堡垒,是应该被破坏的攻击目标。这个住宅与安藤忠雄的'住吉长屋'大约建于同一时期,他把这个据点作为堡垒般常年精心经营,还有每当看到他在这十年间的呕心沥血,就都能强烈地感受到建筑师与常人生活方式的差异。"(《风的变样体》,第90页)

当时,鼓动了年轻建筑师的,是原广司的"作为最后堡垒的住宅设计""住宅中埋藏着城市"等方法意识。从20世纪60年代末到70年代初,是20世纪60年代初期一些热衷于城市建设的建筑师被迫从城市撤退的时期。由于城市幻想的破灭,建筑师开始回归到"建筑"本身。被视为"最后的堡垒"的是住宅这个小宇宙。但问题显然没有被关在封闭的小宇宙里,伊东丰雄清楚地意识到这一点。如何"封闭并开放",才是问题所在。

多米诺与管子

另一方面,还有不顾一切热衷于建造城市的建筑师及断言"住宅是艺术"(《新建筑》1962年5月号)的筱原一男及其学派。如前所述,伊东被筱原及其学派深深吸引。然而,伊东却最终选择了"打开""住宅"这一方向。

回顾以往,能够明显看出伊东在摆脱"中野本町之家",向着"银色小屋"的方向转变。当时，他为了超越"小金井之家""中央林间之家"（同于1979年）、"笠间的家"（1981年）及"中野本町之家"而犯了不少尝试性错误，但依旧一直持续探索。作为探索住宅方向性的作品，最早完成的是"多米诺住宅"（Domino，1981年）。

勒·柯布西耶提出的用柱子支撑地板，四周墙壁自由地构造系统"多米诺"形式，在以石造、炼瓦造为基本的欧洲，作为划时代的建筑系统被给予了很高的评价。但是不明白伊东为何在日本排斥"多米诺"形式。据伊东所说，20世纪80年代初期，事务所每周围绕"居住"展开讨论，以"小金井之家"为基础，尝试作出标准的都市住宅模型。

"中野本町之家"与"多米诺住宅"可视为完全对立的作品。关于住宅，我们已经在这里看到作为圆形及解体的伊东丰雄的主题，我们不得不重新将视野投向面向全世界流通的商品化住宅和房地产的计划，关于厨房的建造方法、应有的收藏空间、空调等都面临被重新审视（《风的变样体》，第271页）。

当时，我与大野胜彦、石山修武、渡边丰和一起成立了一个叫HPU（房地产规划联盟）的小组织，为打破"住宅设计小宇宙"而活动。作为宣传此活动的媒体，1982年2月发行了《群居》杂志创刊准备号。我想伊东与《群居》杂志的同仁们在基本问题意识上是相通的，中心人物是石山修武。《群居》之外，还有一个名为"aderu·karusabinu会"的组织，他们计划将现代设计空前兴盛的20世纪的巴黎作为舞台，按设计师的意愿设定一个架空的少女aderu，及她遗留下的日记和附在其中的图稿。这五位当代建筑师在对其图稿赋予新的意义的基础上进行设计，尽可能将之实现于室内装饰或家具。这五位建筑师，除了伊东、石山之外，还有六角鬼丈、长谷川逸子、山本理显。

构筑整体系统，还是以开放配件系统为基础突出个体表现，是《群居》一贯的话题。名为"积水住宅M1"的集体住宅设计者大野胜彦，致力于地域住宅工房的设计；石山修武则一边开展波纹系列住宅（"幻庵""开拓者之家"）中的住宅产品"D-D（直接交易）系统"，一边致力于城市建设。各自的设计趋势引人深思。

伊东丰雄在"仙台媒体中心"（图2）采用的是"新多米诺系统"（"作为新多米诺系统的'仙台媒体中心'"，《公共建筑》1999年7月号）。当然，不是简单的多米诺系统，而是竖直方向以扭曲管状物为支撑的系统。

图2. "仙台媒体中心"，伊东丰雄设计事务所，2000年

如此想来"中野本町之家"的空间也有管状元素，而从"台中市大都会歌剧院"中也能看到明显的管状物主题。管状空间在伊东的空间意识里深深扎根。而显示这一意识的，是他以"想传承给孩子们的一代"为主题而描述的《大众之家》（index·communications，2005年）。

冲压金属——以轻构造为目标

除了"多米诺"这一简单易懂的系统之外，伊东丰雄并不是提案新构造系统或建筑生产施工的新型系统的那类建筑师，也不是玩弄冒险构造的建筑师。虽然也有"大馆树海巨蛋"（1997年）这样的以构造系统支配整体的建筑，但其终究是诞生于项目之中的。"空间"的形态在先，而后才是建筑。

"只有状态而没有形态"的建筑的起源仅以建造完成的瞬间为原点，"新意"才是伊东的根本。通过使用计算机把自由的构想成功转换为物理化建筑这一工具，是伊东时代前后的决定性举动。伊东最初的事务所"城市机器人"，就是以计算机的可能性为前提和出发点的。

继"中野本町之家"之后，如将钢筋混凝土（RC）建造交予安藤忠雄一样，伊东选择了"光线结构"。他明确追求的方向是"如何准备一种具有轻快感的框架和钢材，在其中安装具有轻薄透明质感的屏风，将空间分成各个部分。"

"在住宅设计中，钢筋混凝土（RC）建造的情况一般为墙壁构造，设计的轻质构造同时覆盖建筑物的外部。另一方面，通过框架限定钢材的尺寸，所以在其缝隙用其他素材填埋。当然细节也变得非常复杂多样。"伊东在"开始投身于使用钢构造方面时，就被它的难度与趣味性吸引住了。"

伊东集中采用了风与光线能够穿透的铝合金、冲压金属、切割金属、帐篷布、玻璃等透明、半透明、金属性的平面材料。

混凝土构造还是钢构造、物质性的存在还是抽象性的存在、自然材料还是工业材料，在这些问题上，建筑师分为两派。如之前所述，藤森照信嘲笑伊东的建筑"飘摇松软"。另外，在日本建筑界，有以勒·柯布西耶为始祖的追求物体实质性的"红"派，和以密斯·凡·德·罗为始祖的追求事物抽象性的"白"派，而伊东被视为"白"派的旗手人物。但是继"仙台媒体中心"后，进入 21 世纪以来，伊东丰雄开始不断自如地向世人展示其设计。

新兴网格

让藤森感到震惊的，是"福冈岛城中央公园核心设施"（2005 年）。伊东丰雄的设计虽然围绕光与风，却并没有以"环境建筑"或生态学为主题，而且，至今也没有说过"让城市充满绿色"这样的话，而在屋顶或墙壁上铺放绿色植物显然也不像伊东的作为。但是，总的来说他想尝试设计的是一种没有柱子的建筑、地面和屋顶相连的建筑。而这"尚未见过的建筑"也是藤森所追求的。

看到"TOD'S 表参道店"（2004 年）、"MIKIMOTO Ginza2"（2005 年），一方面我想"不愧是伊东"，另一方面却感觉这类商业性的娱乐设施似乎不适合伊东，还感到这是向"PMT 店"的返祖现象。

当然，他对于如"松本市民艺术馆"（2004 年）、"巴黎康纳克杰医院"（2006 年）等传统建筑设计也熟练自如。至少，伊东对某事追根究底的紧张感消失了，且形成了一种"什么都能包容"的气质。

如今伊东丰雄的气势好像无人能挡。中国台湾是他的舞台，"新兴网格

（生成网格）"这一概念是他的武器，对"均质空间"彻底的批判是他的目标。而构造设计的世界也一直支持着伊东。

2008年6月，我到访中国台湾参加日本建筑学会建筑规划委员会的活动，当时台湾正在实施三个项目。其中一个项目是"台湾大学社会学院"，对此，中国台湾建筑界的泰斗、理论家、台湾大学教授夏铸九（建筑与城乡研究所）说道："最终台湾大学校园也被外国建筑师侵入了。"另外两个项目是"高雄体育场"和"台中市大都会歌剧院"（图3）。每个项目都功成圆满，但其中最引人注目的是"台中市大都会歌剧院"。东京大学建筑系毕业的杨逸永先生参与现场作业，京都大学布野研究室毕业的张瑞娟女士也参与了合作。因为这层缘分，我得以详细询问此项目的情况，听说到竣工为止经历了很多困难。

即使如此，亲手实现新空间的设计正是伊东丰雄所追求的目标。大约十年前，他写下了"我想，什么时候才能设计出没有外围的建筑"（"私空间"《朝日新闻》1997年9月1-4日号）等话。而"台中市大都会歌剧院"正在实现的是一个前所未见的内部和外部缓和一体化的空间。2010年末，"台中市大都会歌剧院"开始施工。

图3. 台中市大都会歌剧院，伊东丰雄建筑设计事务所，2005年（台中市大都会歌剧院由中国台湾省台中市市政府修建）

新空间的真实

"总是没有出现新的东西。一直翻来覆去地思考很疲惫。"

在参加京都大学竹山圣研究室的展览会（2005年）时，我与许久未见的伊东见面小酌，对伊东这番流露孤单之情的话语仍印象深刻。还记得他说"设计自己想设计的建筑吧""我还不会输给年轻人呢。"

建筑师上年纪后就会表现出欲望，抛开理论性的制约或积累起来的作品风格，变得只是想将自己想做的事本能地表现出来。大概伊东也已经到达了这样的阶段。

虽然伊东写道："尽管全球性、水准等词汇流行于世，但扎根于自然的语言、习惯或是文化的工作从1世纪开始就不容易改变吧。"（《透层建筑》，第45页），但他的建筑却没有自然的气味。那是因为伊东所依据的都市——东京已经失去了自然的气味，可以说他只是如实地反映了这一点。早已"没有了本该依靠的田园和大自然"，伊东丰雄是察觉到了这一点的建筑师。

伊东丰雄也许没有依靠过地域及自然吧。追求新空间是他给自己的命题。

然而，将建筑拉近自然的新兴网格到底是什么？对于伊东来说，科学技术实现的复杂而丰富的秩序也显然是他应该超越的。因此"疲惫"的心情也并非不能理解。

"建筑会留下，人却不会。"他的这一说法也引人思索。"对我来说，建筑在建造过程中有很大的意义，关乎了多少人、引发了多少争论这些问题是非常重要的。也许和养育一个人一样，建造这件事本身就孕育了建筑。而建筑物完成之后，则继续由使用它的人养育下去，我想重视这一过程。"这是伊东的真心话，却不像他的风格，他希望始终走在追求"真实的新空间"的前线直到最后。

此时,我想起的却是伊东的歌谣,并在脑海中涌现出一个想法:伊东一直追寻着的难道不是他应该回归的地方吗?

第3章 注释与文献

*1

矶崎新在芦原义信教授的手下短期担任过武藏野美术大学的助教。

*2

"菊竹清训先生,告诉我们如何在疯狂中生存。"《建筑文化》1975年10月号。

*3

"对称的悖论(矶崎新的身体性空间和样式)",《新建筑》增刊,1975年7月号。

*4

"罗马式建筑的未来",《新建筑》增刊,1976年11月号。

*5

文章"建筑媒体与伊东丰雄:伊东丰雄理论备忘录",《建筑杂志》2006年7月号。

*6

1925-1993年。出生于美国密歇根州。1947年毕业于密歇根州立大学建筑系。1957年取得普林斯顿大学硕士、博士学位。1959年,成为加州大学伯克利分校教授兼建筑系主任,1965-1970年,在耶鲁大学担任教授兼院长。1975年担任加州大学洛杉矶分校的教授,1985年担任德克萨斯大学奥斯汀分校教授。穆尔&鲁布尔&雅代尔建筑规划事务所(Moore Ruble Yudell Architects & Planners)负责人。著作有《水与建筑》(*Water and Architecture*,1994年);共著书籍有《园林的诗意》(*The Poetics of Gardens*,1993年)和《记忆之地的房间》(*Chambers for a Memory Place*,1994年)。主要作品有海洋牧场(the Sea Ranch,1965年)、伯恩斯住宅(Burns House,1974年)、比弗利山庄市民中心(the Beverly Hills Civic Center,1993年)等。

*7

以意大利为据点的设计批评团队。成立于1966年12月,由一群毕业于佛罗伦萨大学建筑系的建筑师组成。成员有阿道夫·纳塔利尼(Adolfo Natalini,1941-2020年)、克里斯蒂亚诺·托拉尔多·迪·弗兰恰(Cristiano Toraldo Di Francia,1941-2019年)、罗伯特·马格里斯(Robert Magris,1935年–)、吉安·皮耶罗·弗拉西内利(Gian Piero Frassinelli,1939年–)、亚历山德罗·马格里斯(Alessandro Magris,1941年–)、亚历山德罗·波利(Alessandro Poli,1941年–)。出版了名为《印刷超级工作室》(*Superstudio Stampati*)的作品集。主要作品包括"郊区别墅系列""建筑师的坟墓"/单一设计(1968年)、"全面城市化的建筑模型"/连续纪念碑(1969年)、"星际建筑"(1971年)、"十二座理想之城"(1971年)等。

*8

以"建筑中的拼贴和表面性"为标题,在 1978 年的《风的变样体》编年史中首次展出。至少,它表达了"拼贴"和"表面性"是建造 D 酒店和 PMT 大楼(都在 1978 年)时的关键词。

*9

"未来城市中建筑的现实性是什么?"(《新建筑别册 日本现代建筑家系列 12 伊东丰雄》1988 年 12 月号),"虚构城市中'家'的拆除和再生"(载于《透层建筑》,1988 年),"记忆中的九个城市"(1988 年),"模拟城市的建筑"(《建筑文化》1991 年 12 月号),"城市噪音创造新建筑"(《P&T》1991 年 7 月号)等。

*10

在"奇妙的新城市"(《贫民窟和兔子小屋》)一文中,伊东借鉴了以下内容。"这是个奇怪的住宅。尽管是新建的,可就像一座废弃的房子。它看起来好像已经被修理了多年,即将陷入腐烂,可它才刚刚建成。然而不可否认的是,这里是他们的新家。现在,这正是他们要住的地方……(省略)很快,客人们都来了,开始聊天了。当然,他们并不是老相识,但他们很快就能很好地了解对方,谈话也很活跃。他们的新生活在他们走下卡车后,进入这个田园诗般新地方的那一刻就开始了。但这真的是新生活的开始吗?这难道不只是一个没有开始也没有结束的生活方式吗。"

伊东接着说,"我们把自己关在用砂浆涂成白色的兔子窝里,就像家庭剧中的演员,发出肤浅的笑声。他们之所以能在悲惨的贫困中发自内心地笑,是因为他们的住宅是彻底开放的。他们的住宅比任何当代建筑都更能启发我们。正如布野指出的,对他们来说,生活本身就是创造。他们在生活中建造,在建造中生活。这个简单而明显的事实打开了他们的住宅。"

*11

出处不详(1994 年),收录于《透层建筑》(第 308–312 页)

*12

《东京游牧少女的家具》(1986 年)。家具系列 "Fu Fu Katai Kyoro"(1986–1988 年)。

第4章

家族与地域的形态

山本理显

一 与"制度"作斗争的建筑师 山本理显

在活跃于日本建筑界第一线的建筑师中,最具"正统性"的当属山本理显。所谓"正统性",是指认真地继承了日本战后建筑理想(现代建筑)的建筑师。简而言之,山本理显是一名"认真"的建筑师。如下文将提到的,围绕"邑乐町市政府大楼"的设计招标,山本理显中标成为设计者,但是设计合约却遭解除,他为证明"建筑师"的社会存在(存在价值)而将主办方告上法庭。这样一位"认真"的建筑师就是山本理显。

这并非表示安藤忠雄、藤森照信、伊东丰雄"不认真"——实际上"邑乐町"一案,伊东丰雄还为陈述原告方的意见而出席了审判。对于日常遭遇的各种纠纷,建筑师如果每次都如此"挑起事端",会需要极大的精力,且会对自己造成很大的负面影响。对于客户的无理要求,即使是著名建筑师也常会选择忍耐。可见实现"建筑少年"的梦想不是一件容易的事。

山本理显总是毅然与此抗争,他时常提倡超越"设施=制度",支持模式化的空间系统。前面所说,山本是最认真地继承了战后建筑理想(现代建筑)的建筑师就是此意。只是"战后建筑"却已成为被提出异议的对象,而山本理显则一直走在"风口浪尖"。

这样说或许有些单调。山本不是在"标新立异",也不是"以艺术家自居",而是从正面投身于"建筑"的"理论家"。可以说他是"社会派",但我认为称他为"理想家"或是"理性理论者"更加合适。关于是"社会"中的"建筑",还是"建筑"中的"社会"这一逻辑性问题,是他思考的中心和原点。以日本的现实情况来看,绝大多数的支持来自"认真"地与"建筑"格斗的日本建筑师。

与山本理显先生初次见面，是在六本木东京大学生产技术研究所的原广司研究室。当时三宅理一带着外国建筑师和"雏芥子"的成员一同到访原研究室，却没有向原先生提前预约。这一突然到访，让当时正在一个人画图的山本理显感到吃惊和疑惑，但同时他却帮忙接待了他们。那时正是"雏芥子"的成员（1972-1974年）在读硕士课程的时期。追溯山本理显的年表，能看到于1970年完成的东京艺术大学硕士的论文成果"住宅模拟实验"（《都市住宅》1970年3月号）。1973年创作"领域论试论"（"住宅集合论I"，《SD》增刊，1973年4月号）时，正是原研究室围绕"地中海周边"而进行的第一次世界聚落调查项目刚完成并进行资料整理的最终阶段。

可能因为我想进入以公共建筑设计为研究对象的建筑设计研究室，所以从学生时代起就认识山本理显先生。事实上，我们交往非常密切。在东洋大学时，他作为设计实习外聘人员每周与我们见面。在京都大学时代，我还拜托他担任外聘讲师，两年间他一直遵守承诺。2008年，他光临滋贺县立大学，热情洋溢地为学生们进行了一场名为《建造建筑就是构建未来》的讲座。[1]

横滨

山本理显出生于北京，成长在横滨。"他曾生活在远离现代生活方式的糟糕的家；家庭组成也很特别，没有父亲，取而代之的是祖母和姑母，他的姑母甚至还有轻微的残疾。因此可以说，他的家庭环境与普通家庭比起来相当特殊。"（"后记"，《新编——住宅论》，平凡社文库，2004年）。毋庸置疑，这样的家庭构成是山本理显执着地追求家庭与住宅关系的起因。

听说他父亲好像是通信方面的技师，但我没有详细询问过其经历。只是觉得他对横滨有着深厚的感情。"GAZEBO"（1986年）建于他的老家横滨，事务所也大约在20年前迁到了横滨。

山本理显刚年过花甲时，辞去了工学院大学（2002-2007年）做了六年的工作，于2007年4月受邀前往Y-GSA（横滨国立大学大学院建筑都市学校）。这对于生长于横滨，现以横滨为根据地的山本理显来说，是再自然不过的选择。由于《建筑师法》的修改，在日本大学建筑系学科遭到愚弄的风波之中，宣布彻底实行原始"建筑师"教育的"希望之星"正是Y-GSA。

Y-GSA有着山本理显、饭田善彦、北山恒、西泽立卫等强大的建筑师阵容。关于前文提到过的"谈话室"（滋贺县立大学），山本、饭田、西泽等也接连受邀担任讲师。年轻的学生们对此抱以很大的兴趣及期待。在西泽立卫荣获国际建筑奖之前，学生们有幸得到了世界级建筑师的指导。

日大斗争

山本理显从日本大学理工学院建筑系毕业后，开始了东京艺术大学的硕士课程。硕士毕业后，成了原研究室的研修生（1971年）。

为何要进入原广司研究室呢？我想这当中存在绝非偶然的缘分。那个时期，到处都是"梁山泊"这类的组织，我们曾有过无数次的碰面。

这次的"学生运动"，是以1967年早稻田大学的反学费上涨斗争、第二年1月对企业号航母在佐世保港停泊的阻止斗争及东京大学医学部实习问题上对学生的不当处分等事件为背景，以日本大学20亿日元资金用途不明问题为导火索，进而扩展至全国范围的运动。[2] 山本理显毕业于1968年，并于1969年入学东京艺术大学大学院。如果是年轻的历史学家，应将这个时代的事件完整取材，并作记录保存。

日大（日本大学的简称）斗争是有背景的。

那是一个艰苦的时代。率领日大"学生运动"的秋田明大出生于1950年左右，因此可能与山本理显是同级生或高一级的学长。此外与他同学年的有城市规划机构的入之内瑛、前川建筑设计事务所的董事长桥本功等人。

20世纪70年代末至80年代初期，我与入之内瑛、桥本功两人频繁见面，有一丝微微苦涩的回忆。当时我受宫内嘉久先生之托，打算出版一本继《风声》《燎火》之后的新建筑媒体杂志《地平线》（假称），关于此事，在编辑委员会（入之内瑛、桥本功、永田祐三、藤原千春、小柳津醇一）中引发了激烈争论，在此省略事情原委，结果是造成了他们之间的决裂。总而言之，最终创刊的是《群居》杂志。

上野之森

东京艺术大学大学院隶属于山本学治研究室。当时，其周边聚集了很多杰出才俊。与本书序言部分提到的，由井出建、松山严、元仓真琴等组成的团队"金平糖"处在同一时代。在我们看来，"金平糖"与武藏野美术大学的"遗留品研究所"（真壁智治、大竹诚）、东京大学的"radium"（石井和纮、难波和彦）等团队一样有名。从《建筑年鉴1968——新时间之中》（宫内嘉久编，建筑新闻界研究所，1968年）的后页里，能找到当时年轻人们所收集的"我自己的广告"，我们从中能看到当时的群像。

"金平糖"（井出、松山）与"雏芥子"相遇在《TAU》（1973年）。此外，当时北川弗拉姆（Fram Kitagawa）作为现代美术指导，活跃于东京艺术大学的美术学院。他的姐姐北川若叶是原广司的夫人。

元仓真琴经东北艺术工科大学，于2008年4月回到了母校东京艺术大学。研究生毕业后，曾就职于桢综合计划事务所，直至1976年独立（成立"studio建筑规划"）。我读研期间，曾被带去参加学长的首次实习活动，并短期内在桢事务所打过工。在那儿我遇见了元仓真琴。这是不可思议的缘分。

元仓真琴与山本理显在代官山（Hillside Terrace）的最底层共有一个事务所空间（field shop）。饭田善彦也在经过桢综合规划事务所、规划设计工房（谷口吉生＋高宫真介）后，与他们汇合。

原研究室

原广司在东洋大学时期，受池边阳之邀，1969年作为副教授回到东京大学生产技术研究所，那是"东大斗争"如火如荼的一年。他的著作《建筑有何可能性》（学艺书林，1967年）一书是建筑学生的必读书籍。我与"雏芥子"的伙伴们，在本地制图室举办的读书会上拜读了此书，之后还继续读了梅洛-庞蒂的《知觉现象学》（Misuzu书房），它们都非常深奥难懂。但是，"建筑有何可能性"这一问题与"一切皆为建筑"（汉斯·霍莱因）的口号一同激励着建筑少年们。包括RAS[3]的"伊藤邸"（1966年）、"庆松幼儿园"（1968年）等大量作品为人所知，其"有孔体理论"对建筑学生而言颇具吸引力。

从结果来看，山本理显是原广司的得意门生。他与先其一步进入原研究室的入之内瑛一道，着手创办了东京大学原研究室。东洋时代的原研究室的成员中，有支持Φ工作室（Atelier Φ）的小川朝明、山谷明等。原研究室接连培养出了宇野求、隈研吾、竹山圣、小岛一浩、曲渕英邦、今井公太郎、太田浩史、南泰裕、榉桥修等人。

在"雏芥子"主办的研讨会上，原广司对"雏芥子"很熟悉，应原广司的号召，开始了自主研讨会。原广司与以北川弗拉姆为首的"艺术前线"交汇，在此形成了又一个"梁山好汉"组织。在涩谷的樱丘，"艺术前线"经营的一家名叫伞屋的小酒馆成了他们每晚的聚集地。不久后，古谷诚章等稍微年轻的学生也加入进来。"雏芥子"进入大学院时，东京大学和东京工业大学有着学分互换的制度，原广司研究室与筱原一男研究室曾有过交流。筱原研究室的后藤真理子与"雏芥子"同级。当时，长谷川逸子是筱原研究室的研究生，我有时也会与她见面。

在我研究生二年级时，发生了这样一个"事件"：我当时的导师吉武泰水先生在退休之前（57岁）突然调动去了筑波大学。我考虑是否要加入原广司研究室，但却不想离开"我的地盘"。"雏芥子"的成员中有些人离开了日本（海外留学）另外就职。而我也开始参与原广司在长野县饭田高中的后辈，亦是RAS同仁的宫内康主办的名为"AURA设计工房"的另一个"梁山好汉"组织。

我与宫内康在《建筑文化》杂志"解开近代咒语"的连载中相遇（1975年）。作为当时学生阅读次数最多的评论集《哀怨的乌托邦——宫内康建筑论集》（1971年）一书的作者，他是我崇拜的对象，而且也是我所属的吉武·铃木研究室的前辈。

《哀怨的乌托邦》一书是以"'建筑'到'建造物'"为题进而"改变秩序"主旨后编著的。开头部分写道："改变本质的建筑师像——战后建筑运动史笔记"，对"建筑师"应有的形象进行了逻辑性的探究。此外，还大量收录了"游戏性建筑的事例"等可以使人联想到丰富多彩建筑世界的文章。

如前所述（第2章第2部分），以相遇为契机，我们设立了同时代建筑研究会（当初称为昭和建筑研究会）（1976年12月）。设立成员有宫内康、堀川勉、布野修司、滨田洋介等宫内康领导的 AURA 设计工房的成员，还有弘实和昭、不破章夫等东京理科大学的学生们，及"雏芥子"的千叶政继，此外再加上"金平糖"的井出建、松山严。东洋大学的冈利实、井手幸人、八卷秀房、平野敏彦、松田和优起等很多学生也参加进来。山谷明等宫内康的老友也频繁出入研究会，再加上年轻的青木建、前田昭彦、温井亮，形成了一个真正的"梁山好汉"组织。

同时代建筑研究会一直发行名为《同时代建筑通信》的钢模印刷品（1983-1990年），此活动由于1992年10月3日宫内康的去世（享年55）而终止。宫内后来被东京理科大学解雇，后半生终日都在这种不公平的判决中挣扎。那时期的事件被整理收录在《射击风景——大学1970-1975宫内康建筑论集》（相模书房，1976年）中。此外，包括《哀怨的乌托邦》在内，他的全部评论收录于《哀怨的乌托邦——宫内康的所在之地》（连歌书房新社，2000年）之中。

同时代建筑研究会有两本书发行。一本是《悲喜剧1930年代的建筑与文化》（现代企划室，1981年），另一本是《世界地图现代建筑——超越后现代》（新曜社，1993年）。为《悲喜剧1930年代的建筑与文化》的整理工作而大力指导的是北川弗拉姆及中西昭雄。北川弗拉姆相当于原广司的义弟，是宫内康晚年工作"七户町文化村西班牙广场"的制作人。在朝日新闻报社做《朝日 gram》《周刊朝日》《朝日 camera》等编辑工作的中西昭雄于1980年独立，并创刊《企鹅·question》（现代企划室）。之后，设立了编辑工房"寒灯舍"，我的《刊本的世界》就由中西先生编辑并出版。

世界聚落调查

20世纪70年代,原研究室的"世界聚落调查"分别在"地中海""中南美""东欧 中东""印度 尼泊尔""西非"地区进行了五次。山本理显参加了"地中海""中南美""印度 尼泊尔"的调查,并著有"领域论试论""阈空间论Ⅰ""阈空间论Ⅱ"三篇论文。这三篇文章都收录于《新编 住宅论》中,成为住宅论的重要基础。他多次亲自参与世界聚落调查,显然此调查对于竹山圣等其他参加成员来说也有重大的收获。

继《建筑有何可能性》之后,原广司的作品确实不多。最重要的建筑论集是《空间:从功能到形态》(岩波书店,1987年)。此外,他所完成的著作还有《聚落之旅》(岩波新书,1987年)和《聚落启示100》(彰国社,1998年)。在第二次石油危机的20世纪70年代,原广司几乎没有工作。除"粟津邸"(1972年)、"原邸"(1974年)和"松榉堂"(1979年)等住宅作品以外,其他类型的设计都大幅减少。"住宅里埋藏着城市"这一方法意识,是当时年轻建筑师心中的共同信仰。

原研究室的"世界聚落调查"被视为隶属于伯纳德·鲁道夫斯基的《没有建筑师的建筑》被发现之后的流派,轻松地跨越国界,如疾风般飞驰于广阔的世界,为日本建筑界注入了全新的观点。

1978年,获得原广司曾就职的东洋大学的工作机会之后,我开始周游亚洲。1979年1月到2月之间,我去到了印度尼西亚和泰国。接着,与曾在原研究室工作的宇野求一同去到了菲律宾和马来西亚,这里是我研究亚洲的出发点。虽说与前田尚美、太田邦夫、上杉启、内田雄造等诸位先生一起开始进行"关于东洋居住问题的理论性实证性研究"这一项目是直接的契机,但却是原研究室的"世界聚落调查"强烈地激发了我。影响并波及整个建筑学界的事件,是我个人以日本建筑学会的研究协议会名义策划了"住宅村落研究的方法与课题——围绕异文化的理解"（1988年）的研究（图1）。

"山川山庄"——"杂居之上的住宅"

山本理显于1973年设立了"山本理显设计工场"。可视为其出道作品的"山川山庄"竣工于1977年。建筑师的修行与世界聚落调查同时进行。实际上，早于"山川山庄"的作品有"三平邸"（1976年）。关于此作品，山本理显发表了下述文章："设计作业日志77/88——我的建筑规划学""特辑/山本理显的建筑规划学77/88"（《建筑文化》1988年8月号）。

"总之，这是在刚刚起步，什么也不懂的情况下设计出的建筑。大体上，大学院毕业后我立刻进入原研究室，就那样自作主张地设立了事务所，完全没有实战经验。可怕的是，正是在此情况下，我设计了这一建筑，也因此没有用隔热材料，因为我那时并不知道……我曾认为不需要实战经验。无论积攒多少经验，为人所知的也只是最终成果而已。我曾认为这与建筑的中心性课题没有任何关系。建筑作为具体的物体存在之前，首先作为思考的对象存在着。正巧我刚从原研究室的第一次聚落调查归来，也包括这一原因，我想这种空间的排列能够表示在平面图上。似乎在我的脑海中彻底被抽象化了。"

从"山川山庄"到"GAZEBO"（1986年）荣获日本建筑学会奖（1988年）期间，山本理显的"窒田邸"（1978年）、"山本邸"（1978年）、"藤井邸"（1982年）等以住宅为中心的设计工作长时间持续着。

我能断定这时期的山本理显并不那么忙碌。如前所述，作为东洋大学设计制图课程的外聘教师，他每周都会来到川越。那时我专门负责当日

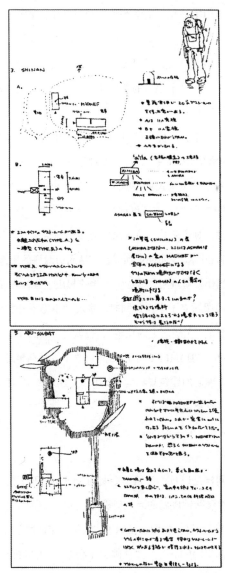

图1. 聚落调查工作实地笔记

设计工作。除了山本理显，毛纲毅旷、元仓真琴、宇野求等人也以半年为周期前来授课。两周一个课题，当日设计的作品在下一周进行全面的讲评。最初的一周，只要交了课题就可以说很闲，午饭时我们在附近的荞麦面馆聊起了关于日本建筑的事，那是非常有趣的交谈。此外，思考课题也是一件刺激的事。

虽然作品有几十个，但优秀的设计是"寄生于城市"[4]"与爱人同居的家"。关于"与爱人同居的家"，在山本理显的"住宅拟态论"[5]中有详细描述。我忆起六角鬼丈来校演讲时，歪着头露出一副"什么？课题是什么？"的无法理解的神情。这可以称为某种实验的思考尝试，当现实中一个条件被去除时，对于建筑本身的想象力会得到明显地刺激与解放。"假设地面突然隆起50米""如果得到涩谷车站周边两坪的土地""假设将万神殿埋于地下当作核避难所"等，两人接连想出了各种各样的课题。

将诸如此类的课题交予学生的同时，抱着"不得不开始设计了"的想法而作出的方案是"杂居之上的住宅"，也就是"GAZEBO""ROTUNDA"（1987年）。接着，"HAMLET"（1988年）竣工。早期整理完成的集大成作品"特辑山本理显的建筑规划学77/88"（《建筑文化》1988年8月号）为山本理显的评价奠定了基调。

斗争着的建筑师

山本理显也同样是以日本建筑学会奖为契机，打开了公共建筑设计之路。取得下一次飞跃性成就的巨大契机是"熊本县营保田窪第一住宅区"的建成（1991年）。另一方面，忙碌于"名护市市政厅"（1978年）、"驹之根市文化公园"（1984年）、"日佛文化会馆""川里村故乡馆"（同于1990年）、"加茂町文化厅"（1992年）、"埼玉县立近代文学馆"（1993

年)、"熊谷市第二文化中心"(1994年)等设计作品及设计招标工作中。

继"冈山的住宅"(1989年)、"熊本县营保田窒第一住宅区"之后，从"绿园都市"(1992-1994年)到"东云运河庭院公团"(公团，即日本的低收入群体保障性住房的一种——编者注)(2003年)，山本进行住宅区设计的机会也随之而来。他发表的住宅论和都市论见后文。

"熊本县营保田窒第一住宅区"(图2)被卷入报纸、电视等媒体的报道，引起了巨大反响。"通过建筑外部，房间相互结为一体"，这种布置方式让住户感到迷惑。只有住户才能进入的中央广场(公用)，这种设计被外界指责为建筑师的蛮横之作，遭到了大量"为了设计牺牲生活"之类的千篇一律的批判。但是，至少建筑界接受了建筑师本应进行的尝试。从那之后，他开始获得设计公共建筑的机会。

图2. 熊本县营保田窒第一住宅区，山本理显设计工场，1991年

在"岩出山中学"（1996年）的设计招标中胜出成为山本理显下一步的台阶（每日艺术奖，1998年）。凭借"埼玉县立大学"（1999年），他在建筑界的地位得到了巩固（日本艺术院奖，2001年）。以"公立函馆未来大学"（2000年）这一作品，与木村俊彦同时获得了第二个日本建筑学会奖（2002年），我是当时的评委之一。

关于中学、大学设施的设计，山本理显不会改变其方案。即，以一贯的态度致力于"设施＝制度"与空间的关系上的讨论。

海外的工作至此为止比较少。"建外SOHO"（2003年）作为他最初的海外设计，也有他出生于北京的缘分吧。"阿姆斯特丹的集合住宅"（2008年 -）、"朋友·房地产"（2008年 -）等国际性的项目也是值得期待的。

继"岩出山中学"之后，山本在设计招标上的中标率很高，其敏锐的提案昭示了他对日本社会的根本性挑战。然而，对其发展造成很大阻碍的，是"邑乐町市政府大楼"（2005年 -）问题及"城下町礼堂（假称）"（2007年 -）问题。

二　家庭形态与社会形态——山本理显的建筑论

山本理显一直执着追求的是家庭的状态与住宅的形态。或者说是社会性的制度与空间的形式。对于这位建筑师来说，根本的问题是继出道作"山川山庄"（1977年）以来始终如一，经历了"GAZEBO"（1986年）、"ROTUNDA"（1987年）、"HAMLET"（1988年）、"熊本县营保田窪第一住宅区"（1991年）、"冈山的住宅"（1992年）的设计，直到"东云运河庭院公团"（2003年），结合住宅设计经历的反复考究，并将其拓展到学校、大学、市政建筑等公共建筑设计之中。

作为建筑师，山本理显的基本理念，与追求空间模型和生活相对应的"建筑规划学"极其相近。山本理显之所以将初期作品合集的杂志特辑命名为"山本理显的建筑规划学77/88"《建筑文化》（1988年8月号），是因为他自己意识到了"建筑规划学"是什么。此后，围绕"51C"编著的《容纳家庭的盒子 超越家庭的盒子》（上野千鹤子，平凡社，2001年）等作品，也表现了其共通的思想基础。

山本理显没有所谓的建筑理论，或是建筑师理论。没有身为现代建筑巨匠的历史性杰作，也没有关于同时代建筑师的论文，甚至几乎没有一般性的表现论、技术论。由此看来，或许可以说他是一个特立独行的建筑师。他所著论文的大半是住宅论，但是他的住宅论有着与建筑理论、都市理论直接相关联的同态结构。

以住宅理论为核心，包含以《住宅论》（住宅图书馆出版局，1993年）的《新编 住宅论》（平凡社图书，2004年）及《建筑的可能性，山本理显的想象力》（王国社，2006年）两书为中心来分析山本理显的理论构架与基本概念。

"领域""阈空间""屋顶"

如前所述，山本理显的出发点是基于"世界聚落调查"的"住宅集合论"。在此之前，还有他一篇以名为"过去的起源"（《新编——住宅论》）的硕士论文为基础的"模拟住宅"（《都市住宅》1970年4月号）模型。对于关乎所有人的住宅及对身边空间排列的执着追求，是山本思考的基本立足点。其出生的家庭背景（成长的家庭和住宅）及以世间标准衡量的家族形式与住宅形式的差距，是他思考的原点。

而原广司，对于利用数学模型说明住宅集合排列一事颇为关心，另一方面，还将"聚落调查"中的"发现"，在各种层面上表现，或直接运用到其设计手法当中。关于原广司为何投身于"世界聚落调查"一事，存在各种推测，却尚无定论。当时，人们认为风靡一时的聚落调查的学术性意义十分模棱两可并引起了争论。我的亚洲城市研究（城市组织【Urban Tissues/Urban Fabric】研究，城市型住宅研究）是那些争论的延伸。

山本理显有其理论原理。"领域论试论"（《SD》增刊，1973年3月号）尝试将住宅区（集合住宅）分为三种类型："花瓣型""库哈斯型""媒体型"。不过这三种类型只不过是住宅与住宅区的领域"明快/不明快"的概念性分类。将实际调查的住宅区分类时不应单是图式类型论。实际上，三种住宅区的形式是可能存在的。

在这篇论文中，与"领域"的概念同时被提出的，是"阈"这一概念，研究它的是"阈论Ⅰ"与"阈论Ⅱ"（图3）。山本理显住宅论的中心正是"阈"论。

所谓"阈"，在日常用语中可称为"门槛""入口"，是一个"领域"与另一个"领域"的"分界"。

所谓"领域"，是指包含某种特性的空间，根据"阈"而被封锁的"场

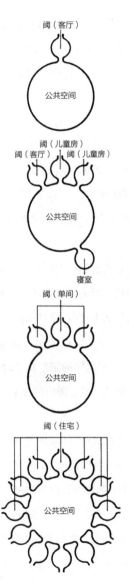

图3. "阈"的"概念图"

地"。特性是指"集团"的统一性，一个"领域"只能实现一个集团的统一性。在一个"领域"之中，无法实现多个集团的统一性。

如根据上述来规定"领域"概念的话，则"不存在两个以上互相交错并立的'领域'。"然而，当聚落（集合住宅）为一个独立的"领域"，每栋住宅也是一个单独"领域"（花瓣型住宅区）的情况下，一个"互不干涉，且'领域'之间能够相互接触的空间或装置"是必要的。这就是"阈"。所谓"阈"，在作为具体的空间时，是指"门廊""排风室""密封室"之类的空间。

在此，对于此论点不作出过于丰富的表述，但简单说来，以上就是他的要旨。山本认为，在"维持封闭领域内秩序的同时，为与外部交流的空间装置"设置一个"阈"。此外，"阈论Ⅱ"以"关于'屋顶'的考察"为题，作为"超越性能，舍去家庭、亲人、血缘关系等"的"单位"，"适用于所有依据阈而被秩序化的封闭领域的概念"而提出了"屋顶"这一概念，并不断锤炼更加灵活的概念模型。作为适用于所有封闭领域的"屋顶"这一概念的具体例子而被提出的，是南印度的建筑书《曼陀罗》[6]的村落城市图样。[7]"曼陀罗"的样式将住宅、聚落、城市作为一个封闭的秩序,假设居住在此地的人们的世界观和宇宙观相同,将这个世界(《曼陀罗都市》的原理)与其后的"伊斯兰都市"的原理相对比,是山本理显领域论的核心。

原型的解构

以"阈空间"论为基础,山本理显住宅论的两个论题如下:

"所谓家庭这一共同体,是'共同体内的共同体'。"

"所谓住宅这一空间装置,是两个共同体,即为了控制家庭共同体与其之上的共同体相遇时的空间装置。"

这个非常单纯的理论原理,和以多样集合住宅构成的日本住宅是非常一致的,这已经在"世界聚落调查"中得以确认。而尖锐地揭露了这种令人生畏的一致性和支撑它的生活方式、家庭形式上的古老幻想的,是"住宅拟态论"(《室内》连载,1992年3、5、7、9月号)。此外,对家庭与住宅的拟态思考,形成的设计课题是"与爱人同居的家"及"100人的住宅"。另外,作为实际实验模型建造而成的,是"冈山的住宅"(1992年)。

但是,山本理显在"山川山庄"的设计中,尝试对陈旧化的住宅形式进行了批判。虽然是"仅供夏天使用的别墅"这一特殊设计,却揭示了另一种住宅形式,无任何遮盖的木板缝隙使人想起朝鲜半岛的"抹楼(大厅)",还有安藤忠雄的"住吉长屋"(1976年,79年学会奖)。20世纪70年代是后现代主义的一代相继发表住宅作品的时期。那绝不是"疯狂绽放的时代"(《住宅70年代-疯狂绽放》,2006年),而是日本社会追求崭新居住形式如同地壳变动的一种表现。应该铭记的,是对住宅这种身边空间形式的大力追求，是"建筑师"成为真正"建筑师"的思考原点。

与"山川山庄"同时期发表在《新建筑》（1978年8月号）的是"新藤邸"（1977年）、"窐田邸""石井邸"（同于1978年），看上去七零八落。山本理显被渡边丰和描述为"精神分裂"，伊东丰雄则称其"外观风格相当迥异"（《山本理显/现代化结构的细节》彰国社，2001年，第10页）。但如果这一切都基于山本的"阈空间论"，则没有不协调感。在"形式上的住宅"（《新建筑》1978年8月号）一文中的几个解答可以帮助理解山本的设计思想，关于山本理显的"风格"及"建筑表现"问题，我们将在后文中探讨。从根本上来说，批判住宅同一化、陈规化的山本理显与其他建筑师——如伊东丰雄的区别在于，他不以批判为结束，而是会提出新方案展示给世人。他无论是与提出"没有模型的建筑对我来说是理想的建筑"这一观点的伊东丰雄，还是与希望设计"至今尚未见过的建筑"的藤森照信都不相同。

"杂居之上的住宅"（"GAZEBO""ROTUNDA"）是一种模型的提示，是对在交通干线沿线的商业地区如何建住宅、建何种形式住宅的一个解答。可以说，这一尝试能够与"住吉长屋"相匹敌。所有的空间都由经济原则所支配（社会性公共空间的商品化），"但是仅最上层的空间不能如此"（"破产都市"《新编 住宅论》）这一思想蕴藏在此模型之中。

此外，他设计了作为独立住宅模型的"冈山的住宅"及作为集合住宅模型的"保田窐住宅区"。如上所述，我们能明显看出山本理显在住宅设计方式上的"正统性"。

细胞城市

山本理显及众多"建筑师"的领域论的前提，是通过对住宅这一空间单位集合的扩大与加层，构成集合住宅、城市，乃至世界。像土木的分类一样，假如从注重支撑空间的基础结构角度出发，会变为完全不同的结构。对山本来说，基础结构也是"阈空间"，"阈空间"论与"屋顶"论在规模上都是伸缩自如的。因此，他的住宅论可以扩展到建筑论、城市论等。此外，山本理显原本就持有对城市的观点（《彻底讨论：我们想居住的城市——身体、隐私、住宅、国家　工学院大学连续专题论文集》，平凡社，2006年）。

横滨的"绿园城市"商业地区规划是山本理显向城市迈进的第一步。他所提倡的概念是"细胞城市"（《细胞城市》，INAX出版，1993年/英文版，系统环境研究所，1999年/法语版，法国建筑师学会，1999年）。"细胞城市"这一概念的具体化模型是"看不见整体的规划的""即兴"的"伊斯兰城市"（"细胞城市"为《建筑的可能性，山本理显的想象力》所收，王国社，2006年）。"伊斯兰城市"并非向着最终形式一步步建造的城市，而是随时都可以完成的城市。对"伊斯兰城市"的关心可以追溯到"世界聚落调查"的第一部分"地中海"。山本虽然没有触及具体性的构成原理，但已经远远先于B. S. Hakim的《伊斯兰城市——阿拉伯的城市建设原理》（佐藤次高校译，第三书馆，1990年）一书的出版。他很早就开始关注"伊斯兰城市"，由此可见其独具慧眼。[8]

所谓"细胞城市"，是指"每栋建筑都是城市的一个因子，如同一个细胞"的城市。作为"城市细胞"的建筑，是"自身作为一个独立建筑的同时，其内部还包含了使城市发展的契机性建筑。"

"不应在制定一个整体规划之后，再按照规划的法则去修建每栋建筑。总之，不应为了城市的整体而建造作为组成品的建筑……而是只需要考虑到每栋建筑诞生时，此建筑含有与其他建筑相联络的因子就行。"这就是"绿园城市"的设计方法。

但是,"绿园城市"的"因子"是非常单纯的。所有的建筑物与其邻接的建筑之间有能够通行的道路就是"联络的因子"。当然,这并不意味着只需要将"通行道路"修建于每栋建筑之间就行。"伊斯兰城市"有着创造出更加丰富空间的原理。

职寝一体的 SOHO

有了"熊本县营保田窪第一住宅区"和"绿园城市"的经验,山本获得了"东云运河庭院公团"的设计机会,并以此为契机,获得了"建外 SOHO"(北京)的设计机会。海外(异文化)的设计也是试验"阈空间论"普遍性的绝好契机。虽然天津的"伴山人家"项目取消了,但"阿姆斯特丹的集合住宅"(2008年–)"京畿道小屋"(2008年–)等项目依旧值得期待。

然而,理论显然不同于现实。而一般情况下,理念都不会直接变成现实。"绿园城市"项目中,将"通行道路"作为因子来建造,为实现此事费尽精力。

"东云运河庭院公团"是城市基础建设公团(现代都市再生机构)的项目。其前身为日本住宅公团,是日本战后住宅规划的最大公共住宅供给机构。其历史性、社会性的地位在此不再赘述,但此项目选择山本理显等著名建筑师则有其必然性。显然,经历半个世纪,其住宅模式渐渐脱离了社会需求。

山本理显曾经想尝试"将盥洗室及浴室等供水部分和厨房靠近窗边"。根据这种想法,实际上可以使住宅当作办公室或与朋友合住的大单元等多种多样的居住方式变为可能。他曾被委托设计分售公寓(类似于商品房),并作了方案,最终却没有实现。开发商认为:"分售住宅与其说是住宅,不如说是一种投资,因此,如果缺失对所有人都平等的一般性,则无法销售。"("建筑的社会性",《JA51 山本理显 2003》,新建筑社,2003 年 9 月)。

开发公团是不会改变的,但社会也应考虑人们对于租赁住宅的需求。加之社会性压力,即使是公团,也不能只是交出一个空房子。

七成为家庭式,三成为提案型的"东云运河庭院公团"获得了巨大成功。成功的原因不一定是设计形式,山本冷静地分析了其主要原因,是"办公生活一体化""办公生活混合"。("职寝一体""职住混在",《季刊设计》5 号,2003 年 10 月)

山本通过"东云"获得了什么?如果读了他与伊东丰雄、曾我部昌史三人的对话"谈论东云运河庭院公团"(《新建筑》2003 年 9 月号),就能充分感受到当时他艰苦奋斗的状况。

对于 SOHO(Small Office Home Office)这一居住形式,在住宅市场中已经有了相应的"设计师公寓"。并非抱以"稍稍美观"的设计标准,而是"办公生活一体化"。山本理显自己概括为"多多少少做到了"却"还是不完美"的评价。

"51C"批判?!

"今天是山本理显先生的'东云'参观会,一起去吗?"我受到曾在日本建筑学会设计比赛中一同担任评委的宇野求的邀请,去考察施工现场。到了现场才知道,那是以铃木成文老师率领的神户艺术工科大学的学生为首的热闹盛大场面。简单的啤酒派对之后,讨论开始愈发激烈,其气势甚至让铃木成文在新大塚的住宅遭遇了"雪崩",一直喝到第二天早上，回过神来的时候已到了横滨。

铃木以那天的讨论为契机，策划了专题论文集，出版了《"51C"容纳家庭盒子的战后与现在》（铃木成文、上野千鹤子、山本理显等，平凡社，2004年）一书。筹办了所有工作的是铃木老师的学生，曾在铃木家当过书生的田岛喜美惠（原姓山本）。她在滋贺县立大学我的研究室研修后，进入了大阪大学的博士课程。

主要焦点是对"51C"的评价[9]，另一焦点是上野千鹤子对急先锋"建筑师"＝"空间帝国主义者"的批判。

我把所有的争论置于《"51C"容纳家庭盒子的战后与现在》中，写了名为《"51C"的实像与虚像——战后日本住宅与"建筑师"》的文章。展开结论如下：

"1979年我到了东南亚诸国，受到被称为自力建设，或者相互扶助的供给手法的深刻影响。其中，令我十分震惊的是被称为'核心房屋计划'的住宅供给方法。

'核心房屋计划'是指仅提供一个房间及供水设施（卫生间，洗面台），其他的空间留给住户自行布置的方式。住户可根据个人的经济能力，自由添砖增瓦。房间布局是自由的。这是缺乏财力，不得不思考出的创意。核心房屋的形态虽然原始，但其使用却非常多样化。由此，我想到的是日本战后的'51C'的'最小限度住宅'，供选择的余地难道不是很充裕吗？

此后，我获得了设计印度尼西亚集合住宅的机会（《印尼的世界》，PARCO出版，1991年）。并最终诞生了带有公共客厅、公共厨房的印度尼西亚版的集合住宅，显然，倒不如说是非常别具一格的由数个LDK的累积或排列好的日本住宅。

关键是集合的理论，或是公共空间的使用。

继'51C'之后，铃木成文工作的主题，始终是围绕着集合与共有空间，'家'与'城市'相联系的理论。追问是否充分开展了这些工作，同时自己应该担起责任。关于山本理显的保田窪住宅区及东云等提案是否超越了'51C'，需要冷静判断。

上野对现代家庭进行了激进的批判，然而，现代家庭这一假设也依据各种制度得到了证实和巩固。此外，住宅设计极其保守。但另一方面，我们能清晰地看出，由数个LDK空间单位构成的社会，无法对应多样化的家庭关系及流动化的社会构成。

那么，什么样的空间模型是可能的呢？

'建筑师'在诸多场合下，都在被不断地追问。"

三 建造房屋就是铸造未来 山本理显的设计手法

山本理显是一位彻头彻尾的建筑理论家,在社会与空间的合理化存在问题上,他还是位尖锐的社会评论家。至少他不单是建筑师或建筑评论家。比如,他不像矶崎新或伊东丰雄一样,在看清世界建筑界动向的同时对自身进行定位。他提出将建筑作为媒介,制造出社会性空间。的确,也许能称他为"社会派建筑师"。

然而,仅仅停止于理论层面的话,显然不会具有强大的影响力。只有将理论赋予具体的建筑展示于世,才具有说服力。

直白地说,山本理显的住宅论、建筑论欠缺"表现论"。对空间系统、构造法系统的追求是其设计方法的基本。虽有此弱点,但也并非表示山本理显的建筑没有表现力。让人倾听其理论的基础就颇具表现力,在其基本层面上,包含如下所述的深刻问题。

"我对于表现的思考,是以什么方式能够超越'我',这里多少也有获得普遍性的可能,或者说,只封存'我'内部的东西。对于表现这一话题的开端,是能否超越'我'的固有思想,或者能否超越'我'的固有特性。我认为如果不突破这个部分,任何一种有关表现的话题,对于除了'我'之外的人们是没有任何影响的。也就是说,如果让我的表现形式产生共鸣,其结构会发生何种变化,假如不将这些问题阐明,就无法谈论有关表现的事。"("设计作业日志77/88——我的建筑规划学",《建筑文化》1988年8月号)

掩埋技术这一记忆的素材

对于之前的问题,山本理显认为"素材"是线索。之前提到过,他初期的住宅作品集被评价为"精神分裂"（渡边丰和），关于刚开始建筑设计的常识性错误，他坦率地回应："不要以'表现'理论与'观察'理论完全是两回事等借口去逃避，难道不能从中发现其相通点吗？我想对于素材的解释可以成为接近'表现'的切入点。"

例如"藤井邸"，在钢筋混凝土基座上本应使用钢骨架，但却使用木造。这让我想起路易斯·康的某个作品，但使用木材建造似乎不是他的原意。我惊异于只是将木材作为梁柱的材料就能展现出"日式风格"。这不仅是基于木质结构的性能，更是基于它的历史性及我们的"记忆"。

关于木质结构，我想试着进一步探究其性能，但遗憾的是，之后并未深入研究。于是我们可以看到，以支撑现代建筑的工业材料，即铁、玻璃、混凝土为前提，山本通过"GAZEBO""ROTUNDA""HAMLET"及"保田窐第一住宅区"，确立了某种风格。

关键在于"屋顶"。

假设"GAZEBO"（图4）没有曲线缓和的圆形屋顶，也许会停留于只有"图式"的建筑。当然，山本理显并没有单单拘泥于"屋顶"。甚至可以说，他专门研究方格构造、框架构造及钢构的细节。在后现代主义建筑风靡于世之后，山本理显登上新现代主义先驱的位置，也正是这种杰出的建筑构造系统与细节成就了山本理显。

即使能够将他之后的"铝合金住宅项目"（ECMOS Aluminium Project，2004年）理解为原先思想的延伸，但从"工学院大学八王子校园学生中心设计投标（方案）"（2005年），"纳米克斯科技中心"（Namic Techno Core，2008年）以及"（假称）城下町礼堂"（2007年-），我们能看出他设计方案的不同。这意味着至今为止的方针开始动摇了吗？还是意味着新的领域被不断发掘呢？

图 4. GAZEBO,山本理显设计工场,1986 年

图 5. 高岛町大门,1989 年

临设的系统结构

山本理显首次设计的公共建筑,是横滨博览会的"高岛町大门"(1989年)。山本说:"在此之前,当我看到自己的作品时,从未感到过美丽壮观。但面对此建筑,我可以毫不夸张地形容它很美。"(《细胞城市》)

看到"高岛町大门"时,我也不禁臣服于它的美感。

大门由直径 60.5 毫米的脚手架用管材组合而成,建造了 40 座 28 米高的塔。他选用了非常脆弱且摇晃不定的建材来建造这高度为 28 米的塔,并将它们互相连接,整体形成了超级框架式结构。大量加工定制的、使用一般材料制成的型材,具有更多样的表现力。这虽与石山修武的泡孔条纹管道作品如出一辙,但"大门"有比其更为简洁的梁柱构造。我认为,山本理显的"现代化构造"(《山本理显 / 现代化构造的细节》)的原型是"高岛町大门"(图 5)。

"岩出山中学"(1996 年)、"埼玉县立大学"(1999 年)、"广岛市西消防署""公立函馆未来大学"(同于 2000 年)都一贯追求由钢筋、现浇钢

筋混凝土（PC）构成的网格结构。山本之所以被称为战后现代主义的正统继承者，首先是由于他对现代化构造及细节的追求。这与追求低成本为目标的工业化建造法精神共通。

从设计"GAZEBO""ROTUNDA""HAMLET"时使用现成的钢筋圆管这一细节上的追求，就能大致看出他对借鉴19世纪工业制品，或维奥莱-勒-迪克有着浓厚的兴趣。从《山本理显/现代化构造的细节》里山本与伊东丰雄的对话中，可以看出两人的不同立场，伊东也曾一语中的地评价"HAMIET"为"棚屋"。"棚屋"这个词有各种各样的解释，它的原意是"暂设在战场里的兵营"，也就是说，临设性这一点与"高岛町大门"共通。"邑乐町市政府大楼"的方案，也采用了50毫米的角管，几乎可以说是临时建筑的施工方法。

经济泡沫破灭以来，人们开始要求最大限度地降低成本及缩短工期……山本理显设计的简洁"棚屋"则完美呼应了时代的需求。

"体系表现的转换"（《GA JAPAN》2005年9·10月号）是山本理显自始至终的课题。

假说的制度·设施·空间

山本理显说："建筑可基于假说。"（《现代的世相色与欲》收录，上野千鹤子编，小学馆，1996年）说到"后现代主义、现代主义、构成主义"，即使它们在报纸的文化栏里引起话题，对于普通百姓来说也是远离日常生活的。建筑师"只追求形式，完全没有考虑其内涵"，而大部分人则认为"外观怎么都行，应更注重实际用途"。然而，山本理显却激进地质疑"建筑的'内涵'到底是什么？"

难道不只是假说吗（在日文中，"假说"与前一小节的"临设"都写作

"仮说"——编者注）？

从"住宅拟态论"中可以看到，"住宅这一建筑形式是基于家庭的假说"这一论题广泛适用于各种建筑形式和公共设施。学校、图书馆、医院、福利设施、美术馆、博物馆、剧场等，都根据作为假说的制度而规定。空间的排列也印证了这个制度。

"建筑遵循着制度，制度的忠实反映也是建筑。不仅仅是单体的建筑，还包括从身边的环境到城市环境，大致上，我们的周边环境即制度这一认知对大多数人来说已成为常识。"（"建筑是隔离设施吗"，《新建筑》，1997年2月号）

由于曾经在以公共建筑的设计计划为课题的"建筑计划学"研究室学习，以"制度＝设施"这一预先得到的空间调查为基础，山本理显思考了关于制定设计规划的方法问题。"制度与空间——建卖住宅文化论"（《"文化与现在"——看得见与看不见的家》，岩波书店，1981年；《贫民窟与兔子小屋》收录，青弓社，1985年）这篇文章就是此类的论述考察文章。例如，关于教育设施，将提倡"无学年制""团队教学"等"开放式学校"的出现作为前提，他也曾深入思考战后产生的"建筑计划学"到底是什么？必读的著作是伊万·伊利奇的《去学校化社会》、米歇尔·福柯的《临床医学的诞生》《规训与惩罚：监狱的诞生》、尤尔根·哈贝马斯的《公共领域的结构转型》等。而我的出发点是对"建筑计划学"的批判。

山本理显的"建筑可基于假说"是对"建筑计划学"的有力批判。而且他为了鼓舞建筑师，断言"制度＝空间"这一常识为"假说"。还称"制度并不那么死板。"

"如果建筑只是制度的单纯表现的话，建筑的设计者则如同将制度转变

为空间的自动翻译机械——将制度翻译成空间的译者。"("建筑是隔离设施吗",《新建筑》1997年12月号)

地区性社会固有的建筑类型

如上所述,山本理显的设计手法是充分利用既存周围的一切空间及一切可见的城市。甚至可以说,空间的设立、空间的布置就是设定建筑项目的出发点。

现代的各种设施被"作为一个个建筑形式来设置,最近,终于到了将日本作为现代化国家来建设的时期了。""终于,从战后开始在此进行国家体系与日常生活、地区社会的关系的调整。""从国家这一体系转变到地区性社会理念的装置就是建筑。"

这是对现实情况非常正确的认知。

现在,日本地区性社会的情况是有危机的,小孩子不在户外玩耍,"住宅界限"由此产生。不应该回避地区性社会的破坏。公共设施、地区设施应有的形式大幅度动摇着。随着少子老龄化社会的到来,每个人都能看出现今设施体系、空间组成的缺陷。中小学等教育设施将会剩余,面向老年人的设施需求必将大幅度增加。此外,还有城乡合并的问题。山本理显对于此类问题的预测颇具先见之明,并且十分深刻。

我担任日本建筑学会的建筑规划委员会委员长职务期间(2006–2010年),也许是历史的讽刺,举办了以"公共设施的再编成与更新的规划技术"为主题的设计招标(2008年),然而不得不说,为时已晚。这再次证明,作为建筑师已经进行各种尝试的山本理显,其思想的先进性及正确性。

山本理显说:"有必要认真地设计地区性社会中固有的建筑形式。""问题就在于全国统一的地区社会规划以及因此而形成的全国统一化建筑模式。"《地区性社会圈模型》(山本理显＋中村拓志＋藤村龙至＋长谷川豪，INAX出版，2010年)是山本理显一直追寻的方向。

一边做一边思考／一边使用一边做

怎样才能发现新颖的建筑形式，或者说怎样设计规划项目？找到答案的出发点在施工现场(field)。因为只有在施工现场才能寻得构造方法。虽然听起来似乎有些炫耀的意思，但我对亚洲各城市的城市组织(Urban Tissu/Urban Fabric)的结构研究，或言之"类型学"研究，都有发现"地区固有的城市组织与建筑类型"的目的与意义。

山本理显说"一边做一边思考／一边使用一边做。"(《山本理显＋山本理显设计工场》，TOTO出版，2003年)。这让我想到内田祥哉老师的《建造着思考着》(内田老师的本刊行委员会，1986年)，"一边做一边思考""一边使用一边做"之中包含了新的视点，并断言"建筑存在于建造的过程。"

是"原型"还是"过程"，与"杂居之上的住宅""冈山的家""保田窪第一住宅区"之类的"原型"所提示的结构与发展有着怎样的不同呢？

《一边做一边思考／一边使用一边做》是将过程原封不动写成书的特殊书籍，它记录了"邑乐町市政府大楼""公立函馆未来大学""横须贺美术馆""东云运河庭院公团"等建筑的一部分设计过程。山本与工作人员谈心的对话记录如下：

"20世纪的建筑师常常以模式为目标，思考多米诺、宇宙空间等模式……假设没有一个模式的话，他们下决定时就会不知道如何是好吧……不知那时称之为居民是否合适，但我想建筑的当事者有机会登场了……'居民'这一词汇并不奇怪。但'居民'太过于抽象化,不知到底是谁……"

对于此问题,山本理显也有他自己的原则。

早前,克里斯托弗·亚历山大提出了如果想将设计过程理论化,则应尽可能地开放其决定过程这一主题。而我的毕业论文[10]选题,就选择了克里斯托弗·亚历山大。当时,他的理论被发表于《都市住宅》,学生们都在读,也在大阪世博会上展出的《人间都市》(鹿岛出版社,1970年)一书中刊载。加之当时逐渐开始使用电脑进行设计,于是亚历山大在学生之中颇具人气。

他对"将设计过程完全理论化,让使用者、市民也能参与其中的方向性和方法"抱有极大兴趣。后来,我也追寻着亚历山大的足迹,对《模式语言——环境设计介绍》[鹿岛出版社,1984年(中文版名称为《建筑模式语言》)]及其之后的发展都有较为深刻的理解。此后《模式语言中的住宅建设》(鹿岛出版社,1991年)一书的出版,以及关于"建筑师(Architect)与建造者(Builder)"的讨论的提出都非常合我心意,并在后来我还获得了在《建筑论坛》(AF)杂志举办的国际座谈会[11]上直接讨论该问题的机会[《建筑思潮》(创刊号),学艺出版社,1992年12月]。而山本理显则是批判性地总结了亚历山大的"模式语言"论,说亚历山大的模式是过于普遍性的假设。

在公共建筑的设计规划或城市建设之中,"居民参与"的"研究会"方式正在被不断试验着。但是,决定此体系的主体是谁呢?山本理显围绕"主体性"进行着反复探讨("探讨规划方的主体性",《建筑文化》1996年6月号;"围绕主体性的记录",《新建筑》1999年11月号;"围绕主体性的记录2",《新建筑》2000年9月号)。围绕"纯粹空间"与

"生活空间"、"身体感觉"与"共通感觉"、"个人作业"与"共同作业"，以及"联觉空间"等，进行反复深入的思索。

"邑乐町市政府大楼"设计比赛（原广司审查委员长）不如说从具体上肯定了"建筑存在于建造的过程"。公开所有过程这一点是具划时代意义的。"必须持有一种能够接受其他人士各种见解的体系""体系引发的建筑的实现被某些新美学阻碍着"这样的招标条件、评价基准，是山本理显一直思考的主题。

创造未来

原型还是过程、谁、如何来决定？

关于"邑乐町市政府大楼"的不愉快事件，成了日本建筑学会研究会（2007年3月16日）讨论的问题（"活动报告：公共事业与设计者选定方式——以《邑乐町市政府大楼等设计者选定居民参加型设计提案竞赛》为中心"，《建筑杂志》2007年6月号）。虽然大体来说应是"居民参加"的形式，但关于问题决策的制度体系上，双方仍存在很大隔阂。问题在于，阻碍时常创新形态的原因是既有的社会体系（法律制度）。

然而事实是，"时常创新形态体系"在其他场合会遇到问题。关于谁提出了这个体系，山本理显直截了当地给出了回答。提出这个体系的是"建筑师"。但是"建筑师"并不只是"调停者"。

此后，山本理显开始关注整体日本建筑界、整个建筑社会体系，以及整体日本建筑的全部景观。2007-2008年，山本理显出任了国土交通厅"建筑城市景观形成指导方针（假称）"研讨委员会（山本理显、布野修司、冈部明子、木下庸子、工藤和美、宗田好史、部健夫、荒牧澄多）主席。他们知道我的"城镇建筑（地区性·建筑）"论，并邀请我成为委员之一。他们的工作包括日本版 CABE[12] 的出版，而我对此也抱有极大兴趣。

继东洋大学之后，山本理显在多所大学担任外聘讲师。1989 年起的两年之中，受上田笃之邀，山本与高松伸一同出任了京都精华大学的副教授。与其说山本理显在大学教导年轻的学生，不如说他是与年轻人一同进行研究，因为很早以前，他就对此抱有极大的热情。

山本理显在转入 Y・GSA（横滨国立大学大学院・建筑都市学校）之后出版的作品，是《建造建筑就是铸造未来》（TOTO 出版，2007 年）。

第4章 注释与文献

*1

"谈话室",第24回,滋贺县立大学,2007年5月18日(载于《杂口骂乱》第2期,2008年9月)。

*2

对以古田重二良理事长为首的专制政权,不满情绪爆发而出,于1968年5月23日引发了在日本大学举行的首次示威游行。5月27日,日本大学相关运动学生组织会成立,秋田明大担任主席。

*3

由东京大学研究生原广司、香山寿夫、宫内康、三井所清典等组成。

*4

"有一天,你突然失去了你的家人和你的家。身边没有亲戚,什么都没有。你决定独自生活,没有人可以依靠。你决定以寄生虫的身份生活在城市。为此设计一个装置。"此课题在我的《住房战争》("第4章:走向另一个居所",彰国社,1989)一书中有所介绍。

*5

在《室内》的连载被收入在《住居论》。("与爱人一起同居的家",《室内》1992年9月号)

*6

古印度《造形艺术》(Śilpaśāstra)(关于各种艺术和工艺的书)之一(Acharya, P. K. "Architecture of Manasara", Oxford University Press, 1934)。

*7

关于这一点,请参照我的《曼陀罗城》(京都大学学术出版社,2005年)。

*8

关于"伊斯兰城市"本身的构成原则,请参照《莫卧儿城:伊斯兰城市的空间转型》(布野修司+山根周,京都大学学术出版社,2008年)。

*9

这是一个表示公共住房标准类型的符号,意思是1951年的C型,此外还有A型和B型。"51C"是由东京大学的吉武研究室(吉武泰水、郭茂林、铃木重文等)设计的(吉竹泰水、郭茂林、铃木成文等)。

*10

《结构·操作·过程——结构分析的尝试》(东京大学毕业论文,1971年12月)。

*11

"关于全球环境时代建筑未来的深入讨论(第1天)'环境的大设计 克里斯托弗·亚历山大+原广司+市川浩+布野修司(主席)'",1991年2月26-28日。

*12

英国设计审查制度(Committee of Architecture and Built Environment,CABE)。

第5章 自我构筑的世界

石山修武

一　建筑鬼才　石山修武的人生轨迹

石山修武是一位不可思议且个人魅力非凡的"建筑师"。如果论到国际知名度与受大众欢迎程度,他也许略逊于安藤忠雄、藤森照信、伊东丰雄和隈研吾。但是,他依旧可以作为日本"建筑师"代表名扬于世。此外,他还是与东京大学齐名、培养了众多著名"建筑师"的早稻田大学的建筑学教授(专职教授)。

然而,在石山修武身上没有所谓"建筑师"的影子。某种意义上,他是一名特立独行的"建筑师",或者可以说是异端分子。他还被外界戏称为"建筑界的放浪小子"(第二届织部奖获奖之际的介绍,1999年)、"任性的孩子"(神户幸雄"后记",《早大石山修武研究室·建筑永不终止》王国社,2001年)等。

首先,他的工作在整体上超出了所谓"建筑师"的范畴。石山修武除了"建筑师"的身份,更是笔锋犀利的随笔作家、专栏作者及评论家。在此我不惧被误解地说,比起做建筑,他在写文章方面更有热情。年轻时有一段这样的记忆:围绕着"对建筑师来说,建造与写作哪个更重要?哪个会被历史铭记?"这一话题"屡次展开讨论",他总是说:"比起建造,写作更重要。"他自己写道:"实际上,我是一个不写点什么就会堕落不振的人。"[1] 如今,他继续写着名为"世田谷村日记"的博客。

其次,"建筑师"石山的"作品"异于所谓的传统"作品"。其不同表现为,出道作"幻庵"(1975年)之后,他始终进行着对现代建筑规范的批判。在后现代主义的旗手们终于开始向现代主义回归的浪潮之中,他依旧"固执己见"。

此外,他的工作脱离了通常意义上建筑师的工作方式。查阅他的作品目录，其中的公共建筑作品，也只有获得吉田五十八奖的"伊豆长八美术馆"（1984年），及获得日本建筑学会奖的"里亚斯·阿尔克美术馆"（Rias Ark Mnseum of Art，1995年）而已。对石山来说，从城市建设着手工作是常规方式。此外，出售用2×4工法（北美的木结构建筑施工方法）材料制作的道具，将日本各地的商品以信件广告的形式进行贩卖等，他进行着诸如此类丰富多彩的活动。由此也可以说他是某种活动家。

我曾多次接触石山先生，我们是在《建筑文化》杂志连载"解开近代咒语"（1975-1977年）时相遇的。之后，他成立了HPU［住宅规划联盟，（House Planning Union）］，同时发行了同仁杂志《群居》。以"幻庵"华丽出道，已在建筑界闪耀存在的石山，当时却还没有稳定的工作和职位，我近距离目睹了他摸索"建筑师"生存之道的全过程。

自从我迁居京都（1991年）之后，几乎失去了与石山先生见面的机会，但阅读《室内》等杂志时，对于他的活跃态势我既担心又关注。他的现代建筑评论持续批判着阻碍现代建筑生产、流通、消费的构造本身及凡庸的各种言论。在这一点上我与他产生了共鸣。

DAM·DAN、幻庵、波形

石山修武出生于从外婆家冈山市逃难的途中，成长于东京。听说他的父亲曾是就职于新宿高中的教育人员，祖父也是一名学者。但我并不了解其详细生平经历。关于为何选择了建筑师这条道路，他这样写道："登山时夜幕降临，朋友建议选土木专业吧，于是误入了建筑领域。"这大概是玩笑吧。据说他在读早稻田大学理工学院建筑系本科时，就和朋友一起设计了教堂，因此我认为他应该是一名对建筑怀有热情的建筑系学生吧。当时的日本，是从东京奥运会到大阪世博会EXPO'70的时代，处于经济高度成长的鼎盛时期，建筑市场生机勃勃。

大学期间，他曾在建筑史（渡边保忠）研究室学习，毕业之际，他与曾在白井晟一研究所干了两年的同级生竹居正武等创立了DAM·DAN空间工作室（1968年）。至1988年担任早稻田大学教授为止的二十年间，石山修武以DAM·DAN空间工作室（1973年注册）为基础活跃着。我认为，大学时代的石山修武，与其说在GK产业设计研究所（荣久庵宪司）打过工，不如说他本身就拥有"产业设计"的才能。"空间工作室"的命名，表达了他这一意向。

"生活费是靠大约八成胜率的设计招标""吃不上饭把香蕉的皮炒来吃"等，他自己向外界散布了各种各样的"传说"。但关于DAM·DAN空间工作室做了些什么样的工作？包括"承接日本世博会的会馆设计转包，做起了原本承包方所做的事"（1969年），以及"Jel石油服务站的系统开发"（1971年）、"由美国进口一栋住宅量的部件，以2×4工法修建住宅""马自达经销店铺展示系统开发"（同于1973年）、"东芝系列店铺设计系统开发"（1981年）、"sanchain便利店店铺设计系统开发"（1982年）、"东芝燃气店铺的系统开发"（1983年）等零碎工作。

对于石山来说，做这些工作绝不只是为了维持事务所的生计。大学院期间，通过这类工作与"积水住宅M1"的设计者大野胜彦相识。采用一系列工业用波形管的设计作品，正反映了他的建筑生涯体系，表现了他的建筑观点及设计手法的源点。

他与川合健二[2]及其自宅的"相遇"（1969年）似乎是命中注定。虽说迟了些（1980年），我也得到了拜访川合宅邸及采访川合本人的机会（"到200℃的世界——总能量·体系与住宅"，《新建筑》1980年7月号），我臣服于他宅邸透出的扣人心弦的力量及其理论。关于川合健二，有中谷礼仁精心归纳整理所作的《川合健二手册》（编集出版组织体 acetate，2007年）一书，书中也再次收录了我当时的采访内容。

继与小须田广利等合作设计"川越之家""望远镜"（同于1973年）、"治部坂客舱"（1974年）之后，诞生了石山修武的出道作品，也是他的最佳杰作"幻庵"（图1、图2，1975年）。

棚屋净土

另一方面，石山的写作活动也与"川合健二"（《建筑》1970年5月号）同时开展着。他与毛纲莫太（曾又名毛纲毅旷）在《建筑》杂志上共同发表的《异形的建筑（奇馆异馆）》连载（1973年5月号–1974年5月号）倍受众人喜爱。值得一提的，是毛纲莫太的"水塔之家"项目（毛纲宅邸规划，与《北国的忧郁》同时发表）（《都市住宅》1969年10月号）是令人印象深刻的，"反住器"（1972年）则具有震惊性。虽然我并不知晓石山修武与毛纲莫太这两人最初是何时相识，但他们的专业都是建筑史。渡边丰和也与他们一样。他们三人聚在一起时常说："建筑就是历史。""二笑亭""荣螺堂""田谷山喻伽堂""严窟酒店""吉见百穴"……

 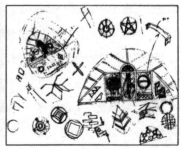

图1. "幻庵"，石山修武＋野口善己（1975年）　图2. "幻庵"的手绘图

毛纲专注于追溯历史的同时，发掘了"异形的建筑"，石山则投身于寻觅现代的"奇馆"。"建筑的世界深奥至极，原来日本也有奇怪的建筑"这样的想法在我脑中挥之不去。有着石山独特风格的"作品"群整理收录于他的处女论集《棚屋净土》（相模书房，1981年）中。"棚屋"的感觉，是石山所一贯坚持的。

20世纪60年代到70年代初期，对当时的学生来说是"学生运动"的特殊时期。石山曾在东洋大学的太田邦夫研究室担任过助理，但没过多久就辞职了。石山本人并没有解释辞职原因。由于他对学生极其严格而被众人所知，但我认为关于教育这一工作，他是继承了父亲的志向。从1972年开始他与铃木博之一起成为高山建筑学校的讲师。关于仓田康男维持所创办的这所学校令人颇为惊讶的事迹，《高山建筑学校传说——自我构筑的哲学与建筑的乌托邦》（赵海彦＋高山建筑学校编辑室，鹿岛出版会，2004年）一书中有所探讨。

像移动的吉卜赛学校一样，高山建筑学校的第一期以高山的数河为据点，草创期（1981年）十分艰难。但尽管如此，铃木和石山依旧深陷其中。

石山在"高山建筑学校"度过了"短暂的青春"。在他赴任早稻田大学之后，在《早稻田包豪斯学校的实验》（早稻田包豪斯学校编，TOTO出版，2000年）记述了他青春的延续。

考察石山修武探索建筑师道路的过程中，我们还应该关注的是他的旅行。他首次海外旅行去到的是韩国（1973年），第二年去了印度、丝绸之路上的德黑兰（1978年）、安纳布纳峰（1981年），此外还环游了亚洲很多地方。我很怀念带他参观马尼拉的"自由建设"（Freedom to Build）时的事（1983年）。

与"自由建造"的领导者 W. 基思[3]的会面是通过曾就职于曼谷亚洲工业大学（AIT）、与克里斯托弗·亚历山大合著《建筑模式语言》的什洛莫·安杰尔[4]达成的。"自由建造"引用于约翰·F.C.特纳[5]的同名著作[6]。当时安杰尔是名为"共同建筑"（building together）组织的领导者。

谁都能成为建筑师。但是，并不是谁都有建筑创作的时间、金钱与经验。建筑师是协助住宅建设、组织居民参与房产体系的设计团体。

为贫困者着想，将自主建造的构件以低于市场价的价位出售，此举与石山的"D-D（dire-dealing）方式"产生共鸣。石山在没有接到委托的情况下开始了构件价格的调整。

《群居》，D-D 方式

关于《群居》杂志，我在序言部分已经提到过。《群居》就像孕育着我的母体。虽然我是总编辑，但领导一切的是以"积水住宅 M1"为人知晓的大野胜彦。事先声明，《群居》只是一个媒体，"实践"始终在它之前。HPU（住宅设计联盟）的结成在先，《群居》的创刊在后。

《群居》的初衷正是体现在创刊宣言中。[7]与小野二郎的"住户要求的自我解体——住宅街区化提案"（《建筑文化》1981 年 8 月号）有共通之处。此外，在石山修武＋大野胜彦＋布野修司＋渡边丰和的座谈会，《盒子·家·群居——战后家居体验与建筑师》（创刊预备号）《消费社会的神话与居住印象的商品化》（创刊号）《自主修建的可能性与界限》（第 2 期，1983 年），以及《工匠幻想与建筑师》（第 3 期，1983 年）杂志中，这一宣言得以以鲜活的姿态展示在大众面前。

渡边丰和为何加入 HPU 组织呢？回顾往昔，如今仍感到些许不可思议。然而，在"商品住宅"及"销售住宅"等都不是建筑师涉及的领域这一大众的思维方式之下，最先大胆地将商品住宅"作品"化（罗马式桃山台）的是渡边丰和。

石山修武并没有倾注全力在《群居》杂志上。这在伊东丰雄的章节里有所提及，另一方面，他在同期还成立了"aderu·Karsavinu 协会"（伊东丰雄、石山修武、长谷川逸子、六角鬼丈、山本理显，1982 年），从事着类似于"销售"的活动。此外，在此之前、石井和纮、毛纲毅旷、六角鬼丈三人还成立了"婆沙罗会"。

与 HPU 同时期，DAM·DAN 空间工作室开始了名为"D-D 方式"的住宅材料直接供给系统的试运行（1980 年）。在《群居》的编辑会议上，针对住宅生产（流通、消费）供给系统是否是一个完整的系统、是全体还是个体表现，进行了激烈的争论。

将大野胜彦的系统论与石山的部件论完美结合的作品是《以"秋叶原"之感思考住宅》。我们将在后文对此详细阐述。

松崎、工匠共和国、气仙沼

继"幻庵"之后，石山设计了木造网格状球顶（geodesic dome，"渥美二连圆屋"，1976 年；"蛋形圆屋"，1981 年），似乎能感受到他在为探索如何成为传统建筑师而努力工作。我记得有人向我展示过一所名为"制作家学园"的幼儿园的照片，关于是否在杂志上发表一事，在当时引起了激烈的讨论。安藤忠雄以"住吉长屋"（1978 年）、象（象设计集团＋mobile 工作室）以"名护市政府大楼"（1981 年）获得了日本建筑学会奖。另外，毛纲毅旷的"钏路市立博物馆"和"钏路市湿原展望资料馆"（1984 年）、伊东丰雄的"银色小屋"（1984 年）、长谷川逸子的"眉山会馆"（1985 年），前赴后继地让后现代建筑得到公众的认可。当时我和身边的同事都期待看到除波形钢和网格状圆顶之外,石山对建筑的一般理解。

此后,石山设计了"伊豆长八美术馆"(图3)。1982年,在为《群居》的发行作准备的同时,他几乎花了一整年的时间整理构想,发表了《伊豆长八读本》(9月号),作为《泥瓦匠教室》的特辑。虽然只是一个小型媒介,但引起了全国泥瓦工匠的关注。名为入江长八的日本漆画高手也象征性地出了力。当然还有当时松崎市的依田敬一市长的配合。这是一个绝妙的组合,最大限度地利用社会关系是石山的强项。事情的原委被收录于《工匠共和国——伊豆松崎市的冒险》(晶文社,1986年)。

凭借"伊豆长八美术馆"(1984年),石山荣获了第十届吉田五十八奖。可以说,这代表他站在了真正成为建筑师的起点上,那一年他四十岁。

松崎继续开展着"野外剧场""常盘大桥""滨丁桥"(同于1985年)、"Casa Estrellita民间艺术馆""地鼠壁道路的修缮规划""街心公园""公共卫生间"(同于1986年)、"时钟塔"(1987年)、"入江桥"(1991年)等城市建设活动。石山迅速强烈地显示了他作为日本"城市建筑师"的

图3. 伊豆长八美术馆,石山修武+DAM・DAN,1984年

可能性。"伊豆长八美术馆"成为日本建筑学会奖的提名作品。评委们同时评审岩地地区的色彩规划，该规划将全地区的住宅统一为鹅黄色、栀子色等色彩的尝试，被评价为建筑师的专横与时尚。暂且不论此评价正确与否，从景观法开始实施（2004年）到现在来看，不能不说这种色彩规划实在是太超前了。

气仙沼、早稻田、里亚斯·阿尔克

就这样，石山从波形钢到城市建设，渐渐地向世界级工匠前进。松崎之后又去了气仙沼。这期间，他在《室内》杂志的"现代的工艺人中进行"中进行连载（1985年5月–1993年9月号），此后编为单行本（《现代的工匠》，晶文社，1991年）。另外，气仙沼的城市建设以"同时进行的故事"连载于企业PR志（《is》1985年6月–1994年6月号），这些连载被整理并发表在名为《世界一流的城市建设》的书中（晶文社，1994年）。

另一方面，他也开始了所谓"建筑师"的表现活动。继摇滚音乐（西武剧场"HOSS"）舞台美术工作结束的1985年之后，在美术馆、画廊等展览会又相继出展。以"幻庵""伊豆长八美术馆"为基础，在人们对石山关注度逐渐扩大过程中，《建筑文化》杂志相继推出了"特辑·石山修武——家的设计探索"（1986年9月号）、"特辑·石山修武——城市建设探索"（1987年7月号）等专辑。

随后，石山修武受邀担任早稻田大学教授，那年他四十四岁。在早稻田大学虽有着过了四十岁就可任教授的惯例，因此石山的任职不能说是特例，但是在石山的前辈们来看，这是一件令人震惊的事。不管怎样，除了"棚屋"之外，石山没有其他作品。

在此期间，我"沉迷"于亚洲的相关研究，为了写学位申请论文倾注了所有时间，对事情的原委一无所知。之后我才想到，在石山反复批判"健康建筑"的背后，似乎曾有过纠缠纷争。

回过头来看，获得早稻田大学职位之后的石山并没有发生巨大改变。从松崎到气仙沼，这种"活动"不断循环。其"自我活动"的结果是设计完成了作品"里亚斯·阿尔克美术馆"（Rias Ark Museum，1994年）。作为建筑学教授，他在1995年获得了被视为与早稻田大学建筑系博士学位相符的日本建筑学会奖。

读了《世界一流的城市建设》一书，便能了解到处于松崎和气仙沼的工匠们身边的石山，以及在巴塞罗那高迪的圣家族大教堂做石工的外尾悦郎等人，都同时进行着同等重要的工作。石山的确是一位稀有的制作人。

如果大家称石山是"建筑界的放浪小子"的话，不如说他是赤手空拳挑战产业社会的堂吉诃德。他被山本夏彦评价为清高孤傲。的确，他的身上有一种"清高孤傲"的气质。如山本夏彦所说，他的内心还有着害羞的一面。

被塑造为打破神及自然界的秩序、搅乱故事且喜欢恶作剧的人物，有时虽怀着恶意行事，但最终却总是变成好的结局。这样的事情很多。有的被塑造成没有缺点的角色，也有的被塑造为愚昧的角色，如果说是恶作剧精灵的话，则更浅显易懂吧。

二 形态刺激生产　石山修武的建筑理论

石山修武并没有围绕"建筑理论"撰写的著作。硕士论文是"近代建筑史的正统与异端"（1968年），其后就没有写过能够称之为"论文"的文章。《棚屋净土》之后，大量的文字作品都是他作为"自我活动"的记录，并将"活动"的内容向媒体公开。所著的书籍也似乎全是"博客"。他的建筑思想，在无边无际的"语言"海洋中，仅用只言片语诉说。

石山修武不像安藤忠雄那样彻底追求混凝土的几何学，也不像藤森照信那样单纯地回归建筑的原始，也并非如伊东丰雄那样不断追求新奇的建筑形态，更不像是山本理显那样理论性地探求社会形态与建筑形态的关系。

然而，从使一系列波形钢住宅结晶于"幻庵"，到以"开拓者之家"（图4）确认了一般解答（体验川井自宅），以"蛋形圆屋"等将巴克敏斯特·富勒的网格状圆球顶展现得淋漓尽致，再到用集装箱堆积的"神官的房间"（1987年），石山建筑思想的定位一直很明确。如果说将建筑师的定位以安藤—山本、伊东—藤森设定X、Y两轴平面的话，石山的位置显然应该位于原点、三次元的下方。也就是说，石山以建筑的工业性生产系统本身为前提。简而言之，石山持有的观点是将工业制品作为建材，追求其建筑表现的可能性。

无论是波形钢住宅，还是巴克敏斯特·富勒的网格状圆球顶都不是石山的原创。无论是川合健二还是巴克敏斯特·富勒，都有着如地球一样庞大的建筑思想体系。显然，石山与他们二人的建筑思想产生了强烈的共鸣，并以此作为出发点。然而，系统提案本身的相位（阶段）与石山所出发的相位之间，在对产业社会的期待与信赖的问题上有着巨大差异。

图 4. 开拓者之家，石山修武+小须田広利，1986 年

石山在回顾往事时说道："我果然是以川合健二、巴克敏斯特·富勒……这类人的思考方式作为基础……以这类人的思想为基础，是时常展现这种表演给人看的感觉。"（《石山修武的思考、行动和改变建筑——广岛、生活、家、交流》，TOTO出版，1999年）。

那么，石山所做的果真只是"展现这一表演"吗？

小家庭的设计是可能的吗？

我认为，石山修武的初衷，"建筑（住宅）理论"的核心，在《以"秋叶原"之感思考住宅》中有明确表达。在此文的开篇，石山修武提出了"小家庭的设计是可能的吗？"（《以"秋叶原"之感思考住宅》，第30-35页）这一问题。此外他还写道："建筑师是无力的""建筑师必须是无力的存在"。这是怎样一回事？在《住宅喜好——亲手构建自己的家》（讲谈社选书，1997年）中，有"住宅建筑师宣言"与"小住宅的可能性"这样两篇文章，同时被卷入到关于"世田谷村"住宅设计的争论之中。

战后不久，对所有"建筑师"来说应该共同投入的课题是"住宅"。在急需420万户住宅的情况下，住宅建设成为第一要务。关于这一课题，不同建筑师采取的方法来自不同流派。关于各个流派的总结，留给《战后建筑论笔录》来阐明。1960年前后，住宅便已不再是"建筑师"的主要课题，取而代之的大课题是城市规划和城市设计。

如八田利也（第9章）的《小住宅万岁》（《现代建筑愚作论》，彰国社，1961年）和筱原一男的《住宅是一门艺术》（《新建筑》1962年5月号）所写，住宅的设计被封闭在极其狭小的工作范围中。经历了20世纪60年代，一跃成为主角的是住宅建设集团。以"微型住宅"（1959年）为首出现的工业化住宅，在十年后甚至占据了住宅生产的近九成。日本的住宅产业始于20世纪60年代末期，由于公团（集体住宅）、公社、公营住宅的公共住宅供给，以及住宅建设集团的住宅销售，建筑师逐渐失去了直接参与的机会。直至20世纪60年代末，才开始出现了将住宅设计委托于"建筑师"的大众，紧跟这一潮流，《都市住宅》创刊了。至此我反复提到的，是《都市住宅》成了培育下一代年轻建筑师的媒介，且原广司的"住宅里埋藏着城市""最后堡垒的住宅设计"中的主张也成了年轻建筑师们的指导方针。

石山修武的波形管住宅与"D–D方式"、大野胜彦的"积水住宅M1"等将整个住宅生产流通体系及住宅产业作为舞台的情况具有前后关联。《群居》杂志希望再构筑的是"建筑师"的住宅阵线。

开放体系与自由市场

《以"秋叶原"之感思考住宅》中称"就如电子产品有秋叶原，照相机有新宿西口，杂货有上野一样，住宅也应该有一个价格自由竞争的真正意义上的市场。""日本的住宅价格有一点奇怪""为什么没有价廉物美的住宅呢？""让住宅市场也有自由市场的感觉！"等是当今也浅显易懂的口号。在此，支撑住宅产业的理念基本相同。然而，文章也包含了揭发住宅产业有"黑匣子"的意思。

但是，住宅本来就与工业制品不同。建筑（住宅）在根本上属于"土地"的产物。虽说大野胜彦的"积水住宅M1"95%为工业化生产，但如果说是因为安置于具体的建筑用地之上才成为建筑（住宅）的话，就不可能存在100%的工业化生产。汽车、飞机、电脑"都是建筑"［汉斯·霍莱恩（Hans Hollein）］这一说法是"建筑师"的梦想。石山也认同这些说法，但并非是将"住宅"作为"商品"投放于自由市场之中。

石山的观点,是形成住宅部件的自由化市场。石山主张,假如能够大量使用工业生产的物品,就可以制造出更廉价的住宅。

《群居》中石山修武与大野胜彦的争论围绕开放部件展开。是设定住宅部件的生产体系?还是以自主建造为前提,设定生产流通住宅部件的整个市场?

"持有我们身边没有工业化方法这一观点比较好……现今不得不采取某种手段,来展示这一'黑匣子'的分解与重构的方法。"石山写道,"与其着眼于建设技术及工业制品生产技术本身,不如将重点放在把握市场技术流通的实际情况方面。"

以工业化构造法为前提的同时,有长期设计"No.住宅"的池边阳这样的例子。与其相对的是由BE(建筑·要素)论而开展建筑生产开放体系的内田祥哉,他的弟子是大野胜彦。显而易见,即使是作为工业化住宅,市场份额每年超过一万栋的"积水住宅M1"(图5),也不可能覆盖全部市场。

图5. 积水住宅M1,大野胜彦+积水化学工业,1970年

为了"自我展现"的自主建造

《以"秋叶原"之感思考住宅》与石山众多著作一样,采取了直接向"庞大的公众"申诉的表达方式。"外行也能建造自己的家"(《以"秋叶原"之感思考住宅》,第36-46页),石山修武的住宅理论直接面向"外行"。石山当时甚至感叹道"我们也是作为大众的一个分子漂泊于这个社会的。"以《棚屋净土》为原点,其中有着对无数的木板房、自主建造的共鸣。

然而,紧随出发点之后的下一个环节却出现了问题。总的来说,问题在于如何将个体与"一个整体"相连。石山首先发出声援,希望与工匠们相联合。

石山呼吁"分散在全国各地的工务店、以此为依靠的工匠们以及各行业的各位工匠,甚至还有全国中小或更小规模建筑销售者""各位是日本住宅生产及流通的主角,这是毫无疑问的事实。各位是洞悉并掌握地方风俗习惯、偏好、风格的人。换句话说,各位是先天掌握地方固有的生产形态的人。"[8]

就这样,石山朝着工匠的方向靠近,而大野胜彦一边从事地域住宅(HOPE)规划,一边构思着《地域住宅工作室的脉络——从住宅到城市、从城市到住宅》(彰国社,1988年)。另外,大野胜彦再次着手城市建设(《七种城市建设设计——现代的住宅》,丸善,1997年)。虽说大野以工业化住宅"积水住宅M1"的设计而闻名于世,但在其处女著作《现代民宅与居住环境体》(SD选书,1976年)之中,已经展现出他对于传统住宅的关注。关于木造住宅,他还著有《现代住宅——木造住宅》(丸善,1990年)一书。

在工业社会背景下,石山如果始终只是着眼于被讽刺为"奇人怪人"

的自创建筑的话,那么就不可能有"伊豆长八美术馆"这样的作品。

关于2008年整理完成的《自主建造——自己建造自己的家这件事》(交通新闻社)一书,石山称"此书是自我表现的指导书。"在无家可归者的避难所(完全"0"住宅)及移动住宅(移动自动化住宅)之中,除了"川合健二宅邸"及"开拓者之家"以外,还包括矶崎新的"隐藏之家"、藤森照信的"神长官守矢史料馆"及"广岛屋""世田谷村"。

任何人都能成为建筑师。

假设停止自我表现的自主建造,再次回归的话,"世田谷村"将成为其最终答案吧。

作为"棚屋净土",也许过于"小乘"了(即"小乘"佛教的比喻)。

由一把镘刀开始的城市建设

为了支持团结协作,石山去到了"松崎町"。回顾从部件到工匠、到建设这一过程,非常精彩且耐人寻味。由泥瓦匠们手拿一把泥瓦刀赶来支援,城市建设的序幕拉开了。

"体系?还是自我表现?"是石山一贯的困惑,甚至可以说是存在于"建筑师"思考基础之中的根本性困惑。如上所说,石山是彻底的"从个体到整体"。但是,石山没有重新建立自己的城市建设理论,他的动向与其网络的拓展本身就是城市建设。关于城市建设程序及各种方法,我们从《工匠共和国——伊豆松崎町的冒险》《世界第一的城市建设》中可以获得很多启发。

建筑革新之后,经过20世纪60年代,围绕城市设计的方法及城市构成理论,开始了关于"全体还是个体——由全体到个体,还是由个体到全体"的争论。革新派的建筑城市理论,即不仅是菊竹清训的"代谢建筑论""构件·方法·形状"论、桢文彦的"生成建筑论"和"群造形论"、大高正人的"人工土地论"、黑川纪章的"行动建筑论",还有矶崎新的"方法计划论"、大谷幸夫的"城市试论"、原广司的"有机体理论"等,可以说当时所有人都在摸索着城市与建筑的结合方式。

然而,20世纪60年代的理论争论很快就走向了明朗与平息。实践高于理论,大阪世博会及新城市规划等现实性规划变成了具体的工作。可以说现实超越了理论,也可以说理论与现实的偏差逐渐显露了出来。石山似乎清晰地意识到这一偏差,从而采取了行动。

城市构成理论的水平,也只是停留在了理论阶段。20世纪60年代末到70年代,特别是石油危机(1973年)期间,任何人都能明显意识到,理论不过是空中楼阁。石山在这一时期发表了《近代建筑史的正统与异端》,并在从事大阪世博会有关工作的时候与川合健二相遇,开始了波形管住宅的设计。

实践高于理论,不是空中楼阁,而是真实存在,这是石山不会动摇的信念。

产生异形的生产方式

石山写道:"在向工匠们发出声援之时,近代建筑师职能本身的解体只不过是纸上谈兵。"("2001年的泥瓦匠"《工匠共和国——伊豆松崎町的冒险》,第23-38页)。此外,克里斯托弗·亚历山大的"建筑师·建造者"这一概念也许与地下水脉融为一体,这一"建筑师·建造者"理论作为延长"建筑师"生涯的一种方式,在开头部分已叙述(序章)。

然而,石山写下了如下言论,与此划清了界限。

"克里斯托弗·亚历山大的理论是现代主义的正统传承。要实现无论是谁、无论在何处都能拥有一个经济、舒适的居住环境这一理念，是与巴克敏斯特·富勒的文艺复兴的人文主义理念相同，都是遗留于当今时代的最大课题之一。但是，这与富勒的世界观一样，其内部存有某种界限，这是近代工业化国家和地区所无法适应的……其中的理念如威廉·莫里斯的理念一样，过于中世主义。另外，其建筑也和莫里斯一样，过于平庸。以现有的生产方式和不同的方法建设而成的建筑，不应该与已有的建筑形式相同，且不应成为其附庸……设计特殊的建筑，难道不正是他所说的建筑师·建造者，或建造仿西洋风格的建造者们的特殊权力吗？"

克里斯托弗·亚历山大的"建筑师·建造者"的背景包括"建筑模式语言"论，及把设计程序尽可能理论化的《论形式的合成》(*Notes on the Synthesis of Form*)，其理论极其新颖。另外，"模式"也基本上得到普及化。而这与在现场直接组合的《住宅建设》的方法也有相同之处。也正因如此，要回归到中世纪的大师建造者已是不可能。对于石山来说，起到决定性作用的是"假设存在已有的生产方式与特殊的生产方式，则必然能创造出特殊的表现形式（异形的建筑）"这样的想法。

在石山的建筑理论之中，不存在个别的表现须基于建筑生产体系（依靠这一体系）而成立这一理论。也就是说，石山修武的思想中没有骨架与房舍、躯体系统与个别空间（设计）相互分离的多层次体系这一提案。

石山始终抱着假设存在已有的生产方式与特殊的生产方式，则必须创造出特殊的表现这一理念，即只有特殊的建筑（形态）才能孕育出新的生产方式。

"未出现的形式取决于现存建筑的生产方法，刺激生产形态、管理形态的体系，使其动摇以致解体，成为诱导其运转不止的原动力……形态能够刺激生产。"(《工匠共和国——伊豆松崎町的冒险》，第34页)

建筑学教授？！

石山修武对于体系的厌恶出自本能。然而，石山的建筑（住宅）理论最终还是归于以石山这一个体为中心的网络体系中。如果石山的理论一直拒绝向整个体系开放的话，就只能以个体为中心，这就是石山的困扰。

石山的体系不具备持续性。即，既不具备继承和维持技术的体系，也不具备统一和维持区域的体系。石山付诸行动时，网络如波纹一般扩散开来，但是波纹也会自然消失。

1988年，石山成为早稻田大学的教授，他的据点移到了大学这一制度之中。在此情况下，并没有发现石山的"建筑活动"有明显的转变。如今回首，能想象到石山担任着将波纹传向下一代的重大使命。

曾经发表"住宅建筑师宣言"（"第1章 住宅建筑师宣言"，《住宅喜好——亲手构建自己的家》，讲谈社选书，1997年，第10-44页）的石山又发表了"小住宅终止宣言"（《石山修武的思想和行动、改变建筑》，1999年）。当中也提到他曾说"已经无法继续下去"的事。将工作分配给徒弟们如果没有一个整体性的继承体系，则出现这种结果是必然的。石山不可能独自一人设计全世界的住宅，关于城市设计也一样。应该培养第二、第三及无数个石山。如果能将石山的遗传基因加入建筑教育体系之中的话，就能始终贯彻其理论。

事实上，石山修武的研究室培育出了一些特殊的人才，例如马场正尊、坂口恭平就出身于石山研究室。马场正尊提倡"使用城市"，坂口恭平着眼于"城市狩猎者"。两人都以落脚城市而共通，这一点很有趣。

马场正尊在就职于大型广告代理店（博报堂）之后，回到了研究室，还担任过编辑，并担任过建筑界"足球大会""A-cup"的举办人和经理。在马场正尊丰富多彩的活动之中，准确迎合了时代的是"东京R房地产"。在这个革新的时代中，以全新的视点发掘出二手市场是具有深远意义的事情。网络世界支持着他的想法与事业，如何去统一"使用城市"这一想法与如何整合个别的设计作业将会成为研讨课题吧。

坂口恭平走上与今和次郎一样的道路，在东京活动，还发现了无家可归者和自主建造者不可思议的房屋，并采集此类素材。他受到了以著作《棚屋净土》出道的师傅石山修武的影响。自己亲手建造自宅，这一"建造、居住、生活"的同一相位是"世界坐标轴"的原点，我想这是作为建筑师的遗传因子而继承下来的。坂口恭平正向着将狩猎采集的事物作为"艺术"表现的方向靠拢，我期待他的成果。

然而，大学这一制度，不像建筑的生产体系那样单一。我在东京大学担任了两年助手之后，先后在东洋大学、京都大学、滋贺县立大学等私立大学、国立大学、公立大学从事了三十年以上的建筑教育工作。因此，我十分理解石山修武在早稻田大学的"挣扎"。阅读《早稻田包豪斯学校的实验——如何在学校生活：佐贺的尝试》（早稻田学校编，TOTO出版社，2000年）及《早大石山研究室——建筑不会停止》（神户幸雄，王国社，2001年），就好像看到奇迹一般。在大学这个只注重论文数，日趋幼稚化的管理社会之中，维持"工匠、艺术、建筑大学（A3）研究会"并非易事。

但是，归根结底，我们可以看出，石山由波形钢住宅开始的部件论、自主建造论、城市建设论、工匠论、徒弟制度……这些都是向着"世田谷村"汇集。最终，石山修武的工作是否会终止于日本的一个小村庄"世田谷村"呢？

三 拼装、开放式技术以及前所未见的形式 石山修武的设计手法

石山修武究竟是一个怎样的人?

他突然在研究室设立"城市建设支援中心",销售各地的产品,成为"杂货商"(《建筑师,突然变身杂货商极度满足的生活》,数字好莱坞出版局,1999 年)。原本就是以流通为基本,以 D-D 方式运营,因此他也许具备做商人的天赋。在气仙沼设立"储蓄箱",在"广岛屋"举办募捐活动,还热衷于举行"劝进盛"这样的活动。埋头于写作时,称他为"作家"虽然恰如其分,但大部分的写作却都是关于制造物品。当然这并不是说"作家"还有着其他职业。

毫无疑问,他是少有的主办人、策划者、组织者、活动家。不过大概他本人并不愿接受这当中的任何一个标签吧。

就他本人而言,应该是"建筑师"吧。但从社会角度来看,则应当是"教育人士"。但毫无异议的,是他并不认为自己是一个正统的建筑师。"我所处的位置很清晰。如果比作多数中的少数的话,我则属于少数派中的少数派,因为我完全不屑于追求主流。"

正巧在担任大学教授二十年之际,举办了在他的工作生涯中集大成式的建筑展"建筑是梦想"(2008 年 6 月 28 日 - 8 月 17 日)。继"广岛屋"与"世田谷村"之后,"石山修武与十二个故事"阐述了计划在世界各地实施的十二个项目。石山修武没有在"世田谷村"之后停滞,反而似乎越发气宇轩昂。他将美术馆作为工作的场所,而这一做法也的确具有石山的风范。

只是它的构图,也就是蕴藏在世田谷美术馆石山和石山工作场所当中

的、有着难以言喻舒畅感的构图。

偶然访问"现代儿童美术馆"（1999年）（那种刻意露出墙砖和地面的复古式房屋），了解到他的草图作品已经开始出售。石山修武的绘图中有一种独特的韵味，因此颇具魅力。此外还有"电脑化石神殿窟院群"的蚀刻集。这时期的外出旅行被称为"写生"。虽然他本人也许对被称为"艺术家"一事感到厌恶，但这难道不是正在通往某种境界的途径吗？

石山修武是一个将自己的生活方式展露于世人的"表现者"。他本人也说过，"我逐渐发觉，我在世田谷村的生活方式，不正是我的表现活动吗？"

"广岛屋"模型

虽然有"瓜达拉哈拉规划""智利建国200年纪念活动规划"等项目，石山的工作网络逐渐扩展到南美洲，但自石山投身建筑以来，却一直把精力都集中在亚洲。他专程环游考察了亚洲，还发表了名为"在亚洲的街角"的连载作品（《室内》，1984年），以及"作为亚洲建筑的日本建筑""一起建造的城市"（同收录于《以"秋叶原"之感思考住宅》）等文章。

"如今也是这样，因为我有固执的一面，我决心不会横渡伊斯坦布尔海峡。并不是说欧洲建筑是垃圾，而是已经下定决心不看欧洲的现代建筑。我也不知为何，就是这么决定了。"（摐桥修编，《旅程——建筑的行走方法》，彰国社，2006年）

作为欧洲建筑研讨会会长，两次前往欧洲（1984年），石山称决定不会横渡伊斯坦布尔海峡、不看现代建筑等都是戏言。但是，他始终只倾注于亚洲却为事实。

迄今为止，石山在海外完成的唯一作品，是位于金边的"广岛屋"。在此省略1994年广岛亚洲大会上石山赞同"广岛与柬埔寨人民交流会"活动及以后的事情经过，但"广岛屋"作为一个美好的故事被传扬。我认为石山修武在此说的是肺腑之言。

"广岛屋在遭遇了20世纪最具代表性的悲剧之一的众多广岛市民的共同努力下诞生了……它肩负着反对战争的使命。我想这也许是对市民参与社会理想模型的一种可行且清晰直接的表现形式。所谓建筑表现，是指将应该获得的实体模型通过物质媒介做成具体的形态。"

在此，石山选择了以钢筋混凝土为材料来进行主体设计。倾斜的梁柱与佛足石抽象化的蝴蝶屋顶，均具有石山的风范。墙壁上的炼瓦积聚了志愿者团队每位成员们的构思。在佛足石上搭建高棉寺院风的屋顶，是乌那隆寺的泰普·波恩大师的要求。

虽然"缅甸佛教文化中心规划"似乎由于政变而中断，但石山仍然以加德满都盆地的古尔蒂布尔为据点工作着。他在此追求的是自主建造的集团化和组织化。

吉普车的部件系统

我在本章开头部分提到过关于马尼拉的"自由建造"（1983年）的事。令人吃惊的是那时石山修武的视点，即他把所有的场景都当成部件来理解。无论是广告、汽车，还是住宅的屋顶和开口部，但凡目光所及的事物都会去思考它的流通路径。之后我才了解到，阅读风景是野外学习的基础，但在当时，我已经察觉到石山身上所具备的商人潜质。

那时的石山对吉普车（图6）有着异常浓厚的兴趣，我也悉心保存着

图 6. 吉普车

那时购买的关于吉普车的书籍。虽只是用吉普改造而成的小型公共巴士，却装扮得花哨醒目，与日本的"卡车小子"的卡车及巴基斯坦等亚洲高速的长距离巴士等一样花哨。结合"望风楼"或是"笔头草托儿所"，石山写下"建筑就如吉普车一样"（"望风楼"，《以"秋叶原"之感思考住宅》，第87-88页）的一席话。"典型的东京住宅区的风景中……如吉普车般……华丽的风格是受欢迎的……建筑物被锯齿状、不规则等各种奇怪的屋顶装饰着。"

这种锯齿状、不规则……始终存在于石山的设计之中。

但是，吉普车所表现的不仅限于随心所欲的装饰风格，更值得关注的是它的体系。我被带到吉普车工厂参观，那只是一个经过改造的旧工厂。未经任何装饰的马口铁的吉普车非常有新意。它们的装饰是在上路以后点缀的。司机们自己购买部件，随心所欲地改造它。

这一躯体装饰体系通用于骨架填充系统，以及核心房屋体系。"广岛屋"便是其延伸。

建筑素材

世田谷美术馆的展览会目录中,收录了石山修武至今的十个作品,中谷礼仁为其撰写了设计说明。如果在这十个作品里加上"广岛屋"和"世田谷村",就成了他至今为止的代表作汇总。十个作品中包含了伊豆松崎市的几个城市设计项目。另外,在维基百科搜索石山修武的项目,或阅读石山的著作的话,几乎能知道石山的所有作品。择其重点,有"鸣子早稻田栈敷洗浴"(1998年)、"东京都北区清扫工厂"(1998年)、"星之子爱儿园"(2002年)等。

由于从根本上厌恶这个体系,所以没有感觉到被桎梏于框架和材料中。渐渐增加使用金属(波形管)、木材(蛋型圆屋)、土灰泥(伊豆长八美术馆)等材质和词汇。在"里亚斯·阿尔克美术馆"的设计中,飞机用的硬铝板也成了他的囊中之物。

"我的建筑有时采用多样的形态组合,但与此相比,材质的组合更具特色"("与素材相遇"《石山修武的思想、行动和改变建筑——广岛、生活、家、交流》,第 201-203 页)

的确,石山创造的独特形式和装饰并非形式主义的操作。是材质的天然性与石山的感性,以及工匠的技艺的融合。使用铝、木材、土、纸、玻璃、金属……多种多样的材料,材质之间的组合、碰撞的处理十分巧妙。

以工业制品为前提,石山得出如下结论:

"建筑的未来在于从材料的持久性中发掘可能性。所有的材料都可以从大地中获得,使用后再将其归还给大地是最理想不过的方式。我们不能破坏大地这一所有材料的故土。我们应该重新研究对大地不造成伤害的材料。"(《石山修武的思想、行动和改变建筑》)

铁生锈后回归大地,它本就是从大地的最深层挖掘出来的材料。

业余工匠

"倾听施工现场的声音""从建造现场开始",石山修武重视的是现场。作为原始的自主建造,基本上以能够在施工现场筹集到的材料(地域产材料)为基础,并依据个人能力(手艺),理所当然地以现场作为出发点。另外,建筑原本是"土地"的产物,如果将具体的建筑用地作为前提的话,在现场的所有发挥对建筑师来说都是必然的。

人们对于在现场是使用掌握的全新建筑生产体系,还是以现场现有的建筑生产体系为前提产生了异议。波形管住宅,富勒的球顶、积水住宅M1都是基于前者。从与现场的关系来看,它们也都是将不同性质的系统融于其中。当这种方法被接受之后,也会形成地域性的生产体系。根据情况,可以建成波形管的住宅区。另一种是利用当地便利的建筑生产体系,像福冈"世界桥"的集合住宅(1991年),特别是针对具有一定规模以上的工程,石山则以原有的施工方法为基准。

更重要的,是现代建筑生产体系中,地域性建筑生产体系零碎分散,反而是世界建筑生产体系,至少在部件、材料方面可以充分利用。

石山在现场采取的方法是"搜集现场能够获取的东西,以此为部件,在反复修正错误的过程中,最终制造出新的物品。"我想这符合业余工匠这一称谓。"业余工匠",即用现成工具修理的人(bricoleur)。查阅手边的辞典,其中解释道"搜集某种东西制作物品的人。创造性和机智极其重要。此外,他们还是搜集繁多的物品及信息进行重新组合,并使之产生与本来用途不同用途的物品或信息的人。从制作碎布头等日用品的世界各国普通百姓,到构建信息系统的技术人员,这类人的范围很广。""业余工匠"(bricoleur)原本是从表示"修饰""敷衍"的法语中派生出来的词汇。

名为"世田谷村"的体系

以阪神淡路大地震为契机,石山提出了"轻便基础设施"(light infrastructure)这一想法。即,假设在灾害中建设最小限度、最轻便,且最具机动性(能够移动)的难民营基础设施方案。作为具体实例提出"一次性卫生用品"(纸质卫生间)、"能源中心""集装箱医院"等。

此外,他还提出了名为"开放性技术"的想法。

"'技术'是我的全部。例如建筑技术不仅只掌握在建筑承包商手中,我认为,比起总承包商,分承包商有更好的技术状态,但即便如此,我们也应当将技术引入个人手中,并尽可能地将其掌握。"

可以说他的一贯问题集中在全体与个人之间。如译成英文,用"个体技术"(individual technology)来形容似乎恰如其分,"或者更直截了当地说是开放技术"(open technology)。

此外,他还说"重视个人的个体技术不如将其体系化更有价值。简而言之,个人周边的环境由各个人去规划、去创造比较好。而我们应该去设计和开发的,正是达到此目的的技术。"而据说,"世田谷村"的施工现场就是实现这一目标的实验场。

我们从"世田谷村"能够看出石山修武最终达到的成就。显然,并没有所谓的前所未见的形式孕育出新的生产体系。"世田谷村"的建筑建设体系以一种开放的姿态呈现给大众。

首先,在此有对构造主体体系的通常解答。石山利用勒·柯布西耶的多米诺系统与巴克敏斯特·富勒的张拉结构,提出了用最小数量的部件设计出多层平面的系统。此外,他还提出了搭载风力发电机、太阳能充电器、住宅用发电机等各式能源转换装置的系统。甚至还设计了壁橱、收纳、家具、卫生间、厨房、照明等生活部件。大部分的部件由世界各地汇集而来进行转用,这自然符合了他一直以来的做法,反过来,"世田谷村"制作的生活部件、开发的技术也是以能在其他地域利用为前提的。

决定最终成功与否的,是所有集中到石山修武个人身上的体系如何开放,以及如何使开放系统技术社会化,巩固并继承下去。

然而,另一方面,我也并非没有意识到石山一直执着于"前所未见的形式"。他频繁地使用"梦"这个词语。世田谷美术馆的展览会主题是"用梦想来建筑",他还发表了名为《建筑梦中的房子》(筑摩书房,1998年)的著作。这一点与想设计出人类未曾见过建筑的藤森照信的"建筑少年之梦"有相同之处。

至此,我想我理解到了石山修武的人生道路、理论及其手法的一体化,它们是难以分割的。所著之书虽大体上都大同小异,但却记录了新的经验与表现形式。虽说整体显得似乎有些摇摆不定,但核心却始终如一。

而就此,石山的存在本身,以及他的生活方式,就是表现。

在"世田谷村",居住、建造、生活三者得到了一体化。

"并不是只有绘画、文学研究、制作看似艺术的作品风格才是表现。放屁、与家人的争执、陷入无为的虚无之中的无聊至极的日常生活,才正是人生的至上表现。或者说,似乎才终于到达了真理的入口。"(《建筑是可见的梦》,讲谈社,2008年,第137页)

写完以上的石山修武论之后,我与久未谋面的石山再次相会(2010年12月14日)。受滋贺县立大学的"谈话室"的学生们之邀,他演讲的题目是"致2010年各位年轻的同学——持久性建筑、转型期的觉悟"。这是继《建筑杂志》的对话("居住和住宅之间——对话石山修武、布野修司",《建筑杂志》2007年4月号)以来我们的首次会面。分为两部分的演讲中发生了一点意外，诽谤、挑拨、煽动都得到控制，并到最后都偃旗息鼓了。面对孙子辈的年轻一代，安排了一场安静的论坛。在介绍自己新规划的第一部分中，我对他正在田沼湖逐渐展开的"生态·村落"构想饶有兴趣。另外，2011年将于船屋召开的"人建造自然"（Man Made Nature）展似乎也很具吸引力。

在探讨今后建筑发展方向的第二部分中，重点提出了重源和尚对日本建筑给予的极大关注，这一事也令我感到意外。我想如果毛纲先生在世的话也不会想到有这样的事，渡边丰和也再次写了关于重源和尚的事迹，出版了《和风胚胎》一书后回到了日本（第6章）。我想他果然到了在意"日本"的年纪了。久别重逢，我们都喝得非常尽兴。石山说："现在在柬埔寨的柏威夏寺有一个生态村落的构想。"我说道："那我们一起来做吧！"

第5章 注释与文献

*1

"长长的后记",《石山修武的设计笔记——寻找现场的声音》,王国社,2003年。

*2

1913-1996年。出生于爱知县丰桥镇。科学家、设备设计师和技术工程师。1958年被选为丹下健三所设计的东京都厅舍的设备设计负责人。随后负责丹下的许多建筑中的设备设计,并于1958年获得日本建筑学会奖。作为一名科学家,他还设计了日本首台吸收式制冷机。作为一名电厂工程师,他在1971年设计了一个以柴油为动力的发电厂。他的主要作品包括东京都厅舍[设备](1958年)、香川县厅舍[设备](1958年)、图书印刷原町工厂[设备](1958年)和川合健二住宅(1966年)等。

*3

他于1956年以耶稣会神父的身份来到菲律宾,为改善住房状况工作数年。1975年,他成立了自由建设公司,最初通过提供建筑材料和其他方式,支持马尼拉郊区贫民窟居民自建安置房工作。20世纪80年代,该公司启动了针对中低收入居民的"De La Costa"住房建设项目,并致力于通过基于自主建设的思想、政府融资活用等,努力以低价提供场地环境良好的核心住房。

*4

1962年获得以色列理工学院建筑和城市规划学士。1967年,加州大学伯克利分校环境设计学院建筑学硕士,并于1972年取得博士学位。担任以色列理工学院建筑和城市规划系讲师和加州大学伯克利分校客座讲师。1976年担任亚洲理工学院(曼谷)助教,1987年担任教授。1989年在麻省理工学院担任客座教授。于2000年起担任纽约大学城市规划系兼职教授。于2002年起担任普林斯顿大学讲师。 在普林斯顿大学瓦格纳学院和伍德罗·威尔逊学院教授规划历史和规划理论。主要著作有《住房政策问题:全球分析》(*Housing Policy Matters: A Global Analysis*)、《城市的扩张》(*The Expansion of Cities*)、《城市扩张地图集》(*The Atlas of Urban Expansion*)等。

*5

1927年出生于伦敦。建筑师。活跃于国际范围的住房领域。倡导以社区为基础、自建和自我管理的住房。1957-1965年基于在秘鲁的实践经验,在剑桥和麻省理工学院的联合城市研究中心从事研究和写作,并在麻省理工学院(1965-1973年)、AA学院和伦敦大学发展规划组

(1974-1983年)授课。随后，他成立了国际生境联盟（Habitat International Coalition，HIC），并在1987年领导了联合国国际居住年（UN International Year of Shelter for the Homeless）项目。1987年，他建立了社区再生工具（Tools for Community Regeneration，TCR）组织，继续支援草根家庭住宅活动。

*6

John F. C. Turner, "Freedam To Build", Macmillan, New York, 1972.John F.C. Turner, "Housing by People Towards Autonomy in Building Environments", Marion Boyars, London, 1976 (Pantheon Books. New York, 1977)

*7

《群居》杂志创刊目的简明扼要地表述如下：

"我们正在推出一个新兴媒体出版物《群居》，它将专注于与家、住所、居住、建设居住场所以及住房＝城市规划的各种主题，并将从各种角度探讨与身体、建筑、城市和国家有关的广泛问题。尽可能多地揭示现有媒体无法铲除的问题、提出跨类型的问题，成为各种住房网络的媒介，积极解决全球，特别是与亚洲地区的经验交流等，这是一个巨大目标，我们期待着今后的发展"。(《群居》创刊准备号)

基本上，第一期的主要口号是"建筑师"应该更积极地参与住房问题。

它还旨在全面看待住房问题，包括其与家庭和城市发展的关系。此外，还希望以全球视角，解决特别是亚洲的住房问题。我们的初衷是自由批判的精神，不受各行业利益的限制。

*8

"面向全国木匠和工匠的演讲"（《从"秋叶原"的角度思考住房》，第189-198页）。首次发表于《罗地亚之塔——致木匠、手艺人和工匠们》（《群居》[创刊号]，1983年4月）。

第6章 建筑的遗传因子

渡边丰和

一 后现代主义建筑的旗手　渡边丰和的人生轨迹

如今我最关注的建筑师其实是渡边丰和。继建筑作品"黑泷露天剧场"（1996年）之后，他几乎再没有新作诞生。对于年轻一代来说，也许连他的名字也不甚知晓。但是，渡边丰和现今仍然在一腔热血地继续写作。其最新作品是《古代日本的共济会》（学研出版社，2010年）。

渡边丰和与石山修武一样，首先思考设计和写作的意义。那么，为什么要写作？为什么要倾注大量时间和精力在写作活动上？

我曾多次听到渡边丰和本人宣称（高谈阔论），比起建筑师，更希望自己成为一名小说家。"中学时期，突然开始创作诗歌和小说，并多次受到语文老师的表扬，不知从何时起甚至开始抱有将来成为小说家的想法。"（《文象老师时期与毛纲莫太时期——山口文象、毛纲莫太笔录》，编集出版组织团体 acetate，2006年，第33-34页）"渡边与父母一起生活直到十八岁，他热衷于珍岛、加缪、里尔克、芥川龙之介、荻原朔太郎的作品，并开始了诗歌与创作。"（"渡边丰和简历"，《现代建筑样式论》，珍藏版，1971年）

然而，希望在与世长辞之前再设计出一个作品；一个最高杰作，渡边一直在等待这一时机。《古代日本的共济会》的封面，也写着"虽然我暂时远离了建筑设计行业，但以此为机会，我希望努力完成作为建筑师的最终成就。"

在日本，我从心底认为可以称得上后现代建筑师的是渡边丰和，或者是渡边丰和的挚友毛纲毅旷。即使如此，后现代主义建筑，或者说建筑的后现代主义，最终到底为何存在？完成了什么？之前提到的安藤忠雄、藤森照信、伊东丰雄、山本理显、石山修武，他们到底是否能称为后现代主义者，这一点需要重新考量。除了藤森，他们都是一边以现代的建筑技术及工业社会为前提，一边不断追求着建筑表现的可能性的建筑师。他们面临的挑战，是一套早已被世人默认的陈规旧习。

提起渡边丰和的作品，总是会吃惊于他的"不拘小节"。渡边的作品中完全没有以毫米为单位的面、线或墙角的节点。渡边的建筑作品扣人心弦的地方，在于压倒性的"空间"及"形状"。令人意想不到的，是渡边丰和出身于引领了日本现代建筑的山口文象的RIA工作室。

我与渡边丰和有着多年的交情。虽然我的年纪几乎比他小一轮，却与他有着不可思议的缘分。我们初次相见，是在他担任相田武文研究室讲师的时期。在共有五次系列课程的第一堂课上（1978年），我突然被担任讲师的渡边提问，至今仍记忆犹新。相田研究室的讲义记录是《地底建筑论》（明现社，1981年）。由于我之前对《建筑评论》、"吉冈邸（1·1/2）"（1974年）和"TELOS罗马式桃山台"（1977年）有所了解，因此对于这次会面感到十分荣幸。之后，因为《群居》杂志我们得以再次共事，开始了我们三十多年的交往。此外，不可思议的缘分，是1991年9月我赴任京都大学，在设计课上最先认识的学生中，竟有渡边的儿子——渡边菊真。

角馆

渡边丰和1938年出生于秋田县仙北郡（现仙北市）角馆市。我曾在他如今早已空空如也的老宅午睡过，他的家离大江宏的"角馆市传承馆"（1978年）并不远，大致位于角馆的武家公馆附近，虽然不大，却是颇具品味的木制住宅。由于道路扩建，被划定为拆迁住宅。其设计者是菊真（D环境造型系统研究所），这是他的出道作品（"角馆的町家"，2005年）。

他的父亲曾是女子高中的老师（《安倍晴明"占卜的秘密"》，文英堂，2001年，第8页），据说相貌英俊白皙（"后记"，《巴洛克之王织田信长》，悠书馆，2009年）。毕业于法学系，专修近代政治史，对于渡边丰和来说，父亲是伟大且不可侵犯的存在。我时常被问起这些事，我想他们是多么让人羡慕的父子。故乡角馆一直存在于渡边丰和的内心深处。他所有的著作题目都与出生成长的角馆（东北），及后来成为生活据点的奈良（大和、关西）有关。换言之，即他始终执着于自己的"根"，毫无疑问他对故乡角馆始终抱有深厚的情感。除了"角馆市立西长野小学"（1992年）之外，他的住宅作品也建于角馆。

说起角馆出身的建筑师，有因"帝冠（合并）样式论"而为人所知的下田菊太郎（1866-1931年）。虽然他们自己并不这么认为，但是在我看来，下田菊太郎与渡边丰和有着相似之处。两人都是秋田县出生的特立独行的建筑师。虽然在林青梧所著的《文明开化的光明与黑暗——建筑师下田菊太郎传》（相模书房，1981年）一书中为世人所知，但下田菊太郎仍旧遭受着建筑界主流的忽视，传说他与建筑界的"龙头"辰野金吾不和。但我认为渡边丰和却并非如此。虽然他言辞犀利，却仍被大众所喜爱。只是，我们不得不承认，渡边并不是建筑界的主流。

下田菊太郎是最早撰写《建筑规划论》（最先使用"建筑规划"这一词汇）的建筑师。在这一点上，我也想将他与在RIA参加了建筑研修的渡边作比较。

山口文象与RIA

据说，虽然渡边原本想成为一名小说家，但由于父亲非常厌恶文学而擅长绘画和数学，因此也要求他考进建筑学科。渡边丰和的哥哥也踏进了建筑之路,并在一家大型建筑公司工作。由此可以看出他父亲的影响力是巨大的。听说他母亲曾这样劝他,"也有像《宝岛》的作者一样,一边学习建筑,一边转型当了小说作家的先例,所以去读建筑学吧。"

听说他在大学期间,酷爱阅读《圣经》"新约"和萨特的著作,思索着建筑领域之中文学性表现的可能性("后记",《现代建筑样式论》)。他几乎从没有出勤过大学的课程,而是一味地把时间投入到写小说和绘画当中。最后,他似乎是以倒数第二名的成绩毕业(《地底建筑论》,第12页)。1961年从福井大学工学部建筑学科毕业后,进入了RIA建筑综合研究所(1964–1970年)。从年表中可以看出,从毕业到进入研究所之间有三年的空白期。其实在这期间,他就职于中西六郎建筑事务所(大阪)。中西六郎是出身于早稻田,师从巴黎的亨利·绍瓦热(Henri Sauvaget),并与上野伊三郎一同成立了精英组织"国际建筑会"的建筑师。渡边进入这间研究所时,这里还是一个只有六个人的小事务所,三年之后转到RIA,是因为中西六郎的突然去世。在RIA期间,他向植田一丰、富永六郎学习了设计。

关于他在RIA时代的详细情况,记录于渡边丰和的半生记《文象先生时期与毛纲莫太时期——山口文象、毛纲莫太笔录》。书中鲜活地记述了渡边与山口文象的交流,以及他们跟老师植田一丰的关系。

对于当时的渡边丰和来说,山口文象是他下一个想要超越的目标。随后,便发生了冲突。

"老师所说的事是昨日主义。"

机能主义过时了,自然而然就说出了"昨日主义"。

"如果你那样说的话,就别做了!"

渡边便开始整理起自己的物品。

老师继续呵斥道："有像你这样，叫你别做了就不做的傻子吗！"

山口文象晚年时期，我有幸见过他几次。他与"同时代建筑研究会"的伙伴们来到我家，还特意光临我们的研究会。当时我问他："对于渡边丰和先生，您有什么看法？"

"他是某种疯狂的人。"

关于这件事，我曾多次告诉过渡边丰和先生，他也十分在意地将此事写进了书中（"别破坏事务所"，《文象先生时期与毛纲莫太时期——山口文象、毛纲莫太笔录》，第133-134页）。文象先生说起他的时候，脸上总是洋溢着充满爱意的笑容，他并没有直接说"他很疯狂"，而是用了"某种"这个词。

1·1/2

结束了在 RIA 的研修，渡边丰和于 1970 年，也就是他三十二岁那年创立了"渡边丰和画室"，开始了自我主宰的时代。然而，他并没有接到什么工作，而是暂时在 RIA 的上司藤田邦昭为首的"都市问题经营研究所"做着关于市区改造的工作。

1972 年，"渡边丰和画室"更名为"渡边丰和建筑工作室"。虽然几乎无人知晓，但这期间，他做着"学生公寓"（1972 年）的设计工作。那是木结构的 3 层建筑，加上床的面积大约为 30 平方米，屋顶为孟沙式屋顶，四周设有吊灯，像极了日式的"钱汤风格"。一般人都将"吉冈邸（1·1/2）"（图 1）视为渡边的出道作，但他真正的出道作其实是"学生公寓"。据说此建筑在经历阪神淡路大地震时也安稳如故。他的私人住宅"饿鬼舍"（1977 年）也设计成了一个从顶部天窗透下光线，如洞窟一样的空间。与渡边初期作品的关键词"洞窟""隐藏之家"如出一辙。

图1. 吉冈邸（1·1/2），渡边丰和建筑工作室，1974年

RIA时代末期，渡边丰和与小他三岁的毛纲莫太（本名一裕，后改名为毅旷）相识。其后，两人的交往直至毛纲去世（2001年）前一直持续。之前多次提到过毛纲的影响力，在他们相识的那年，毛纲在《都市住宅》杂志上发表了"北国的忧郁"一文（1969年10月号）。并且，他设计的"水塔之家"（图2）、"日吉台教会""反住器"（图3、图4）等杰作接二连三地发表。另一方面，受到毛纲的激励，渡边以"1·1/2"出道。这期间两人的密切交往，鲜活地记录于《文象先生时期与毛纲莫太时期——山口文象、毛纲莫太笔录》中。两人是通过毛纲的老师向井正也相识的。

继"反住器"和"1·1/2"之后，两人的工作都中断了。虽说接到不少委托，但由于提案过于异想天开，致使客户犹豫不决，并出现了修建费不足等情况。在"'天纹'谷口邸"之前，毛纲不得不保持沉默。渡边的下一个作品"罗马式排屋桃山台"的竣工也是三年之后的事了。在此期间，在渡边丰和脑海中反复思考的，是如何将"1·1/2"理论化。他围绕"变容""歪曲""艺能""不具"等概念，发表了"空间变妖术"

（《SD》1972年3月号）、"观念的歪曲法序说"（《都市住宅》1973年3月号）、"作为艺能的建筑"（《都市住宅》1974年秋号）等论文。

毛纲毅太

我与毛纲毅太相识于1978年。1976年我辞去了神户大学的职务来到东京，那时也是"钏路市立埋藏文化中心"终于竣工之时。我们经石山修武的介绍相识，平山明義也在场，我记得我与平山都被他们俩说得体无完肤。那是我在神户大学感到不适而搬去东京之前的事。如前所述，大约在同一时期我遇到了渡边丰和，我并不知道他们两人的亲密关系。

不可思议的是，无论是渡边先生，还是毛纲先生，都与我有着亲密的交往。我与渡边先生每次见面时，必然会围绕日本的古代史进行讨论。关于古代史，我是彻头彻尾的"出云"主义者，与"东北""北方日本"主义者的渡边先生有着很多观念上的差异，但我们在反对"大和史观"上达成了一致。而莫太则将我俩的谈话引入更为博大精深的世界古代

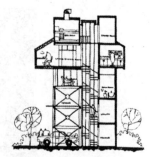

图2. 水塔之家，剖面图

图3. 反住器，毛纲毅太，1972年

图4. 反住器，毛纲毅太，1972年

史之中。建筑中存在着一个广阔的宇宙论的世界在支持它，我想这一点是我从两位先生身上学到的。

毛纲先生作为东洋大学的外聘教授，几年间我们曾一起负责快速设计课题。这是与和山本理显先生所作的"设计演习ⅡA"同样的演习。毛纲先生反复提出的代表课题是"设计地球的肚脐""这其实是关于如何表现'中心'这一概念的题目"，诸如此类，将毛纲先生想到的课题向学生们解释是一件很麻烦的事。在此期间，表现出拥有异于常人的设计天赋的学生之一中岛（毛纲）智惠子成了毛纲先生的再婚对象。其后，因"弟子屈町屈斜路爱奴村民俗资料馆"（1982年）、"钏路市立博物馆"（1984年）、"钏路市湿原展望资料馆"（1984年）这钏路三部作品，毛纲平步青云地成为建筑大师。这时期，我在毛纲先生的身边，逐渐感受到了建筑的魅力。

商品住宅、标准住宅001

另一方面，留在大阪的渡边丰和受到"罗马式排屋桃山台""罗马式排屋穗积台"（1978年）的影响，先后设计出了"饿鬼舍""伊东邸"（同于1978年）、"中野邸（标准住宅001）"（1979年）、"杉山邸"（1980年）等住宅作品。所谓"莫太离开东京后，我开始回归到RIA时代学到的现实主义"，并持续着住宅设计的试验误区，同时"我的职责是将他当时想做的事情理论化，至于作品，只要交给他就行了。"（《文象先生时期与毛纲莫太时期——山口文象、毛纲莫太笔录》，第208页）幸运的是，他紧接着开始从事教育工作，作为建筑学教授（常任大学教授）再次出发。[1]

"罗马式排屋"（Terrace Romanesque）就是所谓的商品住宅。着手商品住宅设计在当时的建筑界是被禁止的,这着实是一个打击。虽然在此之后,被视为"住宅作家"的宫胁檀等也开始从事地产公司的集体住宅区设计,但毫无疑问,这与大野胜彦的"积水住宅 M1"、石山修武的店铺设计等都同样被视为彻底的异端主义。HPU(住宅计划联盟)的成立及《群居》杂志的创刊动力正在于此。

渡边丰和称,"罗马式排屋"系列只不过是"建造独栋住宅时不留缝隙,我是在向这个违反法规已成普遍现象的世界导入一种建筑理念"罢了。也就是说,"仅是将3层的连接式公寓两栋排列在一起,再在两栋公寓之间留出宽为4米的道路而已。"在当时,木质结构的3层房屋是违反建筑基准法的。但违反街道条例(42条2项道路)的住宅实则在关西地区并不少见。建筑物中间的空地可以用来建造道路,虽然尚未成熟,但确实由此产生了一种"建筑类型"的提案。

另外,如"标准住宅001"这一命名所显示的,至少在当时,渡边丰和并没有准备把这一作品作为单一住宅的设计。可以肯定的是,《群居》杂志的同仁们在某种程度上肯定持有相近的思想主题。

《建筑评论》《建筑美》《群居》《极》《建筑思潮》

渡边丰和的首部著作是《地下建筑论》。但是,这作为相田研究室的讲义录,是唯一一本将讲义整理成书的。他真正的处女作是在那十年之前的《现代建筑样式论》,他独立自费出版了此书。渡边建筑论的精髓已包含于此书之中。

与《地下建筑论》同年,我出版了《战后建筑论笔录》。此后,渡边先生每逢见到我都会问"发行多少册了?"不能输给自己的后辈布野,他抱着这一想法,接连出版了很多著作。

另一方面，渡边丰和有做评论家及编辑的天赋。我在决定踏入建筑学科之时，在涩谷的大盛堂书店找到了过期的《建筑评论》杂志，并买下很多本，并仔细阅读每一页的每个角落。杂志上登有建筑师的排名表（一览表），我记得是在那时建立起了对建筑世界的浓厚兴趣。很久之后，我才知道渡边曾担任过《建筑评论》的编辑并曾执笔。[2]

《建筑美》发行于《群居》之前。其中包含了普通杂志所不让发表和不能发表的文章。为了发表想写的文章而做杂志这一宗旨，是渡边丰和的理念。然而，创刊《群居》似乎仍然不能满足他的一贯路线，于是他便创刊了更加符合"建筑"理论主体的《极》。并且还成立了"建筑论坛"（AF），创刊了《建筑思潮》。[3]这正好是我搬去关西地区的时期，因此也帮助了他。我从被称为编辑之神的平良敬一老师的"建筑思潮研究所"出来，获得了使用"建筑思潮"这一名称的许可。学艺出版社的京极迪宏先生接受了《极》与《建筑思潮》发行工作。从以上事情的经过，可以明显看出渡边丰和对于媒体的高度重视。

后现代主义之中有出路

继"1·1/2"之后，"回归RIA流现实主义"的渡边丰和，一边目睹毛纲的迅速发展，一边通过"藤田邸（神殿住宅地球庵）"（1978年）确定了他的建筑宇宙论。同年设计的"龙神村民体育馆"（图5）还荣获日本建筑学会奖（1987年）。另外，他还参与了"西胁市立陶艺馆"（1982年）这一小型公共建筑的设计，这是他正式参与的第一个公共建筑设计。获得建筑学会奖之际，记得当时由于渡边先生对获奖手续不了解，我还帮助了他。给他写推荐文的是太田邦夫老师。实际上，毛纲毅旷的"钏路市立博物馆""钏路市湿原展望资料馆"（同于1984年），以及高松伸

图 5. 龙神村民体育馆,渡边丰和建筑工作室,1987 年

的"大阪麒麟广场（KIRIN PLAZA OSAKA）"（1989年）的推荐文，也都是由太田老师所写。因此甚至有人开玩笑说，传言去东洋大学做演说，只要获得太田老师的推荐就能获得学会奖。

渡边丰和继"龙神村民体育馆"之后的十年中，通过"伍迪帕尔余吴森林文化交流中心"（1990年）、"对马丰玉町文化之乡"（1990年）、"秋田市体育馆"（1994年）、"加茂町文化厅"（1994年）等作品，在建筑界大放异彩。

然而另一方面，一些权力机构也开始了对"后现代主义有没有出路"这一问题进行了像"对谈：丹下健三×筱原一男"中一样的讨论（《新建筑》1983年9月号）。

二 源自想象的异境——渡边丰和的著作

渡边丰和可以说是现代日本建筑师中，拥有著作最多的之一。暂且不论他的著作"畅销，还是滞销"，就著作（独著）的数量来说，与在建筑、城市规划领域闻名的作家矶崎新、藤森照信、松山严、阵内秀信、石山修武、铃木博之、山口昌夫（矢田洋）等相比，他都更胜一筹。

从个人版的《现代建筑样式论》（1971年），到《和风起源》（学艺出版社，2007年）、《巴洛克之王织田信长》（悠书馆，2009年）、《古代日本的共济会》（2010年），总计二十六部著作。大致可以分为三个主题、流派。

第一，以有关建筑论、作品论、建筑评论为中心的著作；第二，以对古代建筑的关注为基础的古代史为中心的著作；第三，以关于建筑的宇宙论、宇宙世界几何学贯穿于全体的著作。

《发光的亚特兰蒂斯》（人文书院，1991年）、《邪马台国在阿苏——地球几何学解开日本史上最大的谜团》（光文社，1993年）、《北洋传承默示录——解开"东日流外三郡志"之谜》（新泉社，1997年）、《安倍晴明"占卜的秘密"》（文英堂，2001年）、《扶桑国王苏我一族的真实——飞鸟教传来秘史》（新人物往来社，2004年）等关于古代史的一系列著作，通常来说，是针对古代史迷的著作。这些绝非学术性著作，甚至还被视为所谓的时髦作品。称日本各地残留有金字塔的"人工造山说"曾多次使周刊杂志受到大众追捧。以《发光的亚特兰蒂斯》为基础，渡边筹划了围绕亚特兰蒂斯大陆究竟在何方的TV特别节目，甚至由演员演绎。

的确，读渡边撰写的古代史会让人感到焦虑。因为他没有表明依据，却有很多飞跃性言论。我也多多少少写了一些论文，曾自大地建议他给文章加注释，清晰地标明引用文献比较好，而他却似乎没有放在心上，与不注重建筑的细节这一特点很相似。

"所以，学术论文是不行的，学者的论文没有一丁点趣味。"他反驳道，"古代史充斥着谜团，没有那么多根据之类的东西。"

渡边丰和对古代史的关注点在于古代城市和古代建筑。解开各种谜团的原动力是建筑想象力。可以说，建筑想象力的直觉支撑着渡边丰和的一切。即，包含古代史著作群的著作活动绝不是业余活动，而是建筑经营的重要环节。

沉睡于大和的太阳之都

最早显示出渡边丰和对古代史关注的著作是《沉睡于大和的太阳之都》（学艺出版社，1983年）。"神武大帝在大和三轮山中发现了美丽壮观的原住民文化——长眠于天香具山地底的巨大石造宫殿（矶城宫）。这是建筑界鬼才对空间的敏锐认识与从古事记、日本书纪挖掘出的不可思议的矿脉——印象中的古代第一弹。"

这本书中几乎记载了此后出版的所有古代史相关命题。促成他创作此书的契机，是他在位于大和盆地正中心的"饿鬼舍"（奈良县矶城郡）定居一事。"矶城"这一地名也很大。感慨于《记纪》中记载的日本古代史的舞台非常狭小，加之大和三山只不过是低矮的山丘，与古坟没有太大区别，"莫非是人工山"这一直觉（发现），促成了这本书的诞生。"此后，连历史研究者们也开始对我这个外行人士产生奇妙的兴趣。""既没有资料，也没有常识，有的只是作为建筑师对于地形勘察的直觉。"从此以后，渡边丰和开始以古代的想象、想象的古代而生活。

渡边丰和着迷于"地图游戏"，着迷于在地图上画线，表示出各种各样的几何学关系。契机是一本名为《为人所知的古代——行走于神秘的北纬34度32分》(水谷庆一，日本放送出版协会，1980年)的书。书中认为，北纬34度32分排列着有关太阳的地名和遗迹，这或许就是古代日本天文观测的主轴线。将大和三山中以亩旁山为顶点的等腰三角形消掉，亩旁山与三轮山顶的交线正好变为中线，而且此线与冬至日的太阳运行路线一致。此项论点借由《绳文梦通信——绳文人有着令人吃惊的超文明》(德间书店，1986年/增补改订《古代日本的共济会》，学研出版社，2010年)一书风靡日本，又由《发光的亚特兰蒂斯》扩展到全世界。这就是所谓的"地球几何学"。

毫无疑问，古代的建筑、城市大多在很大程度上都是依据天文学及宇宙观而规划设计。我对此抱有很大兴趣。我之所以静下心倾听渡边丰和的学说，并且有时发表相反的观点，是因为我对他的学说在心底产生了某种共鸣。

渡边丰和始终注重的材料是石材，是石造建筑、巨石文化。其对于古代史无法形容的执着，表现在他设立岩仓(磐座)学会(2005年)，并且担任会长至今这件事上。

其造型的源头，究其核心无疑在于"想象的古代"。

地球几何学

有人说大和中沉睡着"太阳之都"，还有人说"邪马台国在阿苏"。渡边丰和虽然住在大和，却不是"大和"主义者。他对他的故乡"东北"有着远甚于此的执念。因此，他写出九州论也不足为奇。实际上，可将邪马台国＝阿苏理解为从"大和三山"的出发点可以看出的、地球上各个地点，特别是古代遗迹、圣地等以一定的几何学秩序排列的"地球几何学"的应用。

或者,可将刺激渡边丰和大脑并使他持续疼痛的事物想成"谜"。金字塔、巨石阵、亚特兰蒂斯……地球上确实存在许多"谜",有不少不该存在于那里的"事物"(难以理解它们是如何建成的＝OPAC "out of place artifacts")。作为大家都有兴趣的主题,渡边选择了日本古代史上最大的谜团"邪马台国论战"。

但是,《邪马台国在阿苏》不仅仅是"地球几何学"的应用。他还仔细阅读了《魏志倭人传》。也就是说,并不只是里程或者方位的问题,而是将对中国古代史中插入的"倭人"始祖的关注放在更广阔的世界,放大出来展示给我们。"倭人知道南美加拉帕戈斯群岛的存在"并不一定是无稽之谈。关于蒙古人种在地球上的扩散过程,也存在着很多未解之谜。

渡边丰和写过《卡帕科学》这一面向大众的作品,这绝不是"应时作品"。他在此强调的是"理性冒险"的重要性及"地球外视点"。"地球外视点"是"地球几何学"成立的前提。言简意赅地说,就是不拘泥于既有的方式。在此我想说的,是"地球外视点"对于建筑来说也颇为重要。

绳文文明

《邪马台国在阿苏》之前出版的先驱著作《绳文梦通信》中写道,据说在绳文时代整个日本列岛就覆盖了太阳光通信网络,受到阳光的刺激,各地的巫师们相互在梦境中对话,以"地球几何学"为基准的地方有绳文文明的遗迹。

绳文,抑或弥生,存在着围绕日本建筑文化的始祖及建筑中"日本性的事物"的争论。渡边丰和显然是"绳文"一派,他甚至还说"生于秋田县的我是绳文人的后裔"("后记",《和风起源》)。实际上,他的父亲曾说他是安倍贞任的子孙。我彻底地调查了关于平安中期,在朝廷经历了十多年顽强抗争而灭亡的陆奥安倍氏。以《东日流外三郡志》为素材所作的《北洋传承默示录》,也显示了他对于绳文根据地的日本东北部及陆奥安倍氏的关注。

此外,极大激发了渡边丰和想象力的是"三内丸山遗迹"的发现(1994年7月)。围绕"三内丸山遗迹",他的思维跳跃到了墨西哥的特奥帝瓦坎古城(Teotihuacán)。绳文的火焰土器与玛雅艺术的相似也为大众所讨论。通过白令海峡或者太平洋的交流在考古学、语言学、人类学、农学、遗传学等领域进行着各种各样的讨论。[4] 但是,根据推测"三内丸山遗迹"人口仅有五百左右,将此看作"城市遗迹"在当今来说只是少数意见。我认为日本没有自生的城市,都是外来形成的。然而,在此期间,接连不断地发现大型建筑物遗址,日本列岛最初就有巨型建筑的传统毋庸置疑。此外,越来越多的事实足以证明,绳文时代的日本是一个非常富饶的国度。

在此,渡边丰和感兴趣的应是巨型木结构建筑。为何这么说?因为木结构建筑的结构是非常讲究的,也非常不可思议。如后文所述,他指出中世建筑中的"回归森林"(绳文的复活),就是"和风起源"。也就是说,像武野绍区般历经艰辛,才终于创造出闻名于世的"茶室"。他为没有论及"和风"一事而感到意外,虽然它正逐渐被时代淘汰,但一想到木造建筑一贯的细腻之美,便着实感到这种气质应是与生俱来。

然而另一方面,渡边丰和曾经从事过"出云大社"的遗迹复原项目。众所周知,如福山敏男所说,这是一个大项目,但由于三棵绑着金环的巨树的发现，使其变得更加迷雾重重。他还参与过几次其他的遗迹复原项目，我期待看到渡边丰和发挥出超越"出云大社"巨型木结构建筑的想象力。

异境魔界

渡边丰和早期的主要著作之一是《文艺的建筑》（晶文社，1983年）。日本建筑史的派系发展也是渡边丰和著作集的一根主线。

一边批判从西欧来到日本的建筑师概念根基的薄弱，及日本栋梁木工体系的扭曲，一边深思着如何发挥那些外来建筑师的作用，认为创造异境（"空间的诗学"）才是建筑师的使命。

渡边丰和一贯坚持创造"异境"。接触了其中的一些之后（二　异境片段收集录），我又去了解了平泉（三　梦幻平泉）、"四　舞台与剧场"、金阁寺东照宫（五　黄金梦），以及密教寺院（六　弘法大师派系）、"七　巡礼的空间""八　移动之家移动剧场"，每一个都是渡边丰和所关注的日本建筑派系。我认为这影响了毛纲莫太的"异形的建筑"系列（《建筑》，1972年）、"社寺佛阁"系列（《室内》，1978年）。之后，我也发表了《住宅之梦与梦之住宅——亚洲住宅论》（朝日选书，1997年），内容与毛纲所作的《不知作者的设计》（TOTO出版，1993年）之中涉及的建筑有重合之处。我已经察觉自己的建筑设计风格受到了这两人很大的影响。

《从天台眺望江户》（原书房，1991年）、《异人·秀吉》（新泉社，1996年）、《和风起源》（学艺出版社，2007年）都属于有关日本建筑史、城市史的派系。

《异人·秀吉》是以在《群居》杂志上连载了四年的原稿为模板的出版

物。我回忆起当时一边思考着以住宅为主要思想的《群居》中为什么出现秀吉，一边感受着作者想象力的所及之处。结束战国时代，开创近代日本的是织田信长、丰臣秀吉等世间少有的建筑师。固然他们关心的是他的城墙、城内的基础建设，但对他们进行专业论述的却是"异境魔界的主要人物"秀吉。

《和风起源》同样以《群居》的连载"向森林回归"为基础，还精心地添加了注释，采用了非常学术化的体裁，这让我感到有些惊讶。这本书成了一本引人深思的日本中世建筑史。据说他将此作为《文艺的建筑》一书的总结。建筑不是艺术，而是文艺，他反复提到其中坚力量是流浪的工匠们。关于"回归森林"，重源的"大佛（天竺）"也谈及了这一点。虽说是"和风起源"，但我认为渡边丰和与"重源风格"更加相称。

因奇妙之缘，2008年我与安土城揥见寺的住持加藤耕文法师相识。了解到大师想要重建揥见寺的愿望，我协助他举办了设计招标。理所当然地请渡边丰和先生去全权负责评审。评审过程中，渡边还是保持着一贯的活跃风格。

曼陀罗都市

渡边丰和的建筑论通常包含着城市论。他时常意识到城市与建筑的密切关系。最初独立时期，他接手了大量的城市再开发项目，但本身在描绘建筑背景时，建筑与城市的关系理所当然地成了主题。

无论是"沉睡于大和的太阳之都"、还是"亚特兰蒂斯"，都是对古代的关注，同时也是对城市及建筑的关注。对秀吉的关注自然会涉及京都城下町化（御土居的建设）等城市规划。

关于城市规划项目，有发表在京都造形大学与京都大学布野研究室的合作作品"百年后的奈良·佛都计划"（1994年）、作为阪神淡路大地震复兴计划发表的"神户2100规划"（1996年）及"再生平安京""北九州规划"（同于1998年）等项目。《2100年庭园曼陀罗都市》（建筑资料研究社，2004年）归纳整理了城市计划论。

E. 霍华德、弗兰克·劳埃德·赖特、沃尔特·格罗皮乌斯、密斯·凡·德·罗、勒·柯布西耶等对近代城市规划进行批判的同时呈现的"曼陀罗都市"，以卡尔·荣格的"原型"为城市构造基础，在历史上属于"曼陀罗都市"派系。[5]这使人想起由东西南北方向来覆盖地球的"地球几何学"主张，它并不只是套用了曼陀罗的空间形式。博得好评的是"地形不变原则""地形特性强调"，具体的提案为支持地区独立和自给体制的交通体系、能源供给系统、居住空间模型等。

波斯或言之伊斯兰

围绕着渡边丰和的建筑设计意象的源泉，我阅读了他的著作，发现另一个应当涉及的是"波斯"，或言之"伊斯兰"。

渡边将莫卧儿帝国的首都"沙贾汉纳巴德"[Shahjahanabad，即旧德里（Old Delhi）]作为"曼陀罗都市"论的一个模型，即"伊斯法罕"。[6]另外，此前他曾发表言论："我更加确信飞鸟曾是一座像波斯一样繁荣的城市。"并且写道："去伊斯兰地区旅行的机会很多，我尤其着迷于伊朗。"（"结语"，《扶桑国王苏我一族的真实》）

他关于伊斯兰建筑的造诣也颇深。移居京都后，我离渡边先生所在的大学很近，我们还一同在京都造形大学的研究生学院授课，长达十余年。前期我们每周都会见面。我以刚刚出版的《活着的住宅——东南亚建筑人类学》（罗克珊娜·沃特森、布野修司校译，学艺出版社，1997

年)和《亚洲城市建筑史》(布野修司＋亚洲城市建筑研究会，昭和堂，2003年)两本书为教材来授课。此外，我还阅读了《匠明》《营造法式》等此类书籍，而渡边丰和反复阅读的是亨利·斯蒂勒所著的《伊斯兰的建筑文化》(神谷武夫译，原书房，1987年)一书。毫无疑问，渡边丰和被伊斯兰建筑的几何学深深吸引。可以说，渡边作品中所展现出的浮华形态，所依据的精密的几何学皆与他的嗜好有关。

渡边丰和著作的共同点，是其欧亚大陆的视点。《扶桑国王苏我一族的真实》以"飞鸟波斯教传来秘史"为副标题也是如此。他将波斯(伊朗)与日本的交流通过各种解读介绍给我们。关于波斯(拜火)教的研究有松本清张所著的《火之路》(文艺春秋，1975年)，以及伊藤义教的《波斯文化渡来考——从丝绸之路到飞鸟》(岩波书店，1980年)。关于古代波斯与日本的关系，在学术界也引发了各种各样的争论。在亚欧先于苏我氏去探寻安倍氏始祖的是《安倍晴明"占卜的秘密"》一书，另外探索秦氏的是《奇异的王织田信长》。

三　建筑宇宙论的遗传因子　渡边丰和的建筑理论

被称为"和平时代的野武士们"的日本后现代潮流，至少应被视为摸索"后"现代的潮流，而不是"非现代"。此外，表面的"非现代"，也就是装饰和历史性样式的表面性，或只主张部分复活的"后现代历史主义"很快遭到废止，丧失了气势。

如开头部分提及，在日本最投入钻研后现代主义建筑理论的是渡边丰和。与同以引用论、手法论、修辞论为基础的矶崎新的智慧性后现代建筑论相比，渡边丰和的理论也许有些粗糙，但却充满说服力与吸引力。矶崎新在"后现代主义建筑"批判浪潮迭起的情况下，最终不得不谈及"大文字的建筑"。而渡边的基本依据是"建筑"原本的状态，即建筑的起源。

《污蔑建筑，就会灭绝》

以"后现代主义十五年史"为副标题的此书是唯一一本建筑评论书著，其对于根源的想法如题所述。对于渡边丰和来说，所谓建筑的后现代，是指回到建筑的根源。

此书包含以对丹下健三提出的五个问题的"后现代主义中有出路"（《新建筑》，1983 年 12 月号）为后现代主义的主题，列出了"进入流行文化的复兴""从构造到形态的转移""城市现象的形象化""从容器到象征""经济胜于技术""宇宙论胜于经济"等主题。历经二十五年，这本书如今仍旧具有说服力。

"正如建筑是宇宙的反光镜一样，后现代建筑也必须成为宇宙的反光镜。"

大自然本身是上天赐予的礼物，他一边批判并警告胡乱改造环境理论的生态学，一边提出"无论是地球、生物、人类，还是所有的存在，将它们都视为被宇宙的自然规律统一着的宇宙论"非常必要，"后现代主义所追求的，是超越只有理性这一优点的现代主义，释放感性，创造具有生命本原悦动的建筑空间。"他在出发点就已预料到了未来的景象。

建筑与语言

渡边丰和写道："反复谈论，谈论到底，仍然不得不谈论的是如针孔一样的'有什么'中我们本应下的赌注。"（"序"，《地底建筑论》）。渡边丰和建筑理论的出发点，是探究建筑的意义以及建筑与语言的关系。

处女论集私人版《现代建筑形式论》[7]（1971年），实在是幼稚且不通顺，但其初衷却是鲜明的，即那时的建筑评论仅停留在印象评论的层面，这并不利于建筑创作。

进行建筑评论需阐明建筑的意义，需明确说明"语言"及其对象建筑空间的相关性。另一方面，近代功能主义运动的构成理论欠缺空间的意义。作为建筑空间的意义，提出其样式及形式的问题，对于刚刚独立的渡边丰和来说是迫切的课题。

他的依据是语言论、意义论、符号论。20世纪70年代初期，对于建筑符号学的关注普遍提高。稍有冒昧的，是我在随后发表的研究生论文《建筑规划的诸问题》（1974年）中设置了"环境分析的方法"一章，同样也参考了符号论（符号学）。当然，渡边丰和没有原原本本地借用符号论，而是同时运用了对语言的关注、意义论、符号论，并在之后还整理归纳为学位申请论文（《作为符号的建筑》，昭和堂，1998年；《空间的深层——作为故事的建筑》，学艺出版社，1998年）。

开头部分列出的是原广司的"有孔体理论"和"浮游的思想"。最后部分也以原广司和矶崎新作为收尾。我曾多次提到,当时原广司的《建筑的可能性》具有压倒性的影响力。在我看来,年长两岁的原广司、年长七岁的矶崎新、同时代的建筑师及勒·柯布西耶、阿尔瓦·阿尔托、詹姆斯·斯特林都有着完全相同的境遇。他们曾视彼此为竞争对手。

让我印象深刻的,是具体提到的建筑作品全部选自西方建筑史。此外,则是米马尔·希南[8]的四座清真寺竟占据了三页的版面。除了现代建筑,完全没有涉及日本建筑。

空间易容术

阅读《和风起源》,我回忆起他曾写过这样一段话:"如果我是研究者的话,将会通过比较日语的构造与传统日本建筑的构造,一生致力于发掘日本建筑尚未被发现的深刻意义。"("序",《地底建筑论》),"然而我是一个创造者。"这就是渡边丰和。

其最初的作品源自"勒·柯布西耶+阿尔托"。我的印象中有一段小插曲,在《SD》杂志中加入文章时,总编平良敬一道:"既然是建筑师,就应该明确题目。"果然文章先于作品。题为"空间易容术""信仰中强烈的讽刺""模仿与剽窃的推荐"。

解释建筑意义之事为什么与"空间易容术"相关联呢?

一看"勒·柯布西耶+阿尔托"的规则[9](图6、图7、图8),就会立刻明白,这不是谁都能做成的,因此作为设计练习的课题最好不过。

使空间与空间结合,从而产生新的空间这一方法简单易懂。此方法与矶崎新的引用论、手法论、修辞论、折中论(radical·eclecticism)不同,依据是渡边丰和的《现代建筑样式论》中所筹划的"为完成空间变容术

图6. 肖特汉别墅（Shodhan Villa）模型，勒·柯布西耶

图7. 文化之家模型，阿尔瓦·阿尔托

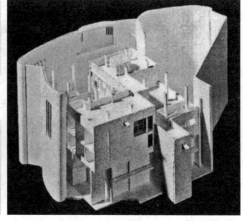

图8. 肖特汉别墅＋文化之家模型

的建筑形式的基础性阶段摸索"（《建筑的魔术——从评论到技术方法》角川书店，2000年，第10页）。

"作为超一流建筑师的作品合体，不是一般的作品能够做到的。并且应该呈现出与原本建筑完全不同的形式，但却仍是原本的建筑。"

有趣的比喻是，典型的蒙古裔日本人与白种人所生的混血儿，既与母亲相似，也与父亲相似，但却是与父母完全不同的人种。这与历史的读法相通。

"柯布西耶＋阿尔托"之后，实现的作品是"1·1/2"。是万神殿的"本歌取"与"脱胎换骨"。

学位申请论文

渡边丰和凭借早期的杰作"藤田邸"（神殿住宅地球庵，1987年），及获得日本建筑学会奖的"龙神村民体育馆"（1987年），确立了他作为建筑师的地位，并在20世纪90年代，除了创作了代表作"秋田市体育馆"（1994年）、"加茂町文化厅"（1994年）等设计作品之外，还一直坚持撰写关于古代史的著作，期间还归纳了他的建筑理论。1991年，渡边被指名当选为"秋田市体育馆"设计师，开始了长达五年一边设计一边写作的时光。

秋田市体育馆设计招标之时，由于发生了当选者无视被选的事情，于是当局发起了向建筑界寻求广泛支援的运动。回想起来，我自己也曾提供过帮助。竣工之际，他说道"我对此建筑（秋田市体育馆）的形态与当下最流行的设计方向有着很大偏离这一点抱有莫名的自信，或者说确信。"究其原因，"因为我的设计手法显然是正统的后现代主义。"

"后现代主义不仅没有终结，21世纪前叶才正是展现其真正价值的时代。终结的只是迈克尔·格雷夫斯式的'表面后现代主义'，思想层面的后现代主义才刚刚开始。我应该写后现代主义建筑理论的书，却忽略了为此付出的努力。"这种想法敦促着渡边丰和。

他将每页400字的原稿，超过1000页的论文《作为符号的建筑》作为学位申请论文提交东京大学，并被授予了博士（工学）学位（1998年）。主要审查员是藤森照信。无论对于授予的一方还是提出的一方，都可以说是一个壮举。

将学位申请论文前半部分的原理归纳起来就是《作为符号的建筑》，而将后半部分的应用篇整理出来则是《空间的深层》。

作为故事的建筑

开头部分列举出蓝色清真寺及圣索菲亚教堂的论文，是围绕建筑与语言展开的。即基本上与《现代建筑样式论》相同，导入了信号物（signifier）与符号（signified）、语言与假释等语言学概念，依据更加精准且丰富的事例进行展开。

例如，将罗马式建筑与哥特式建筑作为语言与假设的反对概念，进行浅显易懂的说明。另外，围绕建筑中的信号物与符号的意义，性能、平面、构造、材料等建筑技术与形态、设计图的关系也能够被简单地阐明。应引起关注的，是从语言到设计图的转换。关于"对马丰玉町文化之乡"的具体设计程序也得以被阐明。

作为一种样式形成的机制，建筑中的意义传递机制被组织起来，从哥特式到巴洛克式的样式转变被图式化。此外，他在这方面还使用了与希南的样式形成过程类似的处理手法。

沿袭以上原理，展开了本论（应用论），首先提出的问题是"世界的划分"。人类根据语言来认识世界（划分），根据建筑来划分世界。首先考查的是空间的各种差异化。

建筑被建造的场所及被带入的环境，与（外部）世界截然不同，并且，从世界的角度来看，场所不同、建筑布局便也不同。将其布局的意义分为地形的划分、地理的划分、风景的划分三部分进行图式化。渡边丰和的建筑作品，往往给人留下独立、完整的印象，但其提到的三佛寺投入堂、法隆寺、严岛神社、日光东照宫、泰姬陵、阿尔罕布拉宫……全部都是遗址建筑。

接着，作为本论的核心，他论述了统一的单位及体系。言及符号论，则是统辞论的水平。在"样式与准则"的问题范畴中，再次提出了罗马式和哥特式。由于建筑是由各种各样的要素组成，故根据各要素间的关系而形成的样式是流畅的。特别是，他一边以罗兰·巴特的《故事的构造分析》作为样本，同时将建筑作为故事去对待。然而，我也曾思考过，将由文字组成的二维世界构造应用于三维的空间并非易事。

空间的深层

渡边丰和参考了电影和戏剧的叙事方式并自然而然将其作为论文的表达方式。在追求形式之前，期待空间里出现故事场景的是建筑师。电影是二维平面＋时间的表现，声音与光线也是重要的元素。重叠摄影或蒙太奇等手法也是建筑表现手法的一种。

但是，仔细分析渡边丰和的上述建筑理论，坦白地说，存在着格格不入之处。在此稍有冒犯，虽然不至于说过分苛责，但也有些过分地上纲上线。

于是，他准备了最终章"符号深化的机制"。空间的经验无法简单地语言化，或者说语言的构造无法还原空间。自称"裁缝"的渡边丰和在此论述符号的躯体化，即回顾符号的现象学。此外，他还主张"样式的解体"。

然而另一方面，他最关注的对象是原型空间。人类大脑的无意识层面，或者埋藏在记忆中的荣格原型，或者如加斯东·巴什拉（Gaston Bachelard）所说的原风景的原型空间，都被渡边丰和与毛纲毅旷一同看作前提条件。

有这样的说法："如果假设存在空间原型的话，那么森林或海洋这样的具有触感的具象空间，与白雪皑皑的山峰的纯视觉性（抽象）空间有着很大的区别。"但渡边丰和最关心的方面恐怕是卡尔·荣格的曼陀罗几何学形态，甚至还有柏拉图立体式的抽象空间。列举了作为具体建筑典型的四种类型"万神殿、帕提农神庙、金字塔及密斯·凡·德·罗的诸作品（湖滨大道公寓、伊利诺伊理工学院……）"这样粗略的概要非常纯粹，也许会让人产生疑问，但追求原型、典型、样式之间的关系是其建筑理论的核心。

渡边作品的关键是以下观点：

为了意义的多元化，空间采用嵌套结构。空间意义在多元化的同时变得复杂。由反向解体套匣构造显现出建筑的原型。

渡边丰和最想实现的作品是平面、立面完全是同一形状的三重套匣构造的建筑。据说他希望创造出超越毛纲毅旷"反住器"的作品。

建筑的魔术

关于"1·1/2"之后的作品，通过阅读《建筑的魔术——由批判到技法》（2000 年）一书便可了解。此书为大开本，具有渡边丰和作品集的韵味。只是，它没有对上述的建筑理论作出有条理的解说。书中大胆地谈到与同时代建筑师作品之间存在的差距等问题，可读性颇高。另外，此书还作为建筑学科学生的教科书，收录了学生的设计练习作品等，极具趣味性。书中更包含了尚未实现的方案，是一部充满创作欲的力作。

追溯渡边丰和的作品轨迹，他已经有十五年以上没有实际作品。虽说他已经到了该退休的年纪，但建筑师只要还活着，就仍是建筑师。经常能从建筑师口中听到的一句话是"看看弗兰克·劳埃德·赖特！""流水别墅"是他六十岁之后的作品。

渡边丰和设计实际作品的机会减少是由于整个时代潮流的变迁，正所谓"真正的后现代主义"。后"后现代主义"的时代下成为主流的是新·现代主义之潮流。

渡边说："应该说悼念 1920 年的俄罗斯先锋派艺术的挫折是解构主

倒还说得过去,显然 1950 年不过是改正当时世界流行洗练的新·现代主义,它在我的眼中是该被唾弃的流行现象。总的来说,这只不过是美化停滞集团的自我欺骗。而且在世界范围中都有着令人恐惧的颓废与无力。"

"历史叙述持续隐藏于我们所看不见之处,能够照亮潜藏在黑暗深渊中事物的工作非常有趣。我作为建筑师怀着完全相同的心境设计并实现建筑作品。想设计出世界上空前的类型,并实现它。"

我想渡边丰和的这种欲望不但不会衰减,他的"基因"还会影响到年轻的一代。

第6章 注释与文献

*1

1980年，就任京都艺术短期大学的客座教授。1981至1990年，就任京都艺术短期大学的教授。1991至2007年，就任京都造形艺术大学教授。

*2

"有一本叫《建筑评论》的小小的书，它的发行量约为30000册。我想在东京也曾经流行过一阵儿……《建筑评论》以关西地区的建筑师为主角，我一次大约发表了20页的文章……它是以季刊形式一直连载到了第11期，持续了大约四年。那是一本相当有趣的杂志。"（《地底建筑论》，第161页）

*3

《未开发的世纪末》（第1期，创刊于1992年12月），《死城》（第2期，1993年12月），《亚洲梦幻》（第3期，1995年3月），《毁灭的现象学》（第4期，1996年2月），《漂移的风景（现代建筑批判）》（第5期，1997年3月）。

*4

彼得·贝尔伍德（Petet Bellwood），《农耕起源的人类史》（*First Farmers: the Origins of Agricultural Societies*，长田俊树＋佐藤洋一郎译，京都大学学术出版社，2008年），《太平洋——东南亚和大洋洲的人类史》（*Man's Conquest of the Pacific: the Prehistory of Southeast Asia and Oceania*，植木武＋服部研二译，法政大学出版社，1989年）。

*5

参照《曼陀罗都市——印度教城市的空间观念及其转变》（京都大学学术出版社，2006）。

*6

虽然渡边区分了"伊斯兰金刚经"和"印度金刚经"，但我也在《莫卧儿城：伊斯兰城市的空间转型》（布野修司＋山根周，京都大学出版社，2008）中简要提及了伊斯兰城市和几何学。

*7

由"一、语义化的契机""二、建筑（形态）的符号性""三、形式化的过程""四、当代建筑语义学"这四个章节组成。

*8

米马尔·希南，1489–1588年。出生在安纳托利亚中部的开塞利。他被认为是奥斯曼帝国最伟大的建筑师，据说他一生中创作了近480件建筑作品。他完善了独特的奥斯曼建筑风格。

他是基督教徒的孩子，1512年左右在德夫希尔梅系统下被奥斯曼政府招募，皈依伊斯兰教并加入耶尼切里（军队）。1538年，苏莱曼一世（1520-1566年在位）期间被帝国建筑局长（Hassa Mimari Baş）提拔，在接下来的50年里，他连任了三个朝代的宫廷建筑师，直到穆拉特三世。他的作品包括谢夫扎德清真寺（伊斯坦布尔，1548年）、苏莱曼尼耶清真寺（伊斯坦布尔，1558年）、鲁斯特姆帕夏清真寺（伊斯坦布尔，1563年）。"布于切克梅杰桥"（布于切克梅杰，1567年），塞利米耶清真寺（埃迪尔内，1575年），"穆罕默德·帕夏·索科洛维奇桥"（维谢格拉德，1576年）等。

*9

可以列出七条规则，包括：（一）将柯布西耶的建筑内化为阿尔托的建筑，但原则上不改变柯布西耶的建筑风格、（二）平面图、（三）外墙，以及（四）尽量保留阿尔托的外墙等。

第 7 章

扎根在地球

象设计集团

一 恋慕空间 象设计集团的发展轨迹

象设计集团成立于1971年6月。创立成员有富田玲子、樋口裕康、大竹康市；推迟半年加入的，是有村桂子和重村力。由于富田［Tomita（T）］、樋口［Higuchi（H）］、大竹［Otake（O）］三人姓氏的首字母组成的THO与"象"（ZO）的日语发音相同，因此以"象"作为名称。几名早稻田大学大学院（吉阪研究室）的同学从U研究室毕业走向独立之时，再加上年轻的有村、重村两人，从此开始了他们自己的设计之路。

2009年6月14日，在重村先生的神户大学退任纪念会上，我与久未谋面的樋口裕康先生碰面。许久未见，以至于两人都已无法回忆起上一次见面是在何时。我勉强能想起的，是"悠悠故乡会馆"设计竞赛（指名设计竞赛，1994年）的公开听证会。当时我作为评委，象设计集团是参赛者之一。最近的一次见面也相隔了十五年之久。当时我与泥瓦匠久住章、象设计集团的现任代表町山一郎一起小酌，虽然时间很短，却令人难以忘怀。

1971年，我与重村先生相识。当时我去早稻田大学张贴"雏芥子"的活动传单，在吉坂研究室工作的重村先生接待了我。退任纪念会上，我们与藤森照信三人进行了一次面对面交谈。虽然只是一些关于过去的话题，但时间却完全不够。不可思议的缘分，是在"雏芥子"的马场学生自治会的会长选举中，有一个在狱中参选的候选人（枝松克己），此人曾与重村先生一起沿街贩卖山下洋辅的专辑（唱片《跳舞古事记》）。然而，我们相识之时，正值象设计集团刚刚起步，毫无名气。总之，到此为止一直提到"雏芥子"的事，从20世纪60年代末到70年代，它一直是一个"梁山好汉"组织。本书是将这样的时代作为整体而呈现的重要一环。

纪念"象设计集团"成立35周年的作品集为《恋慕空间（Love With Locus）——象设计集团的伊吕波歌留多》（工作社，2004年）。据说是由田中泯的舞蹈风格而命名，其实"恋慕空间"这一题目，怎么看都是"象"的风格。我着实被久未谋面的如淘气少年一般谈论着建筑的樋口先生所感动。他是从心底喜爱建筑。富田先生也谈到"建筑的喜悦"（《小建筑》，Misuzu书房，2007年，最终第8章）。不热爱建筑的建筑师不能称之为建筑师，这是理所当然的。

"Love With Locus"的"Locus"，意为现场、场所、位置、所在地、中心，复数形式是"loci"，语源是拉丁语的"local"，"Geniusloci"是"大地之神"。这也体现了"象"的风范。

象设计集团成立后不久，便以"今归仁村中央公民馆"（1975年）获得了艺术选奖新人奖（美术部门，1977年），还凭借在冲绳从事的一系列城市规划活动获得城市规划学会石川奖（1977年）。此外，还荣获名护市市政府公开设计比赛的最优秀奖（1979年），以及日本建筑学会奖（1982年）。他们以华丽的姿态在建筑界崭露头角。

首先，让我们来回顾象设计集团的发展轨迹。

U 研究室

象设计集团的前身是U研究室（1963年–）。U研究室的前身是吉坂研究室[1]（1953–1963年），1961年之后，从早稻田大学搬迁到吉阪隆正的私人住地（新宿区百人町）的小屋内，1963年更名为U研究室。富田玲子于这一年加入研究室，第二年，大竹康市也加入了。樋口裕康从读研究生时开始在此打工，毕业的同时成为研究室的一员。对于 THO 的三人来说，在象设计集团成立之前的 25 岁到 40 岁以前这一时期，是他们学习、吸收作为建筑师的所有基因的不可替代的时期。U 研究室则为他们提供了一个平台。

东京大学建筑学科首位女性学生——富田玲子经丹下研究室转入 U 研究室的事情经过被详细记录在《小建筑》一书中。在东京大学的同级生中，有 1961 年与富田结婚、以标准化建材方式为人所知的林泰义，已经去世的剑持吟，以太阳能建筑（SOLARCHIS）而著名的井山武司，以及近泽可也和宫内康。

与延藤安弘一同被称为"街道建设传道士"的林泰义和宫内康是好朋友。建筑新闻界研究所（宫内嘉久）编辑的《建筑年鉴》（1969 年）的特辑《首先将想象力当成怨恨的凶器》便由这两人所作。此外，他们还曾在《店铺与建筑》杂志上以"雨之路熏"这一共同笔名连载发表了笔风犀利的专栏文章。宫内康在 1970 年被委托设计剧团情景剧场（唐十郎）的排练场"乞食城"（山中湖），与聚在"建筑师'70 行动委员会"的年轻同事们进行了自主建设。在这些年轻的同事之中，有有村桂子和重村力二人。我通过宫内先生、林先生、重村先生介绍，一直活跃在"象"的周围。

妖精的选择

宫内康在"象赞歌——如何使集团设计成为可能"（《建筑文化》1978 年 5 月号）一文中如此写道："'象'之中有曾经关系非常亲近的朋友……'象'里还有曾经与我是同级生的一位女士。她……是像从精灵的世界里逃出来的妖精一样出色的人。"

富田玲子在参加丹下研究室的"代代木国立室内综合竞技场"设计的同时，还翻译着建筑学生的必读书——凯文·林奇的《城市意象》。她的研究生论文是"空间符号论"。实际上，她虽已决定加入吉武研究室[2]，却最终因为想从事设计工作而转到了丹下研究室。当时的丹下研究室，有神谷宏治、矶崎新、黑川纪章等杰出建筑师。

然而，富田在研究生课程结束后选择了吉阪隆正。在U研究室接受了其实际的导师——大竹十一的入门教导。《小建筑》一书，清晰地回顾了丹下研究室与吉阪研究室的对立性差异。丹下研究室的设计，最后是属于丹下健三的作品。而与此相反的吉阪研究室作品，无论是多么微小的项目，参与者也能够说"这是我做的"。此外，吉阪研究室的理念是"构造遵从空间，内外同一密度，立面图草图少，黏土模型多，大量绘制原尺寸，重视触觉，与照片相比注重实物，制图版小，作品的连接性弱。"

冲绳

象设计集团的发源地是冲绳。继"冲绳儿童王国总体规划"（1971年）之后，"波照间碑""冲绳儿童王国儿童博物馆""恩纳村基本构想"（同于1972年）、"冲绳儿童王国喷泉""名护市综合规划基本构想"（同于1973年）、"名护市工艺村基本规划""多野岳'山之冠'规划""今归仁村综合规划基本构想"（同于1974年）、"今归仁村中央公民馆""名护市综合公园（21世纪之森）基本规划""今归仁村第一次产业振兴规划"（同于1975年）、"今归仁村第一次产业基本规划""石川市综合规划基本构想及土地利用规划""那霸新天地市场规划"（同于1976年）、"今归仁村生活基本规划"（1977年）、"榕树住宅之家""名护市购物公园规划"（同于 1978 年）等项目的初期设计、规划，都集中在冲绳。

1973 年爆发了石油危机。我想当时他们的连续获奖正处在由经济快速增长向节能社会、由重视数量向注重质量的社会转型的背景之下。从东京奥林匹克（1964 年）到大阪世博会 EXPO'70，活跃的日本建筑界陷入黑暗的状况之中，"象"在冲绳的表现则十分具有代表性。

我想起了为采访名护市政府（图 1）的设计竞赛而首次到访冲绳时的情形（"独立地区，设计比赛现在……"，《建筑文化》1979 年 5 月号）。这是继"京都国际会场""箱根国际会场"以来时隔已久的公开设计竞赛。虽有谣言说是因为"象"与冲绳的深厚关系，竞赛是一场内定结果的比赛，但"象"的获胜毋庸置疑。他们的方案比其他任何方案都更贴近冲绳的风土人情。

挖掘地区空间的历史性骨骼及支撑它的建筑语言，与地方居民一同建造空间的方法被迅速视为日本建筑的新方向。如今，这一点已得到更加明显的体现。

足球

象设计集团的基础是集团性的想象力。富田玲子所说的"协作设计"，显然与战后各种各样设计集团追求并达到的集团设计、协作设计（组织设计）的定位不同。他们的目标是以独立的个人为前提，协同作业，并讨论之后"共有的相同准则"。最初成立时原本有独立的想法，并不是以组织集团设计为前提。以现在的话来说就是通力合作。他们当初也曾与移动工作室（Atelier Mobile）的丸山欣也合作，拓展了在建筑设计界的人脉。随后不久，他们以"动物园组"为名，开始了与"海豚设计集团""熊工作室""鳄工作室"等越来越多的团队的协作。构思并实施如

图 1. 名护市政府，象设计集团＋移动工作室（Atelier Mobile），1981 年

此鲜明集团战略、网络战略的设计集团是独一无二的。从这个意义上讲，象设计集团可以说是战后最独特的设计集团。虽然有些口出狂言的意思，但对住宅有着同样目标与方向的是 HPU（房地产规划联盟）的设想，以及地域住宅工房的网络设想（大野胜彦）。

为了区别于大竹十一而被称为大竹 Junior 的康市，在东北学院高中时期参加了校际比赛的田径和足球项目，他既是一名运动员又率领着作为一支足球队的"象"。大竹康市在1983年的足球比赛中，由于心脏病发作而突然去世。象设计集团至今还保留着"十胜球队"，继续着这项运动。

"象"的组织论、集团论之中有足球的理念。即建筑与足球的共通点，是它们都是个别的想象力及创造力集合的提升。2002年，成立了被称为A-Cup的以建筑关系业者为中心的足球联盟，每年举行足球大会，前文（第5章）中提及过大会经理人是马场正尊。在比赛前夜的动员大会上，我听到了不知是关于足球还是建筑的争论，但有不少让人联想起足球与建筑的共通性。首先，喜欢足球的建筑师不少。见到马场正尊后，便激励了曾做过参加世界杯之类白日梦的足球少年的我。从2007年起，我开始率领滋贺县立大学足球队参加 A-Cup 比赛。身体得到运动比什么都好，但我也期待能与宫本佳明、中村勇大、小泉雅生、五十岚太郎、塚本由晴、贝岛桃代等人相见。2008年、2009年连续两年获得"最佳老球员"（BOP，Best Old Player）奖。仅是参与便足矣。

鱼状住宅

富田玲子没有参与冲绳的相关工作。由于要抚养两个孩子，她不能长时间离开东京。在从事了"mumu"（袖套）及"zozo"（披风）的设计工作之后,她便专心投入到"橡木桶住宅"(Domo Barera,1972年)、"花草住宅"(Domo Arabeska,1973年)、"鱼状住宅"(Domo Seracant,1974年)、"鳞状住宅"(Domo Skuvama,1976年)、"船曳·岸田住宅"(1977年)等东京附近的住宅作品的设计中。

颇具趣味的是大竹康市曾说道:"我讨厌为了侍奉特定的某个人而做建筑设计!"所以他从没有参与过住宅设计。

初期住宅作品的代表是"鱼状住宅"(图2),房主是魔术研究师和做琴的师傅,负责净化槽和温水床取暖的山越邦彦为其命名。由于极度特殊的形态,作品具有"象的风格",但每个住宅作品有各自不同的方向。可以说"作品无连续性"是"象"的特征。关于住宅作品的情况,我们能看到其直接的表现,个体与个体的直接碰撞。然而,有人说将"空棘鱼"的形状做成平面的"鱼状住宅"作品,是学生时代设计制图课上"钢琴老师之家"大型钢琴形状方案的照搬(《小建筑》,第167页),或是根据"古代罗马的面包店墓碑"产生的灵感,而设计的"起爆空间"[3],也颇具与林泰义等人协作设计的富田玲子的风格。"从精灵世界逃出来

图2. 鱼状住宅,象设计集团,1974年

的妖精"里有"玩笑"的成分。也许如何定位"象"的住宅作品群本身,便成为一个主题。

搬迁魔

以麦町的公寓(1971-1972年)作为事务所办公地点而成立的象设计集团,先后搬迁至早稻田的两层小屋(1972-1977年)、歌舞伎町原预备校校舍(1977-1979年)、中落合的两层民家(1979-1982年)、高元寺的杂居大楼(1982-1983年),以及东中野的独门独院(1983-1990年)。

冲绳之后,巩固"象"在建筑界地位的,是中落合时代埼玉县宫代町的"进修馆"(1980年)及"笠原小学"(1982年)的设计。他们与提出要建造"世界任何地方都没有的建筑"的齐藤甲马町长(1900-1982年)相遇,在建设市政府与小学的同时,开始了"新村"的建设。

与残留着浓厚地域传统色彩的冲绳相比,宫代只不过是江户时代中期进行过新田开发的地区。而且它位于首都圈,是不断被城市浪潮波及的地方。在此,"象"如同在冲绳一样,充分展示了此地区改造的可能性。

我与富田女士、樋口先生初次会面于"中落合时代"。通过石山修武的引荐,我还结识了《群居》的渡边丰和与大野胜彦。林泰义、富田玲子夫妇二人购买了大野胜彦的"积水住宅M1"的21单元,他们之间也有着不解之缘。当时我们喝得十分尽兴,随后便发生了不愉快。恐怕是嫉妒"象"团队成员们的良好关系,渡边丰和突然叫道:"'象'是拟民主主义。反正我是独裁的法西斯主义。"等莫名其妙的话,并当场掀翻了桌子,将酒泼洒到了富田女士小山羊皮的短裙上。之后,我还被林先生大声痛斥了一顿。

中国台湾

接着，下一个大型举动开始于1986年。通过曾在吉阪研究室学习的郭中端，"象"接到了中国台湾宜兰的项目委托——全长跨越12千米的"冬山河亲水公园"规划（1987-1993年）。随着这一大型风貌工程的开展，"象"设立了中国台湾事务所（1988年）。接着，在与台湾特别是宜兰关系的逐渐加深之中，"宜兰县县政府"（1997年）、"宜兰县政府中心·中央公园"（1999年）、"宜兰县会场"（2001年）、"宜兰县史馆"陆续竣工。

象设计集团与中国台湾的相关合作开始之前，整理发表的作品集《"现代建筑师"象设计集团》（鹿岛出版会，1987年）一书以"象的宇宙——围绕规模的十五段旅程"为题，在开头部分从"宇宙"（10^9米）、"地球"（10^8米）到50厘米的狮像、10厘米的"妈妈椅"，以冲绳为中心，逐渐缩小地展示给我们。能看到尺度10^7米（10000千米）的是"东南亚"。在此，黑潮世界的发现，或是长叶阔叶林地带的发现是由提出使近代日本相对化的地井昭夫发表的"发现的方法"这一小篇文章所引出的，但我认为以冲绳为出发点，向中国台湾发展是宏大的战略目标。开始往返于东南亚的我，对此有着非常强烈的愿望。

十胜的废校

当在中国台湾的工作正规化之时，象设计集团将工作据点转移到了北海道（1990年）。我至今也不知其原因。

当时正处于泡沫经济巅峰时期，为了确保大范围的工作空间及开露天派对的庭园，需要天价保证金进行租赁。当"象"正在犹豫是否搬入市内的小楼房时，从十胜那儿传来了有很多废弃学校，并且租金十分便宜的消息。很显然，搬迁原因是价格便宜。但是，如果想要租废弃学校的话，北海道之外也有很多，但尽管如此，却还是选择了北海道。1990年，以镇练小学和然别小学为据点，深入北海道地区，"象"开始了城市街道的建设。

"象"就这样从冲绳到北海道，布下了一个能够触及日本列岛任何地区的阵势。

二 从现场（field）出发——象设计集团的七项原则

象设计集团的著作非常少。作为作品集编著而成的《"现代的建筑师"象设计集团》（鹿岛出版会，1987年）、《恋慕空间（Love With Locus）——象设计集团的伊吕波歌留多》（工作社，2004年）及可称为富田玲子自传的《小建筑》三本书几乎包含了他们的所有作品。象设计集团不是一支"媒体型建筑师"队伍。

此外，象设计集团还远离了仅有"语言"的理论、方法论、体系化。

建筑不是歪理！建筑不只是"语言"！

"不是将方法论搬到施工现场，而是去发现蕴含在现场的根源力量，将其收集起来。"（象的七项原则"自力建设"）这点非常重要。

确实是这样。

当然，在建筑设计上语言是不可或缺的。为了拓展其建筑思想，媒体也是必要的。但是也许可以说，THO成立时的成员们身上，这种媒体战略观念比较淡薄。反过来说，不重视这种媒体战略，象设计集团也会受到网络组织的支持吧。象设计集团的过人之处是他们的设计地域从冲绳到北海道，并一鼓作气成立了"动物园组"（Team zoo）这一组织网。象设计集团致力于将街道与建筑、地区改造与建筑等快速鲜明地展示给人们。

另一方面，应该说是媒体的问题。"象"转移到北海道（十胜、带广）之后，以地区为基础进行活动的建筑师的身影似乎从建筑新闻中消失了。虽然我曾多次听说重村先生称："我是'象'的发言人"，但象设计集团需要一些将它的方法更为广泛地推广和扩展的评论家、理论家及战略媒体。这也许与日本城市建设25年的倒退相关。但是可以说，象设计集团太过于超前。正式开始建筑师们重视城市建设与地区建筑改造，是在阪神淡路大地震（1995年）之后，而开始重视地球环境，是进入21世纪之后的事了。

动物园组这一鲜明的集团网络类型的传承是一个问题。这时，所需要的是包含了校外学习班和研修班等继续教育的部门。也许就是理论、方法、体系等。但是，建筑是只能在施工现场传达的东西。

小建筑

富田玲子提出了"小建筑"的概念。"小建筑"指的是在均质统一的空间上，向上堆积的超高层建筑，形成林立的城市，对在下面封闭的空间中像变形虫一样扩展开的城市持批判态度。然而，"小建筑"显然不是指"小"的建筑。基于人与植物的尺寸的人类尺度是极其重要的，而不仅是单纯的规模小。因此，"小建筑"，这个词有些许的欠缺。超高层建筑是最具效率性与经济性的建筑，在现实社会中占有绝对支配地位。"恋慕空间"这一说法是恰如其分的，但是此"空间"却包含了一般情况下所传达不到的焦虑。对此，"象"提出了七项原则。

生存方式的指导方针

所谓的七项原则，指的是"场所的表现""住宅是什么？学校是什么？道路是什么？""多样性""打动五官""与自然结合""暧昧不清""自力建设"。

为何提出这七项原则呢？其中包含非常具体的原则，也包含抽象的原则。也许诠释这七项原则的整体性或者体系没有意义。"暧昧不清指的是没有限定、模棱两可、含糊不清，是建筑还是庭院、街道，内部空间还是外部空间，建筑还是衣服，玩乐还是工作，现在、过去还是未来，完成还是未完成，是否有秩序，部分还是整体，认真还是玩笑，学生还是老师，是谁设计的……我们生活在这样一个暧昧的世界中。"无论怎么说，他们以"暧昧不清"为原则。

在经济理论所支配、管理得越来越向社会化发展的过程中，忍受如此的暧昧模糊并非易事。"象"的七项原则关系到我们的生存方式本身，但却不是每个人都能遵守。富田玲子的《小建筑》中包含了此七项原则，并生动地展示了这种生活方式。

场所的表现

第一条原则是"场所的表现"。

"我们所期望的，是建筑是其建造地区地域特征的体现。设计致力于表现地域或地区的固有性。在村庄考察其风土人情，学习那片土地所孕育出的风格特点。审视人们的生活，调查这片土地的历史。如此一来，我们能够发掘这片地域所具有的重要风格，并为设计提供依据。"

我们已把共有的方针在此简洁地阐述。问题是，所谓的地区固有性所指何物？象设计集团通过他们的作品，解答了这一问题。根据作品，我们能向象设计集团咨询"场所的表现"，同时探究超越地域性的意义，以及联结各个地区之间的事物。通过地域，或者说通过超越地域的"象的一贯风格"，恐怕会遭到拒绝。这是"暧昧不清"的原则，协作设计的原则，也是"多样性"原则的体现。

问题是，发掘出表现地方风土人情、历史及地域特点的关键点与机会的方法，即吉阪隆正所说的"发现的方法"。

制度与空间

接下来，"住宅是什么？学校是什么？道路是什么？"这一原则以疑问句的形式书写，令人颇感疑惑。但显然这完全是正统学派的原则。

"细致观察近邻社会、学校、家庭的基本生活状态，了解人们对于希望建设项目的根本要求，并以此作为出发点。有的时候，人们对于自己的欲求与希望并没有十分清晰的概念。在此情况下，与人们共同思考探究，提出新的生活方式提案，是'象'工作内容的重要组成部分。我们的目标，是创造出满足现今人们要求的空间，同时提供能扩展人们生活范围的新机会。"

后半部分与"场所的表现"相重复，在此省略。此项原则首先是以作为我们生活中心的住宅、学校、近邻社会为原点。此原则，无论是对大城市、地方小城市，还是偏远山区农村都是一个共有的指导方针。

打开象设计集团的主页，我们能看见"象的住宅""象的学校""象的福利设施"三类工作领域。

阅读如此原理浅显的文章，会不容置疑地想起"建筑规划学"。此外，如之前提到过的，还会想起象设计集团的创立者富田玲子曾短时期内效力于吉武泰水研究室，后来跳槽至丹下健三研究室的小插曲。"观察基本生活状态，知晓人们对于希望建设项目的根本要求"不仅是"建筑规划学"，还应该是所有建筑师的基本态度。然而，这样的研究也有不被接受的情况。此外我们无法否定的是，曾经在公共住宅、学校、医院、图书馆等设施＝制度（Institution）的空间体系中，承担了编制社会空间职责的是"建筑规划学"。

自力建设

作为具体的建设方法,七项原则的最后一项是"自力建设"。的确,无论是"名护市政府",还是"用贺人行道""冬山河亲水公园","象"都致力于让市民、住户等建筑的使用者直接参与建筑施工。十胜的"每每井"也由民众所造,或是召开用雪建造圆顶形建筑及露天浴池研究会,或是利用废弃材料进行自主建设(光幼儿园)。

克里斯托弗·亚历山大的"建筑师·建造者"论以及石山修武的"自主建造论"都与此有相通之处。"象"的基本观念是建筑的设计、施工有着密切关联,即"自力建设"的原则。但是,不可能所有的建筑都能够自力建设。也并非因为"自力建设"很重要,而不设计超高层建筑及大规模建设,只做"小建筑"。

"所谓的自力建设是指……自己生活的地区,用双手亲自去建造这一哲学。是超越近代制度,超越地域的生命的呼唤。"

用自己的双手建造自己生活的地区,并且同时能够超越地域,实际上是非常困难的课题。而且,"比机械重要的是众多的人手,比知识重要的是智慧,比速度重要的是持久力,比理性重要的是热情与疯狂,比妥当重要的是过剩,比规范重要的是超越规范,比结论重要的是永不终止地发问",之后是"追求形态的魔力",再到"最后,更加重视空间的绿化"。一边从制度或是秩序脱离,一边在"空间的形态"及"绿化"上下赌注。

自然与身体

"自力建设"原则可以理解为,以直接参加建筑的施工过程为指导方针,是与"打动五官"有关的原则。另外,也和"与自然相融"原则有着密切的关联。这两个原则比较容易理解。

一方面是进入地球环境时代,另一方面是不断加重的环境人工化,这就是我们所生存的空间。无论刮风下雨,能够自由控制室内气候的圆拱形球场就是这类空间的象征。而继续建造着这类空间的,就是一般意义的建筑师。

"象"设计集团拒绝设计上述那类建筑,而是致力于"直接导入风、水、太阳、星星和远方可见的群山"。"为了人们能够享受自然气候,则必须设法缓和严寒酷暑、潮湿等天气。因此,我们在设计时常采用大房檐、覆土屋顶、风道、防风林、凉亭、树荫等。"这很容易理解。更加简单的方针是"绿化"。

由于环境人工化的影响,我们的身体感觉渐渐衰退。"能够强烈反映人们情感的环境""人们通过光与影、声音、香味、手脚触感、运动感觉去感受空间特性,进而感受自己与外部世界的关联。""象"所追求的就是创造此类建筑。"在建筑中能够感受到寒冷交替、季节变迁是至关重要的。在与自然共同生存的永恒时光中,人类身体内部逐渐进化得能够感受时间的流逝。我们想设计出一个既能守护自己生物钟的节奏,又能提高对季节变迁感受的空间。"

为此,"象"追求的是自然素材——土、石、木、雪,并且追求自然要素的表现。因此,他们将以身体为基础的技能及手工技术作为基本要素。

多样性

第三条原则是"多样性"。

"所谓建筑,是人与人的相遇。在多种空间特性综合构建而成的环境中,以此环境为媒介,萌生出各种各样的相遇——人与人,或是人与物。我们所设计的空间,考虑到了形态、素材、规模的多样性及将它们相连接的秩序。我们所期望的,是来到这个空间的人,会发现强烈地吸引着他的事物,并意识到共享此空间的其他人的存在,同时相信能够和平共处。这是在现实均质的空间中所不能期盼的事。"

"所谓建筑,是人与人的相遇。"

然而,并不是人们只要相遇就能形成建筑。象设计集团的目标,不是单纯形式上的 community(社区)·best(最佳)·design(设计)、居民参与的建筑、作为工程的建筑,即追求的不是所谓的研究会方式。共同派建筑师们的工作往往始终采用单纯的方法,但只能设计出凡庸的空间。而象设计集团,至少将各种人与人相遇的依托(媒介)环境作为主题,以"考虑空间的形态、素材、规模的多样性及将它们相连接的秩序"为目标。象设计集团注重人与人的相遇,并且相信诱发人们相遇的空间的力量和建筑的力量。

野外漫步

原则即是原则。要如何去行动,则需要从野外漫步出发。关于象设计集团事业的出发点——1971 年的冲绳,樋口裕康写道:

"冲绳强烈地激发了我的好奇心,让人感到无比兴奋。任意奔走在田间野外,身上带着相机、素描簿、村庄的地图、带绳的画板、指南针、四色圆珠笔。每时每刻都有新的发现。除此之外还会有这般有趣的事吗?野外漫步不是调查,也不是记录。这才是建筑,是身体的动力理论和冲动。在耀眼、酷热、动物胶质一样黏稠的大气中,身体捕捉了形状,孕育出了语言的形态。"(《恋慕空间》,第 23 页)

这对于同样被野外漫步的魅力所吸引,手握四色圆珠笔漫步亚洲的我来说，是一篇打动人心的文章。

  接着，他开始思考在这个地域该做些什么。

  "行动：首先是付诸行动——游击战阶段。热情：可怕的突袭，外行的恐惧感。梦：梦使人们终结，乐天派。拘泥：顽固拘泥于一个地区。冷静：怒气之后冷静思考，行动之后进行调整。烦恼：通过建筑设计观察地区。好奇心：充满好奇心，必须使人感动。信念：不作为专业人士，而试着作为外行的普通人，好的东西就是好的；持有信念，好的东西就要说出它的好。斗争心：必须进行争斗。"（《恋慕空间》，第25页）

三　从周边开始　象设计集团的作品

樋口裕康、富田玲子已经迎来了古稀之年。诗云："酒债寻常行处有，人生七十古来稀。"（杜甫，《曲江二首》）想必二位先生已经达到此心境了吧。富田女士整理《小建筑》这本书时，也有过中断。两人最近似乎都忙于演讲。在十胜的据点，町山一郎先生持续写下洋溢着"象精神"的博客。

要说象设计集团是迎来集大成时期的世代交替，还是进入第二阶段的象设计集团，我认为可以说进入了对他们的新发展有所期待的阶段。

将《恋慕空间》比作"伊吕波纸牌"进行编辑的做法颇具"象"的风格。"笠原小学"外廊下的每一根柱子上都刻着"江户伊吕波"的字样，南特研究会（2001年）也使用"伊吕波"四七文体来作为作品和想法的主轴。《恋慕空间》里既有长文也有短文，视点和看法也各具千秋。你可以说讨厌这一体系，但是，"绝不是一时的心血来潮，任何词汇都蕴含着我们思考的结晶。"

有了"七项原则"，在此就不必加以整理，而可以借用多样的具体作品来说明。

我在《战后建筑论笔录》的最后部分讨论日本建筑界发展方向的文章中（《封闭并开发着》）写了以下文字。

"一项方针是设定一个场所的中心事物及周边事物的境界。设定能够观察制度与空间的生动的空间场所。另外，进一步根据具体的活动，在以昭和为时间轴、亚洲为空间轴而展开的时空之中，反复进行定位。

可以说，'象'已经在各个方面展开了具体的尝试。例如，'象'团队在冲绳的工作及内田雄造、大谷英二等的土佐·高知的'边缘化部落的规划'方案，可以说展现了最新锐的方向。从市民社会到被疏远、被边缘化的部落、从本土到被疏远的边境地区、冲绳，每个地区对我们来说都是边缘世界。"

在那之后近三十年，我至今也仍然没有改变这一期待。但是另一方面，回顾这期间象设计集团的活动我意识到，果断地面向城市中心，即向城市发展是如今建筑所正面临的问题。

地域与建筑师

提到象设计集团与地域，首先映入脑海的是"冲绳"，其次是"宫代""宜兰中国""十胜"。在20世纪70年代、80年代、90年代及21世纪头10年，"象"与各地区的关联度不断变化着。

说起地域与建筑师的关系，有几种等级定位。第一，地域与建筑师的持续性关系问题。另外，是作为建筑师与所在地区的关系。"城市规划师""共同体建筑师"和地域的关系与"世界建筑师"和地域的关系，二者大相径庭；第二，地区建设与建筑关系的问题。以一栋"小型建筑"的设计为例，是将它的设计纳入城市规划、地区规划一环，还是强调个体表现力，或是重视新兴技术或新奇形态的实验，有决定性的差异；第三，如何表现地域性，从一个地方的地域特征中，如何解读出它的建筑特征及建筑水平等。

在讨论"城市规划师"或"共同体建筑师"存在方式的问题上，"共同体建筑师"属于"地"之人，还是"风"之人（或是"火"之人）则是问题所在。即，"共同体建筑师"是居住在这个地区的生活者，有无必要持续下去，还是如"风"一般，一边"吹"过这个地区，一边担当着发现地域价值的角色。所谓"火"之人，是指恶作剧一般放了火，不顾及此地区，或者只是修建建筑不顾及地区（做完就离开）的建筑师。

对于一个地区来说，无论是"地"之人、"风"之人，甚至是某种情况下的火之人也是必要的。但是，建筑师常常被问到立场问题。象设计集团以十胜为据点有二十年之久。理所当然，其大多数工作都展开于以十胜为中心的北海道。以废弃学校的厂房改造为开端，以广阔的土地、严寒的冬季为背景，设计了"北海道酒店"（1995-2001年）、"森林交流馆"（1996年）、"十胜大厦"（1997年）、"高桥建设"（1998年）……他们不断追求着地区的表现。在带广，即便有设计了500栋建筑作品的五十岚正先生那样的建筑师，却也和象设计集团一样，最终没有成为地方建筑师。

是否扎根于地球，这是问题所在。

发现的方法

先于冲绳，吉阪研究室的"大岛计划"被称为其原点，但"象"的方法的出发点是野外漫步。被冠以"每时每刻的发现""除此之外哪里有如此有趣的事情"的野外漫步"本身即是建筑"，是指"为了发现视点和视野，为了实现手段和方法，大家一起去发现哪一个好"（吉阪隆正）的这一种行为。

这在冲绳得到了充分实践。至今我仍持有"象"在冲绳工作特辑《建筑文化》（1977年2月号）的复印本，偶尔给学生们阅览。

"山原"的土地利用、自然生态分析，命名为"环境构造线"的景观分析、方言地名分析，研究"御狱""浅黄"等地方意义的集体空间构造分析、水系分析，"屏风""石狮子"等建筑要素、街道细节的发现等，已经展示出了捕捉自然文化、社会生态空间的手法。探究地区空间不是一味守旧，不是历史性空间类型的陈规化。混凝土砖块（花式砖块）也被发现并利用。在遭受过战争灾难的冲绳，战后美军带入的一般用途的混凝土砖块，现在充分应用于"今归仁村中央公民馆""名护市政府"项目之中。照明、时间塔、钟塔、风向塔、凉亭等也采用了砖块的设计。总而言之，建筑生产体制是靠野外考察而被发掘出来的。

我回忆起了刚开始往返于印度尼西亚（1979年）时的事。日本也在战后不久，将住宅问题、城市问题摆上台面，费尽心力地思考建筑师应该怎么做，应该如何去制定何种规划等问题。显而易见的是，仅仅提出一些理念性的模型（平面图）是无法付诸任何行动的。换言之，即要以地方可能筹措的建筑材料、施工团队所继承的技能、建筑生产体制为前提和出发点，才能实现方案（图3）。

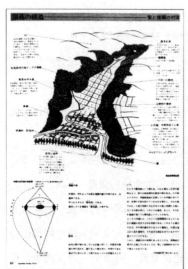 

图3. 冲绳的聚落调查

新村庄

在冲绳的设计方法,可以说率先采用了当今大力提倡的生态型规划与生态设计方法。不过这并不是因为与日本本土相分离的冲绳在战后复兴、经济高度成长时期落后于本土,保留了这一地区的潜在发展机会,才获得了成功。其第一项原则"场所的表现"是对任何地方都有效的前提。

宫代町证明了此种探索在首都圈也具有可能性。宫代町是富田玲子的度假胜地,之后她还在那度过了暑假。宣称"宫代町在世界上独一无二"的宫代町町长齐藤甲马是她的伯父(父亲的兄长)。富田玲子与宫代町有着不解之缘。将她培养成建筑师也有着此因缘的影响,在自治体中只要有一位优秀的人物——只要有"共同体建筑师",就能放开手去挑战公共建筑领域。"进修馆"(1980年)的独特之处——"底层建筑""会议在圆桌上进行""不使用时作为市民会馆对外开放"与町长的提案有着很大关系。

关于它的设计,以"创造宫代的风景""创造街道的轴心"为方向。主观构想创造出环境构造线,将"进修馆"比作城中的标志性建筑,在作为世界中心及城市轴心的南北轴、筑波山——富士山的中轴,设计重叠的同心圆。这一规划是宇宙派的做法。富田说道:"有将遥远的宇宙、南极、北极、富士山、筑波山都集中到此地的欲望。"

与"进修馆"同期,"象"还被市里委托设计"笠原小学"(1982年)。可以说该校是持有"教室是住宅""学校是街道"这一理念的"象"的一系列学校作品中,最早且具有代表性的作品。对于象设计集团来说,在宫代工作的重要性是因为此后仍持续着不间断的相关项目。取代"笠原小学"(图4)南面废弃的市政府,当地建筑师在"进修馆"的南边建造

图 4. 笠原小学,象设计集团,1982 年

了新的木结构市政厅。在市政厅的空地上，不断推进着以"创造有农业的城市"为标语的"新村庄"规划。所谓"新村庄"，即要创造当地生产、就地销售的流通体系，"宫代制造"的商品开发、市场、工厂、集体农庄、育苗温室、机械化中心的维修整备等，农家支持的集中的"新村庄"。虽说是属于首都圈的城市，其实是在江户时代的"新田开发"运动中开拓出的地域。在靠近城郊接合部的地方还残留着过去的乡村风景。新田再循环与扩大森林是"新村庄"的中心主题。

社区总体营造

如前所述，在中国台湾开展的工作也是通过曾经在吉阪研究室的成员——郭中端而结下的缘分，继"冬山河亲水公园"之后，接连设计了宜兰的行政官厅中心的建筑也如前所述。1988年在台北设立的象设计集团中国台湾事务所，现今有相当规模的成员，与东京事务所同时，从南北向日本夹击的转变态势也如前所述。

在我开始往返于东南亚（1979年）之后，在来去的过程中有多次到访中国台湾的机会。1988–2000年我都身在中国台湾。1999年，我更因为九二一大地震的调查也身在中国台湾。然而，在当时台湾省的相互监视体系下，1980年之前可以说几乎不存在"社区"的情况。

持续了三十八年的戒严令终于在1987年解除，象设计集团开始了宜兰之行。第二年，蒋经国去世，台湾省领导人以作为社会基础的地区社会构筑（再建）为目标，"行政院"文化建设委员会的陈其南走在这项运动的最前端。根据他的提案和指挥，开始了"社区总体营造"运动（1994年）。与此同时，曾荣获诺贝尔化学奖的"中央研究院"（SINICA）院长李远哲担任会长，成立了"社区营造学会"。其中的核心人物，是曾在早稻田大学与重村等展开"生活集聚的城市研究"的台湾大学的陈亮全先生。

我曾多次与陈其南就"社区总体营造"一事展开讨论。他说他并不是受到美国的 CBD［以社区为基础的发展，（Community Based Development）］的影响，而是学习了日本的"街道建设"。如果事实真如他所说，那么象设计集团在中国台湾的影响力则超出了我们的想象。

2008年，在台北召开的"社区总体营造（中国台湾城市建设）课题（日本与中国台湾社区营造的对话：地震灾后重建、社区营造与地域建筑师）（日本建筑学会建筑规划委员会春季学术研究集会）研究会"邀请了陈其南。在此次会议上，他遇见了一位名叫黄声远的年轻建筑师。他震惊于黄声远在宜兰所作的一系列工作。他"耶鲁归来"（在美国耶鲁大学学习建筑），关于摆放在现场的模型，他们展开了各种探讨，并且非常不文雅。此方法就像设立初期的象设计集团。在远离台北的宜兰的办公楼中，住了三十个年轻人，他们从事着车站附近仓库的改造、公交车站的设计、人行道的改建等一切工作。在中国台湾，黄声远已经很有名气，还上了电视台的特别节目。我认为他已将"象"的基因带到自己的地区，并找到了一条可行的道路。

石、土、瓦、竹、木、地、水、火、风、空

在"单薄的""飘浮的""空洞的"建筑过于泛滥的情况下，象设计集团的作品群具有卓越非凡的存在感。石、土、瓦、竹、木……总之，采用自然材料和生物材料。另外，在大地、水、火、风、天空、自然之中成立建筑空间。从象设计集团的作品中能学到各种各样素材的使用方法及细节。与"高野景观规划"的一贯合作，及与"用瓦能手"山田侑二

的"淡路瓦房"的合作等支撑了他们。

前面曾提到藤森照信将日本的建筑师分为追求物体实在性的"红派",及追求抽象性的"白派"两大类。象设计集团显然是彻头彻尾的"红派"。藤森的"追求自然素材"从某种意义上有"玩笑"的成分,而与此相对,象设计集团具有按照自然素材、生物素材的原始性来利用的魄力。这与本土建筑领域中通用的创意技巧相通。

在象设计集团的作品群中,有"能都町绳文真协温泉"(1993年)"草津温泉白旗之汤·汤畑广场""神边温泉之林·舒适"(同于1994年)"丹后宇川温泉·吉野之里"(2001年)等温泉系列。在十胜的一系列工作中,亲近大自然的建筑让人感到与象设计集团十分吻合。对于"精通工作与娱乐的异能集团"("带文",《恋慕空间》)来说,自然比一切都重要。正是因为想要"能够在野外开派对的、带庭院的空间",才迁到了十胜。

向城市

以十胜为据点,将北海道作为中心开展工作令人赞赏。"象"并不局限于冲绳、中国台湾省、十胜地区进行的地区改造研究。另一方面,如今我们直面的课题是城市改造。我也期待"象"的城市改造工作。问题的根源在于"城市与农村"的关系。

我阅读了重村先生在神户大学退休纪念会上题为"向生命循环的城市前进"的演讲稿。他还在这篇演讲中作出了对"从物质循环到生命循环"的城市形态的展望。重村作为动物园组的一员,一直以地区(农村规划)为基础开展着工作。在"可持续型社会""循环型社会""低碳社会"等口号被肆意传播的今天,他指出问题的根源在于城市与农村的根本关系之中。

富田女士的《小建筑》中，有"仿佛如树木的高层建筑""乳酪小孔似的建筑""集合建筑"的素描。也许对于象设计集团来说是多管闲事，但我仍希望在城市（东京）看见这样的建筑。除了住宅作品，他们在东京的工作很少。在这为数不多的作品中，有"葛饰之家"（1998年）"武藏野之家"（2001年）等特殊养护老人之家。可以说这是集合住宅，但一户一户的住宅集合会变为街道，进而演变为城市。我期待看到"象"的这类作品。

第7章 注释与文献

*1

1953年,从法国回来后,吉坂隆正在大学设立了吉坂研究室,展开建筑设计活动。1954年,他邀请曾是武基雄研究室成员的大竹十一加入,并由泷泽健儿和冈村昇,以及渡边洋治(1955-1958年)、山口坚三(1955-1961年)、城内哲彦(1955-1964年)、松崎义德(1955-2002年)、铃木旬(1959-1961年)、冲田裕生(1959-1961年)、户沼幸市(1959-1972年)接手加入了吉坂的大学实验室小组(年份为他们的隶属期)。1961年,该小组离开大学校园,搬到了吉坂的自宅内。1963年,更名为U研究室。

*2

她说,她被调走是因为"所做的都是研究和调查",还有"算出都是关于如何确定学校和医院规模的数字和公式",她认为这对他来讲"不可能"。(《小建筑》,第170页)。直到后来,空间论才在吉武的研究室中被讨论。在铃木成文的实验室里,受K.林奇的启发,他开展了"领域论"的研究。正如《城市的形象》后记中所介绍的那样,中心人物是东京大学建筑系的第二位女学生松川淳子。吉竹实验室的松川助手是我的启蒙老师,教会了我如何设计和研究。我是个不肖的弟子。

*3

一个立方体的房子,四个立面各有25(5×5)个圆窗,在电视节目《奥特曼》中被用作邪恶的巢穴。

第8章

从聚落到宇宙

原广司

一 建筑有何可能性 原广司的人生轨迹

"'建筑是什么'这个问题与'人类是什么'一样,都无法作答,也不能作为行动的目标。假设我们要去探究关于人类的话题,我们应该探究'人类能够做什么'。同样,在建筑上也应该去探究'建筑有何作用'。这两个问题的内容乍看没有什么特别之处,似乎也并无差别,但事实上是完全不同的两个问题。"("第1章,I初源的探究",《建筑有何可能性》)

《建筑有何可能性——建筑与人》(学艺书林,1967年)一书出版时,原广司三十岁。我在二十岁时读过这本书。"我当时二十岁。没有谁对我说这是人生最美好的年纪。"(保罗·尼赞)这句话被写在《建筑有何可能性》的开头部分,凝聚着他立志"建筑"事业时的奋斗情怀。

《建筑有何可能性》一书的内容,对于刚开始接触建筑的学生来说或许有些晦涩难懂。当时在本乡的制图室,我与"雏芥子"的同伴们一边讨论一边读完了这本书。我理解了关于书中所说的建筑里关于人生赌注的问题;建筑里有关哲学、社会和人的根源的问题;建筑中最关键的是理论和方法等问题。之后再次回顾时,意外地发现了其中相当赤裸的语言。虽然让读者觉得有些生硬,却潜移默化地深入我的脑海,这是自然而然的事吧。当时我们通过学习原广司而成长。

"对于设计师来说,设计作品的客观性是一切问题的前提。为什么设计成这种形式而不是别的,这必须具有说服力。也就是说,设计的内容必须是社会化的……想做的设计不是实证性的。"我在这段话下面画了横线。全书的四章中,"第1章 基础性的见解""第2章 一般的考察"占据超过三分之一的篇幅,再加上"第3章 反省——现代建筑的方法与批判",全书的四分之三都是关于建筑的"初源性问题"。[1]

《建筑有何可能性》一书直到今天仍旧很具有鲜活性。

矶崎新的《空间》（美术出版社）出版于1971年。宫内康的《哀怨的乌托邦——宫内康建筑论集》（井上书院）也于同年出版。此外，长谷川尧的《是神庙还是地狱》（相模书房）出版于1972年。当时的建筑少年们废寝忘食地阅读着这四部作品。如长谷川尧所痛斥的，如何超越丹下健三和革新派被反复讨论。矶崎新和原广司正是在这样的潮流中成为明星建筑师的。

伊那谷

原广司1936年出生于川崎，在父母的老家长野县饭田市的伊那谷长大。高中毕业于饭田高松高中，当时比他低一届的校友是宫内康。同样升入东京大学建筑学科的宫内康，在原广司的指导下（RAS建筑研究同仁组织）开展着各项设计活动，但是由于大阪世博会EXPO'70，两人逐渐开始产生差距。我曾几次听宫内康说起原广司在伊那谷时的事，总之印象中他非常优秀。原广司几乎从未提及自己的履历，但关于伊那谷，他写道：

"饭田市是缘于天龙河形成的一个小台地。傍晚来临之际，再次回望清晨太阳升起的东方，南阿尔卑斯的群山时刻变化着，幻化成红色的残影。晌午之时，回过头望向被太阳照射的背后的群山，山谷的地形映衬出独特的光线、视野及方位。近来，我终于开始游访世界偏僻之地的聚落，遇到种种令我心动的风景，就是放大的、从小小伊那谷中所曾看到过的风景。"（《空间"从功能到外观"》，第1页）

他还留有余地地写道："如果有机会的话……从2500米深的谷底，我只需在一分钟之内，看着像冰山般缓缓移动的夕阳就应该能够构思出

300个绘画、诗及建筑的创意。"

听说原广司曾经想成为一名数学家("成为想闪闪发光的数学家",《设计评论》6号，1969年)。他始终对数学抱有热爱。然而，他身上也具备着作为艺术家和建筑师的资质。

RAS

1955年，原广司进入东京大学，1959年毕业，升入大学院。1961年硕士课程结束升入博士课程的同时，他与研究生时结识的伙伴一同设立了RAS建筑研究同仁组织，展开了建筑师的活动。现在看来，二十四、五岁开始介入设计活动有些为时尚早，但在当时却十分普遍。我在进入吉武研究室时，石井和纮、难波和彦也开设了"Randium"，一边读硕士，一边进行着设计活动。"东大风波"就是批判那些把"产教结合"作为设计活动的行为。宫内康被东京理科大学解雇的原因之一，也是因为他在大学授课期间还从事着设计活动。后来演变为在大学外设立事务所，但原来在研究室参与设计是无可厚非的事。

加入RAS的成员除了香山寿夫、宫内康等，还有三井所清典。三井所于1963年加入RAS建筑研究同仁组织，直至解散(1970年)为止，一直是当中的主力。

原广司凭借"BE(building element，建筑元素)论"取得工学博士学位后，赴东洋大学任副教授(1964年)，1969年又被召回母校东京大学，担任生产技术研究所副教授。与此同时，他成立了"Φ工作室"建筑研究所，至今仍是他开展设计活动的据点。

原广司于东洋大学时代出道。据说在他30岁生日时，在羽田国际机场将《建筑有何可能性》一书的原稿交于夫人若菜氏之后就前往欧洲旅行。

图1. 伊藤邸，RAS建筑研究所，1967年

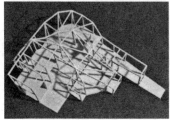

图2. 伊藤邸，轴侧模型

图3. 伊藤邸，RAS建筑研究所，1967年

当时，他已经有几件作品得以实现。"伊藤邸"（图1-图3，1967年）被刊载于彰国社出版的面向学生的"设计规划手册"上，我们当时看到这部作品后，也曾为竟然还有这种形式的建筑而感到兴奋不已。1978年，我赴任东洋大学担任教授之后才知道，原来川越校区周边的"角荣住宅区""霞之关小学"等有关角荣建设的工作，很多都出自RAS之手。虽然他的处女作是"佐世保女子高中"（1962年），但众所周知他的成名作是荣获"建筑年鉴奖"的"庆松幼儿园"（1968年）。

世博批评

原广司被召回东京大学时，卷入了"东大斗争"的漩涡。据说他曾因是年轻的副教授而被安保人员逐出校园。原广司回到母校不是通过自己曾经的指导老师内田祥哉，而是受生产研究所的池边杨之邀；最先进入研究室的是入之内瑛、山本理显，之后，原广司在"雏芥子"主办的座谈会上，与他们相识，在他的号召下，开始的自主研讨会等已在前文提及。

这一时期，原广司还会热情地参与学生们的集会。提出"反世博（EXPO'70）"的"建筑师'70行动委员会'"与原广司就建筑师参加世博会的问题展开了讨论。面对反对参加世博的学生，他扬言："我认为，只要提出了这种公式论，就绝对不会有什么进展。"（"座谈会：我们挑战不可能"，《设计评论》8号，1968年）这一断言可以视为对1960年"安保斗争"事件最有利的证据。由于大众化而产生的"平均化状况"，是原广司想要超越的。问题在于"建筑有何可能性"。[2]

关于此次交谈，原广司是"建筑至上主义者"，问题在于"建筑或设计是否有可能实现"。由宫内康所写的《哀怨的乌托邦》中强烈批判了"世博会参与者明明有机会去追问这个问题却选择了放弃。"而且，宫内康写下的《哀怨的乌托邦》一书是以"1960年安保体验"作为思考原点。曾一同在RAS从事设计活动，并曾就读于同一所高中的前后辈的两人之间产生了裂痕，走向了不同的方向。宫内康在《哀怨的乌托邦》一书中写道："从住宅到世博参加者，'建筑有何可能性'这一问题至今仍被持续讨论着，毫无名气的建筑师无法从这个问题逃脱。"这也抓住了很多学生的心。曾几度隐退、领导日本战后建筑的前川国男说："当今最优秀的建筑师，是不做任何设计的建筑师。"另一方面，原广司也与平良敬一、宫内嘉久等人建立了"AF（建筑战线）"组织，此时正逢"日本建筑家协会"面对游行示威的时代。

向聚落

赴任东京大学建筑学教授（专职教授）之后的十年，即20世纪70年代，原广司的工作基本上以住宅设计为主。之后有被内藤广改造的"海洋博物馆"（1971年），以及他本人设计的"粟津邸"（1972年）、"原邸"（1974年）、"松榉堂"（1979年）等作品，一年会有一个作品问世。

原广司将精力倾注于世界聚落调查。以"地中海"为首，围绕"中南美""东欧、中东""印度、尼泊尔""西非"一共进行了五次"聚落之旅"，这在介绍山本理显的章节有所提及，被整理为《住宅集合论1-5》（鹿岛出版会，1973-1979年）。

原广司为何关注聚落？原因在于"为了绘制出一张未来的建筑及城市的素描。"

反复翻阅《建筑有何可能性》，我认为此书对现代建筑作出了专业的论述，而并没有表示出一定要向聚落发展。二十年后，原广司从东京大学退休之时，《聚落的教示100》（彰国社，1998年）一书被整理出版，我们可以看出，世界聚落调查是他设计的重要源泉。将五次游记整理成册的《聚落之旅》（岩波新书，1987年）的后记中，简洁地记述了以下文字：

"1970年前后是现代建筑产生巨大变化的时代……在这一变动期的最高峰，建筑师分为两种流派，一是古典建筑，二则是聚落。从结果来看，我们是参照了后一种。"

古典建筑风格的建筑师是矶崎新，被称为"后现代历史主义"的潮流包围着此种风格。"聚落之旅"也继伯纳德·鲁道夫斯基的《没有建筑师的建筑》之后，吸引了众多建筑师。关于"聚落论""住宅集合论"，我们将在后文进行讨论。

"住宅中埋藏着城市""作为最后堡垒的住宅设计"

没有工作项目的不只是原广司一人。在1973年、1979年曾两次遭遇石油危机的20世纪70年代，确实真的没有任何建筑项目。我回忆起《建筑文化》的总编田凥裕彦当时也因没有可以报道的作品而懊恼。霓虹灯光从银座消失，深夜的电视档也自动停播。那就是这样一个时代。

在那样的20世纪70年代，给予年轻建筑师勇气的，是"建筑有何可能性"这一质问，和"住宅中埋藏着城市""作为最后堡垒的住宅设计"等口号。此外，"一开始就封闭的空间"与"分开建造"等隐喻的措辞正是原广司的精髓所在。

20世纪60年代初期，一齐"向城市进军"的建筑师们，在看到虚构了未来城市的世博会场的一瞬间，被迫从城市退出。矶崎新通过"侵犯你的母亲，刺杀你的父亲"这一对小家庭的批判，激励了年轻建筑师。从父母或是亲戚那获得小型住宅的设计工作，以"新奇的住宅"而出道也是出路之一。事实上，至今为止所看到的，日本的后现代先锋建筑师确实不少是从设计住宅开始他们各自的建筑生涯的。当然，也并非只因其"新奇性"而获得好评，而是在于其是否能够作为一种住宅模型这一点。

关键在于住宅与城市的关系，在于"住宅中是否蕴含着城市"。因此，一边从事简单的住宅设计一边考虑都市这种做法行不通。两者不在同等认知水平上。他断言："住宅的历史是（使十全十美的生活变为可能）功能性要素被城市剥夺的历史"，因此"对于被剥夺一切的人来说，他们想要创造相当于防卫据点的住宅。"（《增刊·都市住宅 住宅 第11集》，1975年秋号）

20世纪70年代，原广司提出了另一个具有冲击力的信息"物体的反击——追求应有建筑"(《世界》，1977年7月号)。当时，岩波书店进行着一个名为"文化的现在"的系列企划，组成了有山口昌男、中村雄二郎、铃木忠志等成员的文化沙龙。作为建筑师与矶崎新同时参加的原广司就文化语言·符号系统的优势，强调了建筑的力量。原广司与矶崎新一同承担了开创跨流派建筑的职责。

从商业街到超高层建筑

1986年，原广司凭借"田崎美术馆"获得日本建筑学会奖。对于五十岁的原广司，此次获奖是迟到的殊荣。进入20世纪80年代，"鹤川托儿所""末田美术馆"(同于1981年)等小规模建筑佳作陆续问世，"田崎美术馆"虽说是公共建筑，但也属小型建筑。我回忆起在纪念学会奖的《建筑文化》特辑中，我与原广司、桢文彦的三方会谈一事。田尻总编带着我们一行四人去了轻井泽，我想起当时他们二人在车内就聊起共同爱好是象棋而感到惊奇。他们二人关系非常亲近，还是一起打麻将的牌友。[3]

与其说是作为建筑师而为人所知，倒不如说作为他出道作品的"大和国际(东京本社)"(1986年)更让人印象深刻。之后，"那霸市立城西小学""饭田市美术博物馆"等作品相继诞生，一鼓作气，直到"梅田天空大厦"(1993年)竣工。

20世纪七八十年代，原广司着手于"涉川站前商业街八三街区"(1983年)这一颇具吸引力的项目。跨出住宅设计范围的一步正是现如今所说的街道建设。为达成一致意见进行了反复的争论。仅在拆除隔壁建筑的围墙及修建贯通后院的道路这一环节，就花费了相当的时间。当时，我与他频繁见面，也曾听他抱怨道："实在是太辛苦了，我不会再接手这样的事。"

然而，尽管如此，从"作为最后堡垒的住宅设计"到商业街，再到超高层建筑，原广司的发展历程，如同画中所描绘的景致一般色彩斑斓。

向地球外建筑发展

原广司实现了作为"空中庭院——连接超高层建筑"的"梅田天空大厦"（图4，1993年），同时进行着"未来都市500米×500米×500米"构想（1992年）的整理。另一方面，一边着手设计"京都车站"（JR京都站改建国际设计竞技最优秀作品，1991年），一边开始构思"地球外建筑"（Extraterrestrial Architecture）。他受到未来工学研究所的委托，研究月面建筑的可能性。

日本建筑的20世纪90年代，也许可以称为两座巨大建筑被实现的原广司时代。《"现代建筑师"原广司》（鹿岛出版社，1995年）一书在序章部分收录了"地球外建筑"，附有"建筑的可能形态"这一副标题。"地球外建筑"项目不仅仅是月面建筑设计。"地球外建筑"提案既是"新宇宙风景的构筑"，又是"世界风景的扩展计划"，还是"宇宙社会存在方式的提案"。当中描绘了位于地上300千米高度，围绕地球旋转的宇宙空间站——直径10千米的"LEO（地球低轨道）链""月面地球广场""地球居住区""宇宙庭院""转播基地""宇宙牧场"等规划。原广司的构想力最终扩大到了宇宙范围。

进入21世纪之后，"札幌巨蛋"（2001年）、"下北克雪巨蛋"（2006年）等巨蛋建筑的设计，将他推到了建筑界声名显赫的位置。

然而，从东京大学退休（1997年）的原广司，开始逐渐活跃于南美乌拉圭地区。直接契机是他受邀于国际研讨会，在每年例行的研讨会与研

图 4. 梅田天空大厦,原广司＋Φ工作室,1993 年

究会上,以非法占据者为对象的实验住宅建设项目被提上日程。整理并记录了其全过程的,是《分离城市》(*DISCRETE CITY*,TOTO 出版社,2004 年)。

此时,作为对大江健三郎"聚落的教导"的回报,提议由原广司来建造新的聚落这件事,我想或许正好戳到他的痛处,但即便如此,他还是再次接管了与实验住宅建筑相关的工作。

从作为最后堡垒的住宅到聚落,从超高层建筑到地球外建筑,最终到非法占据者们的实验住宅,原广司的建筑轨迹如同被封闭在圆环之中。

二 从功能到外观——原广司的建筑理论

通俗来讲，原广司的建筑理论是难以理解的。其理论具有很强的抽象性，且与建筑方法没有直接联系。他为数不多的著作被划分为理论书与作品集，但两者之间也有着明显差异。关于具体内容，出现了很多数学公式、数理性的语言。而另一方面，作品的解说词屡次用到如诗歌般晦涩的语言。他既频繁使用数理性概念，又钟爱使用文学性语言。

他始终坚持的，是围绕"部分与整体"的思考。"BE论""有孔体理论""住宅集合论""离散的城市论"都是追求部分与整体理论的著作。在这一点，他与同时展开"住宅集合论"的山本理显的住宅论（"领域论""界限论""屋顶论"）有着与建筑论、城市论相关联的同样构造。只是山本理显在关于家庭形式与住宅形式或者社会制度与空间的问题上，是通过提出具体作品的方式来表达，因此更易理解。前文已作过评述，原广司对住宅集合排列的原理性理解抱有很大的兴趣，会使用例如数学模型或数理性语言进行解释。此外，人们认为他还有将发现的"语言"直接联系到作品的闭合思考路径。

原广司的另一部著作是"空间（概念）论"。这当然与"部分与整体"相关联，但它将"均质空间论"置于中心位置，以探究如何超越"均质空间"作为理论的核心。空间论由"从功能到外观"与"外观论"来引导。

"有孔体理论"在某种意义上来说简单易懂。而以"世界聚落调查（聚落之旅）"为基础的"住宅集合论"在理论层面进行了深化。此外，围绕"部分与整体"的思考也相继变得复杂而丰富。他的思维向着暧昧、多样、不定型的方向发展。

原广司仍在对从写生画而表现出的"均质空间"进行坚决批判。

BE 论的界限

原广司最初的理论，是学位申请论文中的"BE 论"。我想起去东洋大学赴任时，研究室里放了很多橙色封面的誊写版印刷品论文。因《建筑有何可能性》一书是基于其本质来总结的，由此我们可以大致了解其内容。

将建筑元素（building element）的构成与建筑方法结合，由内田祥哉 BE 论展开，是关于平面规划的内容，即将平面形式作为构思中心的建筑规划学，开创了被称为构法规划的领域，并以此作为理论基础。为这个初期的理论构筑作出贡献的是原广司。

建筑拥有使作用因子（光、音、热等）隔断或通透的性质，分隔空间的物质 BE，与不具有分隔空间功能而只是专门传导物质和能源的通道结合构成的，就是 BE 论。原广司正是致力于其构成的合理分析及综合方法的研究。然而，原广司说："没过多久就碰壁了。""其中的一个障碍是计量化，另一个障碍是误差。这两种障碍是近代合理主义遇到的比较常见的问题。"并且"在研究中，被秩序化是数学性的表现，与物质本身和人的意图并不能很好地融合。"（"历史的传唤"，《建筑有何可能性》）学位论文在某种程度上停滞于数学性模型。并且，所研究的事物的界限似乎也被主观决定意识化。

此外，BE 论本身的界限也被意识化了。决定整体的另有其因，BE 论只不过是处理部分设计的手法。但是，如果忽略 BE 论，空间也并不一定会变得丰富。[4]

有孔体理论

在此思考的是"有孔体理论"[5]，这是原广司的"原"理论，也是与 20

世纪60年代开展的城市构成理论中大谷幸夫的"Urbanics试论"同时被彻底完善的理论之一（图5）。

理论以作为个体的"封闭空间单位"组成。所谓有孔体，是其空间单位，也是"作用因子的控制装置"。有孔体的外形（被覆）是内部空间的反映（a），物质、能源运动的视觉表现（b）。还有，给予内部空间的方向性控制（c）。有孔体的孔（开口部分）必须拥有控制作用因子运动的形状或者特性（d）。有孔体的内部和外部，有能够和其他有孔体结合的孔（e）。有孔体可以作为生产单位，同时，孔也能够作为生产单位（f）。

空间单位（$\sum_1$、$\sum_2 \cdots \sum_n$），将 a_{ij} 作为 $\sum_i$ 和 $\sum_j$ 之间人的往返频度，从矩阵（a_{ij}）恰当地规定最适合的配置计划，是极为实用的。可是，原广司的这种定式，并非为了显示科学地思考建筑的可能性，而是为了表现合理思考的界限。他认为，有必要不局限于个别要素而使用空间单位，一旦决定空间单位，之后的比例完全可以按照BE的概念来合理

图5.《有孔体的世界》，原广司，1965年

探求。

同时,被视为空间单位的有孔体可以用前述 a–f 的形态来进行预设。也是就说,有孔体的建筑理论作为形态生成理论,以极其明快的建筑构思为基础进行构成。但其前提,是应当具有将被覆盖控制体的作用因子,也就是将物质、能源的授受关系以视觉形式所表现出来的美学。[6]

集团的理论

更进一步,原广司还展开了从个体到集团、有孔体的集团理论。根据孔的个数,有孔体被分为一孔体、二孔体、多孔体,但将其集合化时,结合的因素便成了问题。需要研讨其功能性、构造性、生产型、空间领域性、象征性、形态性、发现性、意图性、时间性等诸多要素。首先被提出的论题,是"有孔体的集团构成有孔体本身",即,有孔体的集团以及作为"作用因子的控制装置"的"封闭空间单位"被看作有孔体化,是大小套在一起的结构。"住宅里埋藏着城市"这一方法意识中,便包含有孔体理论的集体理论。

而城市规模的有孔体,根据连接有孔体间的配管种类,必然被集团化（a 功能的结合原因）,集团化过程所产生的空余空间（空隙）通过有孔体化（b 空间——领域的结合原因）而产生。并且,有孔体的集团将形态的统一的美学排除在外（c 形态的结合原因）。因为有孔体是生产单位,所以根据时间的变化能交换,但却并没有交换的普通理论（基于 d 时间的变化的结合原因）。

由此可见,所谓有孔体理论,就是把落后的城市变得更加落后,这和新兴的城市更加先进化的理论是极为相似的。但是,关于 c、d 的内容,原广司就此画上了一条分隔线。并且,结构性或者生产请求会使有孔体的结合有不间断性的危险，必须排除优先考虑生产请求的心态（e）。结合原因的一体化，也就是对于生产要素需要极其重视。还有，在有孔体被探求并发现的过程中，产生了"发现原动力调整"这一概念，根据最适值问题来调整，即计量式剖析的方法（f）。

关于建筑的集团及城市规划，要作为"动态物体"来看待，同时进行调整程序是解决该问题最好的办法。但话虽如此，该程序设计是否对整体有决定性还有待考证，让我感到矛盾的，是在理论内部不能没有"自由领域"及"计划者的主观判断"的介入。原广司对有孔体理论的补充和完善就像"浮游的思想"。

住宅集合论

直接把有孔体的集团理论与住宅集合论相结合更易于理解。但有孔体理论毕竟是抽象化的理论，而住宅集合论的对象是实际存在并以住宅集合为单位的部落。而且，部落具有多样性，且本身也展现了多样性的属性特征。

"世界聚落调查"（聚落之旅），深化及丰富了围绕部分与全体的理论考察。其内容被收录于"关于'部分与全体的理论'的'自我完善'"（《空间"从功能到外观"》）这一论文中，同时期所写的"纪行文章"[7]被收录于《聚落之旅》中。

为什么是聚落呢？

这么说可能比较容易理解，即原广司通过观察当地偏僻地区多样的生活，审视文化本质，看到自然和建筑的和睦，得到了现如今街区建设及城市规划的启示。不被现代化城市生活所同化，也不被历史支配下的古典风格所局限，是我们应该通过聚落而学习到的。

不过,变化的焦点是从住宅及其他共同公共设施,转变为聚落这一住宅形式,此外还有人们的居住习惯。我认为解释集合理论仅凭一瞬间"路过的人"一眼瞥过的方法非常有限,且存在争议,还需要以设计者的眼光去看。另一方面,应根据专业数学模型、集合论、相位空间论,及构造的概念去理解。

非常明确的,是原广司在对聚落的各方面进行调查后,避免用村落的多样性结论来阐述村落的理论,而他的注意力集中于其原理,即描绘出空间结构的构成图。

原广司的聚落论与其他的理论存在明显不同,他并非通过村落的地域性和传统与该场所的固有性相结合起来考虑。就此,在本章的最后会有论述。

均质空间论

关于整体与部分的思考及理论是在"空间(概念)论""均质空间论"[8]的背景下开展的。关于"空间(概念)论",在大学院的课上虽然听过,但在课堂上是一边翻着制作好的读书卡片,一边介绍古今东西方各位思想家、哲学家的"空间论""空间"概念。对我来说,可称为蓝本的是M.杨马所著的《空间的概念》(高桥毅+大槻义彦译,讲谈社,1980年),至今还印象深刻。

"作为容器的空间"概念发展到了"均质空间"(三次元欧基里德空间)。近代建筑的目标是均质空间,其失败之处作为视觉表现来完成,这浅显易懂。

原广司所提出的问题,并不是简单的建筑形态上的问题,也不是建筑的形式,现代建筑就像"玻璃箱里的朗香教堂"[9],问题在于玻璃箱本身,即是建筑坐标的问题。

并且,不只是停留在数学及物理学所表达的空间,如果将与建筑相关的社会和思考等全部内容称为空间的话,那么"均质空间论"就有其逻辑性。"作为文化的空间"是一个问题,即便在各种问题中也是非常容易理解的,但是,这一问题在此被提出,可以说是日本最激进的后现代主义建筑论。

当然,"空间概念论"研究的是世界地图的历史与谱系。作为首次了解世界提出的宇宙论,当中包括的中世纪 TO 图、"大航海时代"的图解航海图(Portolano),还有墨卡托的地图,它们彼此之间毫不相关。[10] 现代制作的世界地图,通过既定的测量单位,运用坐标轴进行横向纵向的测量。而前提是如何超越或避开作为最终测量单位的均质空间。原广司提出并且想要攻克的就是这个世界上最难的问题。

针对此问题,原广司发掘了在均质空间成立过程中所排除的亚里士多德的位置概念("场所中存在力"),通过相对论对非欧基里得空间以及多样性的位相空间的存在作出了展望。

但是,即使有新的空间理念被提出,也会如原广司所说,"那是针对日常生活层面的理论化转变,与被物象化是不同的问题。"

外观论

通过作为 1968 年文化运动顶点而被熟知的"均质空间论",在确认支配现在的空间概念,及使之成立的强有力的"工具"之后,为了批判以及超越,原广司尝试开展了各种各样的理论探索。同时,还出版了"多层构造论""境界论""空间图示论"等大量"理论"著作。将这些理论归纳起来,并没有形成一个非常理想的批判理论体系。至少在页数有限的情况下是不现实的。但是,原广司对那些论述作出了总结,其关键词就是"外观"(日文:樣相)。

原广司说道:"《建筑有何可能性》(1967年)出版以来,我一直在探索那个'词语'。直到意识到那个词就是'外观',花了接近二十年的时间。"《空间"从功能到外观"》(1987年),即第二本建筑理论书,是他长达二十年思索的归结。

此书由六篇论文组成,非常直接地为现代建筑指明方向的就是"从功能到外观"[11],其具体内容的展开是"'非也非也'与日本空间的传统"[12]。提出"外观"这一概念的背景中,有作为具体项目的"草拟模型"(Grassy Model)等,也有作为与此密切相关建筑模型的"多层结构"。在后文会具体解释,所谓多层结构模型或装置是指为了"将界限模糊化"而使图像复杂重合的装置。

"从功能到外观"首先将功能论的世界观谱系,以及非功能论者的俄罗斯形式主义和超现实主义区别化,并在总结非日常化概念的同时,根据后现代主义的建筑评价得到了"外观"(modality)这一概念。原广司以后现代主义建筑为基础所思考的,是极为单纯的、古典、样式化的建筑,以及民俗建筑、聚落这两种。在重新评估这二者的过程中,比如前者的样式、装饰的意义、范例、技术的传达性,后者的场所性、地区性、制度的可视化等,事物及空间状态的可视性、外形、表现、表情、记号、氛围等空间现象被称为外观。

对建筑的"表层",或"街道""景观"的关注等,在确定"外观"中存在对现代化的关注这一概念之后,其理论基础被广泛考证。"外观"是靠"经验"来捕捉,其要素就是"感觉"。即,那是呈现在"意识"空间上的意识现象的一种形态。

外观论的基础之一是符号学。并且，作为符号应有的形式，与外观论同时提出的是"空间图式论"。在此，为了说明经验或者意识现象空间的"外观"，有必要提到的概念，是"空间图表"和"情景图表"。

从"作为容器的空间""作为概念的空间"到"活着的空间""有经验空间"，从"空间（概念）论"到空间现象学，原广司的思想动态从未中断。

这种盲目的总结，会玷污到他思考的深度，不过，从"有孔体理论"到"外观论"，其总体流程很清晰。并且，围绕"外观"的多样性，其思考和理论看上去似乎在反复持续着。

三 语言的力量　原广司的建筑手法

在计划批判"均质空间"这个世界问题以及符合逻辑地去解释、说明这个问题的研究者中，原广司表现出了超常的热情和执着。但是，他一直追求的问题却并没有完结。事实上，他各个理论的始末都明确地表明此论述尚未完结。当然，考虑到该课题设定的规模，这也是理所当然的吧。

对于原广司来说，最大的问题在于如何把理论内容与设计结合，以及怎样在社会上确立自己的建筑表现。这种意识从一开始就被贯彻。就"实验住宅蒙得维的亚"展览会而写下的"关于离散性——联结可能性与分离可能性的论述"（2004年）里，反复提到了他的建筑理念，利用"相位空间"说明个人与集团的关系，以及媒介及社会的应有关系。在末尾，他也提到了城市和建筑是"共有的双方"，无法纯粹地把建筑与社会绝缘。此外在之前也提到，必须要反对那些自动性、高度化，以及机械化建设城市的理念。就像他写下"在平均化的状况下建筑师的立场"时反复主张的一样。

归根结底，就像原广司所说的，设计就是"语言"与空间之间互相捉迷藏（"序"《空间"从功能到外观"》）。

对一般建筑师来说，思考的源泉是建筑现场。他们对用流行哲学用语粉饰的建筑论敬而远之。同样被"不明白意义"的建筑界以外的老百姓所厌恶。建筑现场有其特有的丰富世界，所以不需要这些不完善的理论，甚至连"语言"都不需要。即使是理论家出身的建筑师，也会抛下理论，去面对现实的建筑。然而，原广司却始终专注于"语言"。

但是，这并非一个仅靠"语言"来实现的世界。另外，建筑的世界也并非能用理论来完全说明。原广司，就像面对自己的问题一样在最前线面对这个问题。

聚落的教导

原广司的研究，非常注重用数学模型说明住宅集合的排列，但是另一方面，前文也有所论述，关于世界聚落调查最低限度的各种发现，与设计水平的表现或者设计手法有着直接关系（直接还原）。与将住宅集合论与空间的聚合形式直接连接的山本理显不同，原广司在理念的实践和设计之间似乎存在着距离抑或飞跃。要将其埋没的是"空间图式论"和"外观论"。而最终成为关键的是"语言"。

设计手法或设计策略，经常表现出不完全性。

《聚落的教示100》是完美精髓的集大成。

"［一］规划所有部分。设计所有部分""［二］别制作同样的东西。将会变成同样东西的部分全部变形"，从"［三］地方具有力量""［九八］地下室是记忆的箱子""［九九］平面上的歪斜利用中间的庭院来吸收"到"［100］每个房间都是一个世界"，各自有高深造诣。同时，也可从中看出一部分原广司对设计的思考以及设计方法。

如果说《空间——从功能到外观》是将古今东西的言说、思考作为教材而组织起来的建筑论集，那么原广司以东京大学退休为契机而总结出的《聚落的教示100》，就是以聚落为教材，并且将其精髓整理完善的建筑论集。通过"一 自然""二 空间""三 时间""四 部分与整体""五 外观""六 情景图式""七 世界风景""八 场所""九 记号""十 空间概念"……"十八 装置/设计""十九 解释""二十 起立的聚落"等框架，总结了用于解读"原"理论的关键词。

语言与现实

继《现代日本建筑师全集〈二一〉》(三一书房,1975年)一书,矶崎新、黑川纪章、原广司三人被看作一个整体之后,还有《GA建筑师一三"原广司"》(ADA编,东京,1993年)《"现代的建筑师"原广司》(鹿岛出版社,1995年)《原广司》(Wiley-Academy,2001年)等作品集。从"伊藤邸"(1967年)"庆松幼儿园"(1968年)到"梅田天空大厦"(1993年)"新京都车站"(1997年),在追溯其发展轨迹的过程中,已经可以看出其作品的发展和规划。

20世纪70年代的工作主要就是住宅设计。原广司将住宅的设计看作是"最后的难关"以及新的出发点,并像"实验住宅拉丁美洲"所表示的那样,也是一个可以回归的原点。也许,他本人最初是以超过密斯和勒·柯布西耶为目标。但是我认为,比起成为设计超高层建筑及大型车站建筑、大型广场的大建筑师,他可能更适合做一名继续坚持设计住宅与聚落的建筑师。

但是,建筑师并不能只设计住宅,因为现实中的诸多要素都严重地限制了住宅设计。即使是现在,甚至20世纪70年代都依旧如此,归根结底想问的是"建筑有何可能性"?

"比起大型的建筑物,住宅中出现了极为现实的设计问题。现实条件的残酷性,让设计者的努力无法付诸实践的情况有很多。可是,被考验的只是设计者的构思能力。"在任何条件下,都像在沙漠里搭建帐篷一样存在可能性,其实,在从未有过的严苛现实中,存在有极大的可能性。

同时,他还十分直白地写道:"坦白地说,我在'语言'上,利用语法上的自由度作出了回避。通过语言的回避,确立了作为'事物'的住宅。语言,与其说是事物,不如说是希望和幻想,不仅是现在,也是今

后我可以坚持建造出更好的住所的持续力。"("呼吁力"《住宅中埋藏着城市——语言的发现》,第11–12页)

反射性住宅

"语言"有扩展"事物"的力量。原广司选择的不是沉默,而是通过语言来呼唤。就像"有孔体理论"所提示的,将建筑组织起来之后并不能单纯地进行扩展。《空间——从功能到外观》就是一个很好的例子。相比之下,"语言"的探索以及"语言"唤起的概念更具有力量。

拘泥于"感应(诱导)"这个概念,是受电磁学影响对"浮力"的印象非常清晰,不过在建筑的表现中,至今没有尝试。然而即使并不通俗易懂,但从学生们在探求理念、方案、事件以及这种设计演习的过程来思考的话便可以理解。

继"栗津邸"(1972年)、"伊豆的钓鱼小屋"(1972年)、"原邸"(图6,1974年)之后,在"住宅中埋藏着城市"这一标语设立的同时,也出现了一连串被命名为"反射性"的住宅。这一连串的住宅,用"对称性""谷""埋葬""第二屋顶""混合形"等"语言"去说明。另一方面,它们也被认为是住宅形式之一("向形式的风向标——追求新住宅形式",《建筑文化》1979年12月号)。另外,轴线对称规划的手法也被广泛讨论("轴线对称规划的成立条件与方法",《增刊·城市住宅 住宅第11集》)。

轴线对称形,即关于对称的形式,被称为"对几何学术的憧憬""表现者内心对法西斯主义的憧憬""对住宅应用方面有意义,但是对公共建筑或对应组织的建筑则完全无意义",这确实非常深奥。从其对于形式及其手法的追问上来分析,更加通俗易懂。

图 6. 原邸,原广司 + Φ 工作室,1974 年

虽然原广司说"对称性强的住宅是最安定的。"被命名为"反射性住宅"居住形式的基本，比起"对称性"来说，其"内核"或者说"中心"，即通过屋檐建立的"中庭"形式在古今东西已得到广泛认可，在城市集中居住区也已经是主流风格，且有无数事例可以证明。因此，相对而言比较容易理解。山本理显对此始终有研究，都市组织研究、都市型住宅研究，都以"反射性住宅"为出发点。"住吉长屋""中野本町之家""反住器""幻庵"，全部都与住宅形式相关。

多层构造论

通过"反射性住宅"，得到关于现代日本住宅形式的解答之后，原广司开始研究"多层结构论"。开始意识到"多层结构"是在设计"秋田邸"（1979年）时，"多层结构"的基本原理是"虽然是住宅，但在住所内的各位置因'街角'而变质。"

本以为会以"一开始就封闭的空间"理论（"有孔体理论"）为出发点，用"住宅中埋藏着城市"（"反射性住宅"）以及通过住宅扩展城市的角度对问题展开探讨，然而强调的却是关于镜面虚像的"转移拥挤""光的混频器""空气的设计""晕光"等视觉手法，以及转向"外观论"的内容。这开始变得难以理解。

虽说"为多层结构论而作的笔记"（《建筑文化》1984年12月号）的开篇"定义不清"，但可以概括地把现象切割成截面来理解，将场景作为情景图示来把握。也就是说，作为把握非平面形式或空间各连接现象概念的，正是"多层图式"与"多层结构"。

多层图式是在时间的空间化过程所使用的一般性图式。亦即，其与我们的意识和记忆相关联。多层结构，就是作为"叠合"空间的操作手法而被构想出的事物。即,"多层结构论"是继"拉维莱特公园"的比赛招标方案(1982年)之后的加沙项目(1984年)的构想。

空中庭院——连接超高层

到20世纪80年代为止,原广司的思索轨迹和"梅田天空大厦"之间有着巨大差异。"连接超高层建筑"或"空中庭院",以及"地球外建筑",展现出其非常鲜明的创造力,而从"反射性住宅"到"多层结构论"的理论性思索如何与"超高层大楼"相关联,他却并没有明确说明。而在谈及"浮游"的思想时也谈及了"浮力"的意象,因此开放"封闭的空间"和"反射性住宅",可以通向城市模型["未来城市500米×500米×500米"构想,1992年,"地球外建筑"(Extraterrestria Architecture),1995年]也就不足为奇了。在理论思索的基础上,比例可以被抽象化。至少,对原广司来说,这是毋庸置疑的。

但是,所谓"连接超高层",到底是怎样的模型呢?

"柱子是世界轴(axis mundi),起到将语言与物体相结合的作用,即使直立也很美丽。"(《聚落的教示100》)

大江健三郎与原广司的友谊是众所周知的,他们能通过"语言"这个媒介,让小说与建筑这两种行为产生共鸣。大江健三郎在为"梅田天空大厦"制作的宣传册(《空中庭院幻想的展望——世界之塔与地球外建筑》,积水住宅梅田有限公司,1993年)中写道:"人类是建立模式的动物,或者说是发现模式的动物。""写小说是通过语言建立了世界以及包含宇宙、社会、人类的模式","梅田天空大厦"与"世界之塔"一起,确立了世界,或者说是宇宙建筑的模式与概念。也就是说,在确立模式这点上,建筑师与小说家的意图有相似之处。

的确,"梅田天空大厦"是至今从未有过的"连接超高层大楼"。"新京都车站"也是史无前例的车站大楼。同样前所未有的还有足球场兼棒球场的"札幌巨蛋"。它们都是可以成为一种模式的建筑。

然而,我们所关心的,是这些模式是否超出了"均质空间",以及是否在这个方向作出了指示。

"非也非也"的理论

模式(model)被一般化后也就完成了其任务。而在此之后,它将依靠群体与历史而延续。比较原广司的作品会发现,他对一些理念相当执着。如玻璃的使用,或多面体屋檐。或言之他的作品有他特有的风格。那么,对于原广司来说,他是如何考虑表现出自己个性的呢?

原广司曾断言"调查过世界的聚落就会知道,传统的概念并不是民族主义的概念,而是国际主义的概念。"

对于大众式住宅与聚落的地区性和传统性的关注被广泛共享的问题,原广司有独到的见解。比如,将伊拉克北部住宅中的喝茶仪式和日本相比较,会发现文化的差异并非地区所固有,或者说以同一性和类似性的观点来看,世界各地的传统在某种程度上都具有一定的关联性。

例如茶文化应该根据茶的世界史展开讨论,但却往往容易忽略传统民族主义。而且,即使说国际主义,也不能将所有个体差异同一化,这与平均的国际一体化并不相同。

所以,关于日本空间的传统,原广司在"'非也非也'与日本空间的传统"里有论述。他将印度哲学、佛教哲学、《般若心经》《中论》等内容综合谈论,大部分内容都致力于将"非也非也"的论述作为整体化的理论来理解,十分晦涩难懂。但这就是日本中世纪美学所追求的,也是日本空间的传统。

有"A就是作品"这样的回答。然而这在理论上却并不完善。有两种选择，通过各种变化的累积表达出整体，或者同时将多个事物进行重叠，模糊地表现出整体。原广司选择了后者，这也是日本空间的传统。此外，从理论上讲，"由既有又无的境界所生成的空间"与"非也非也"的空间（的解释），在欧洲也应当是理所当然的存在。

就这样，原广司似乎走到了日本空间传统正中的理论性思考的尽头。抑或，还能有进一步的发展。

建筑有何可能性？2009年原广司出版了《终究是原广司》（*YET HIROSHI HARA*）（TOTO出版社）一书。这或许表明了他还要继续研究下去的决心吧。

原广司将自己置身在了建筑学的永久革命当中。

第 8 章 注释与文献

*1

创作于 20 世纪 60 年代的"关于建筑创作的思考"（混沌主义的意义和创造性的问题、客观性和价值判断、建筑活动及其相关性；《建筑》1962 年 10 月 –12 月号）、"建筑师在平均化情况下的立场"（《建筑年鉴》，1963 年）、"暴露的美学及其建筑"（《国际建筑》1965 年 1 月号）、"建筑的方法"（部分与整体的逻辑，形态形成的逻辑；《建筑》1965 年 1 月 –3 月号）、"有孔体的理论与设计"（《国际建筑》1966 年 6 月号）等都是其基础。

*2

"这种大规模的（安全斗争）运动，非但没有形成统一的局面，反而暴露了分歧。同时，它暴露了统计和平均的愚蠢之处……数十万人示威的规模令我震惊。暴露分歧驱使我去实现个人的目标，而不是对团结渴望……分歧扬弃的学说只是一种幻觉。必须与有分歧的人互相结成一体。如果我们试图永久性地解决分歧，等待我们的只有平均。这个平均正是幻想的自我安慰。"（"历史也让人质疑""建筑有何可能性"）

*3

在解释《空间——从功能到外观》中的"空间图式"时，原广司曾说："我对职业象棋手有强烈的兴趣……在过去的 20 年里，我看到了三代的象棋选手……米长邦雄与对手中原诚的比赛中用到招式'六七金寄'是……闪耀在现代日本精神史中的一束光。"（"导言"）

*4

一个封闭空间 Σ 由一组有限的 BE（b_{θ_1}, b_{θ_2}……$b_{\theta\pi}$）$_\theta$ 组成；作用于 BE 并决定空间属性的因素有 θ_1, θ_2 …… θ_κ。每个 BE 作为作用因素都有一个属性（a_1, a_2 …… a_κ）。如果测量空间的属性是以作用因素来描述的（$\sum_\alpha$, $\sum_\beta$ …… $\sum_\omega$）那么空间的质量就由 BE 的质量来描述。空间的质量是由 BE 的质量来描述的。也就是说，一个空间的属性由一个矩阵（a_{11} …… a_{1K}/a_{Z1}, …… $a_{Zk}/……/a_{\pi 1}k$）表示，它是 BE 的属性集合。然而，除非事先假定有一定形状和一定大小的空间，否则这个矩阵不能在实践中使用。

*5

这篇"有孔体理论"最初以"有孔体理论和设计"的名义发表在《国际建筑》（1966 年 6 月号）上，但与"浮游的思想"一起被收录在《将城市埋入住居中——语言的发现》中，并作了一些修改。

*6

在有孔体理论中,可以说空间构成和表现主义被提前整合。在模型和图纸的视觉展示中感受到了冲击力,这些模型和图纸与伊藤邸和庆松幼儿园这样的实际作品相联系。

*7

"聚落之旅"(《展望》1974年5月号),"消逝中的聚落"(同上,1974年8月号),"可以看到边缘的聚落"(同上,1977年3月号),"形象谦卑的聚落"(同上,1978年4月号),"聚落的'世界风景'"(《世界》1979年11月号)。

*8

他的这个想法在"空间概念论草案"(《SD》1971年9月号)中被构思出来,并撰写了"作为文化的空间——均质空间论"(《思想》1976年8/9月号)。收录于《空间——从功能到外观》(岩波书店,1987年)一书的开头。

*9

现代建筑所做的一切的总和,可以用密斯画出的坐标和勒·柯布西耶画出的各种函数图形的图式来解释。

*10

应地利明以研究"日本"空间的历史问题的《图画地图的世界像》书籍而闻名(岩波书店,1996年)。最近撰写的《地图在说话——世界地图的诞生》对此也有提及。(日本经济新闻出版社,2007年)。在确认了法隆寺藏品中的中世纪世界地图,如《天竺五图》《赫里福德图》和《伊德里西图》之后,该文详细介绍了坎帝诺地图的划时代性。

*11

"外观"的概念在"外观的建筑"(《2001年的样式》,新建筑社,1985年)中首次使用。

*12

它基于"两个出发"(《建筑文化》1978年4月号)。

第9章 『世界建筑』的指南针

矶崎新

矶崎新否定并批判了所有的领域，所有既成的框架，然后继续逃避。即使是对于"建筑"或者说是"建筑师"同样存在这种框架。同时，"建筑的解体"也被称作"资本的建筑"，通过出版著作《搜查建筑师》（岩波书店，1996年）矶崎新建立了作为建筑界"世界建筑师"不可动摇的地位。

逃离制度束缚，或者与制度斗争，这显然是事实，而并非只限于言论空间。这与矶崎新特有的新生活方式及其自身相关。1991年他迎来花甲之年，发誓不再追寻"名誉""地位"和"财产"（"我的履历书"，《日本经济新闻》，连载，2009年5月2日-31日），而去追寻彻底意义的"生"。

矶崎新经常亲自设定坐标轴或指南针，一边测量它的位置和移动方向，一边工作。正如"一切理论性论述，都是完成作品后的工作"[1]所述，此后，就像连载绘画系列一样[2]，将设计的最初意图，落实到图形上，而这"语言"和意象落实的过程实属不易。然而，对于其各项工作的定位通常都是具有战略性的。关于其作品、思索和发生的事件，他都随时记录并撰写成文章，然后将战略公布于众。所有的作品、所有工作都亲自记录，并亲自不断进行定位和评价，这样的一贯性让人惊讶。矶崎新根据其对自身的评价和定位，指导了关于工作的一切言论，并组织了能包容一切批判性评论言论的空间，而这样的方法也被一直沿用。

一切都是矶崎新通过自身创造的，既是由矶崎新成就的自己，也是矶崎新自己的成就。

在我早先的建筑师论中，曾以"矶崎新论——引用与暗喻——彻底折中主义相位"为题，写下了"矶崎新的知识特性与其说是面向其所掌握知识的领域来把握对象本身的特性，倒不如说是关注与对象的距离和关

系,在没有知识内容的情况下,比起创造,不如更好地掌握变换过程和构造研究。"(《现代思想》1978年12月号)

在这之前,汉斯·霍莱因描绘了"同时重叠进行种种游戏的复杂象棋棋盘"的印象,写下了"矶崎新虽然确是在棋盘之上,但却无法明确他的具体位置。"(作为"位置与运动——被视为艺术'作品'的建筑师,与矶崎新的'新寡妇'结婚",石井和宏译,《SD》1976年4月号)。而且,描绘出了头发是马塞尔·杜尚、头是菲利浦·约翰逊、耳朵是罗伯特·文丘里,心脏是米开朗琪罗,或者说是朱利奥·罗马诺……阴茎是丹下健三、屁股是玛丽莲·梦露的这种矶崎新的人体解剖图。在"矶崎新解剖图"中,这种"象棋盘"的比喻,貌似矶崎新自己也很佩服。事实上,对很多建筑师来说"这些话与评价一个人没有独立个性是同一个意思。""没有自我的异构体,那么你创作的事物便完全没有创造力了。虽不尽然,但基本不过是照葫芦画瓢罢了"。

矶崎新在建筑的游戏里擅自改变规则很不公平,这么评价的正是汉斯·霍莱因,在建筑的游戏中插入时间轴(历史)会怎样呢?游戏(建立建筑的理论空间)的结果(评价)是事后由建筑师自己完成的,如此引导和改造理论空间,难道不是"自我陶醉"吗?挑起这种争议的,是土居义岳(矶崎新+土居义岳,《对论——建筑与时间》,岩波书店,2001年)。矶崎新随即便作出反驳:自己是不可能测定自己所处的位置(不确定性原理)的,只要把被测定位置的素材当作教条来看待就好。

矶崎新厌恶体系和制度,他的著作也表达了这样的观点。在总结出版处女论集《向空间》(美术出版社,1971年)时,他计划将至今为止撰写的一些文章进行整理,并以特定的题目来论述,结果还是放弃了。他发现了所有的"每日随笔"(《向空间》，第554页)，"是将建筑空间理论化，计划应用方法论来构建，这是以建筑为开端的想法。在1995年度的研究生论文中，曾提出以此为主题的设想，最终也没有总结完成。"[3]（《向空间》，第497页）"即使一直在籍大学院，也可能到最后都没有在学会发表一篇研究论文……没有写一篇论文，也可以说是我自己思想构造的原因。"(《向空间》，第513页)

《向空间》实际上可以说是矶崎新的学位申请论文。优秀的空间论包括"暗空间"，以及"过程计划论"和"都市设计方法"。如果矶崎新不厌恶整理文章，甚至是稍微走点形式的话，也许会使日本的建筑风气多少有些变化。矶崎新所面对的困难，与其说是他自己的"思想构造"，不如说是将"建筑"的过程理论化极其困难。在这里插话虽然非常愚蠢，但我想说我在博士课程中也和他一样没有写过甚至一篇论文。在《建筑的解体》（美术出版社，1975年）的影响下，矶崎新毕业论文主题选择了克里斯托弗·亚历山大的设计方法论研究。他对于理论化的设计工具十分关心，阅读了《形式综合论》(稻叶武司译，《关于形状的合成笔记》，鹿岛出版社，1978年)，并撰写了记录实际完成过程的"HIDECS（*HIerarchical DEConstruction System*，层级解构系统)"。在与户部荣一合作的毕业设计"Partout et Nulle Part"（哪里都存在，哪里都不存在)（指南针计划）中也运用了HIDECS。我认为或许是因为他的设计作品布满矩阵与数字才能够通过并顺利毕业。

矶崎新显然具备作为编者的资质，他的全部著作都出自个人的"每日随笔"。我们是阅读其文章而成长的一代。《建筑的解体》写的是现代建筑，《造物主义论》（鹿岛出版社，1996年）写的是西洋建筑史，《返回历史——日本潮流》（鹿岛出版社，1996年）写的是日本建筑，这些都是他在各领域的教科书。《矶崎新＋篠山纪信 建筑云游》（六曜社，1980年－）和《矶崎新的建筑论集》（六曜社 2001 年－）是在《神的姿态》（鹿岛出版社，2001 年）《人体的影子》（鹿岛出版社，2000 年）这两本教科书的基础上重新编辑完成的。与只列举事实的建筑史讲义和教科书相比，这些作品可以让我们在更加深奥的层面上学习建筑。只是，在矶崎新的眼中，即使有"日本"，却依旧基本没有"亚洲"。[4] "建筑"或者说是"构筑"的概念是彻头彻尾西欧的事物，这是前提，也是出发点。我们这些人，在 20 世纪 70 年代末以后，走遍亚洲，感觉早已从矶崎新设定的游戏棋盘和游戏制作中迅速脱离出来。我想因"不存在主题"等原因，所以"什么都可以""根据个人喜好创作"。沿着"亚洲"和"昭和（或者是战后）"这两条轴线展开的单纯平面成了我的"指南针（平面）"。然而，即便如此，我虽然能感到跟着抽象的时空持续前进，但是矶崎新想象中的领域却更为广大、复杂且灵活。

矶崎新在作为表现者、批判家、思想家的工作之外，还组织了各种活动。众所周知，他作为制作人、沟通者、评审员的身份，在世界建筑界发挥着重大作用。例如，在《坂本龙马纪念馆》方案的公开评审中，大部分评审员在对没有任何标记的高桥晶子方案进行评审时，以及选定其为最优秀方案的过程中一言不发。[5] 此外，也开始与"链接的世界""岐阜县北方住宅""熊本艺术场地"这种装置（设计者选定的结构）有关联。摸索建造"塔形建筑"（城市建筑体）时，总被认为在官僚主义的空子里从中作梗的矶崎新，曾经也有一次成了建设省（现国土交通省）委员会成员。如果没有发生阪神淡路大地震，他也许可以成立与理查德·罗杰斯对话的、像英国建筑与环境委员会（CABE）那样的组织。

矶崎新处在紧随世界潮流而活跃的建筑师队伍之中，围绕"建筑"的理论空间，他作为组织范例的理论家，真正发挥了他超凡的资质和能力。在这点上，矶崎新毫无疑问是日本近代诞生的最高级别的"世界建筑师"。矶崎新最关心的，也是对我们来说最为重大的问题。即矶崎新设定的坐标轴、指南针是否清楚地"感知了未来"？以及是否能持续预知？

一 废墟——激进主义的原点 矶崎新的人生轨迹

在日本二战投降那年矶崎新正好十四岁。因为空袭而成为废墟的大分地区，都成为矶崎的原风景。大学时代，据说他在同学志中描绘的全都是废墟的插图，野原宏曾说"为什么是废墟呢？"第二年，在"血腥"的劳动节事件那天（1952年5月1日），矶崎新目睹了横放在皇居前许多外国制造汽车燃烧的情景。1960年，在日本国会批准建立日美安全保障条约的那天黎明（6月15日），矶崎新曾作为抗议游行队伍中的一员，站在首相官邸前。在桦美智子失去生命的那个夜晚，矶崎新也在东京中部目击了国会周边的情景。

在矶崎新的处女作"孵化过程"（联合中心系统"空中都市"，1962年）中，希腊神殿的废墟层叠相应。1968年的米兰三年展上，展出了"再次变成废墟的广岛"，这次米兰三年展，由于学生的全面占领而失败。参与大阪世博会EXPO'70工作的"茶和水"画室的周围，因为学生的街头斗争而屡次演化成战乱的场所。与此同时，被认为是后现代主义建筑代表作而备受瞩目的"筑波中心"竣工。他把这些项目变成废墟的状态，并作成图画。在1996年，他参加了威尼斯双年展，并把阪神大地震的瓦砾带到了会场。

为什么是废墟或者瓦砾呢？

围绕阿尔伯特·施佩尔（也是阿道夫·希特勒理论）的"废墟价值理论"[6]，他也有过许多思考。[7]包括矶崎新在内，有不少建筑师把约翰·索恩（John Soane）和詹姆斯·斯特林等自创的作品作为废墟来描绘。一方面，是唤起把废墟的美进行理想化的这种罗曼蒂克式体系，即是继续将西欧式感知体系彻底巩固的建筑理念运动。另一方面也是把一切物体向杂乱方向还原的精神运动。建筑师对纯粹形态的理想和对废墟的理想，有着相似的关系。追求完美的构筑物成为对永恒建筑的渴求，以及追求一切建筑物解体后成为废墟的憧憬，这两种理想与想要追求永恒性的欲望有着无法割舍的关系。矶崎新说"废墟"是"想象力的源泉"（"Lotus International"，《作为想象力源泉的废墟》1997年2月号）。而"建筑与破坏，创造与毁灭都混杂在一起"是"建筑""被构建的形式"。

大分

1931年7月23日出生于大分。矶崎新的祖籍——瓜生岛，在庆城元年（1596年）的大地震中一夜间被大海吞没。虽然传说大分的瓜生岛自称是"无根草"诞生地（"我的履历书"），但大分这块土地，孕育了矶崎新的建筑体系网也孕育了建筑师矶崎新，这里正是他作品体系的体现。

他的祖父矶崎德三郎经营着米行，并担任大分市的市议会会长，是在本地有着相当威望的实权者。父亲矶崎操次（1901-1951年）曾是经营大分市货用汽车公司的实业家。父亲的朋友中，有信仰马克思主义的东大新人会的主导人物，同时也有小说家林房雄，还有因为是诗人而被谣传为政治调解人的右翼大物三浦义。他的父亲始终没有离开大分，被置于"警察的监视"中，被"笼罩在称作茶与才能的艺术的世界里。"（"我的履历书"）母亲在1945年的4月因交通事故而去世。

据说他中学时，攒了些零花钱才终能买下龙口修造的《近代艺术》和小林秀雄翻译的《兰波诗集（第二册）》两本书（"矶崎新建筑是怀里簇拥着黑暗的空间"，《建筑师的礼物》，王国社，2000年）。由于学制改革，进入大分第一高中（现大分上野丘高中）二年级，因喜欢"木村们"的画室，他痴迷于艺术讲义。那时结交的朋友，在数年之后组建了被称作"新世纪群"的美术团体，其中有吉村益信、风仓匠、赤濑川原平等。此外，他在学校里成为学生会会长，坚持抗议陈规陋习，当时还有同级的赤濑川原平的哥哥——赤濑川隼（"我的履历书"）。"学生会长和艺术风格讲义"，矶崎新的这种遗传天赋在高中时代就已显现。

驹场宿舍

1950年，他以东京大学理科一等的成绩进入东京大学（新制二期生），并住进了驹场宿舍。我在1968年入学之后也住在与驹场宿舍相似的地方。"当时的驹场宿舍，被笼罩在学生们拥护马克思主义理论的氛围里"，他们就是"梁山好汉"。1968年的驹场宿舍也是如此。在"不知道战争的孩子们"的这代人中，发生了那次特殊的"学生运动"，还有围绕"战后经历""马克思主义形式化"的争论，甚至还有与之前不同次元的模拟体验"战争"的氛围。

还有同样作为新生具有"令人吃惊智慧"的山田洋次。矶崎新曾属于"美术研究会"，在参加文学艺术与共产主义的集会时，据说曾被安部公房评价为"过分自大"。

1951年，升入二年级的那个春天，矶崎新的父亲因为脑出血去世。在父亲的同学津末宗一介绍下，他从驹场宿舍搬出来，投奔法文学者、东京大学教授渡边一夫，成为本土真砂镇私宅的工读学生；同时兼职担任导师儿子的数学家教，英语家教是高桥康也。我在驹场宿舍上课时，高桥康也教授英语，当时读过的连环画作品到现在还记忆犹新。

1952年，血腥劳动节事件发生了。

"我正处于学生时代，那是个被'血腥'劳动节包围的年代。那一天，学生们被引诱到宫城前广场，被全部消灭……由于怀疑活动者中有间谍，有些具有优秀才能的朋友在审查中被波及，陷入山村工作队中而营养失调，成为废人之后从大学中消失……对于每天陷入痛苦的学生们来说，革命多少是能抚慰绝望状况的希望。至少到1950年为止，认真探讨过革命的可能性。"（"年代笔记"，《向空间》，第483–484页）

向建筑

1950年时，矶崎新还不知道建筑学科的存在。大学一年级的秋天，在《国际建筑》杂志的特辑"广岛规划"（1950年2月号）的冲击下，他在去往大分扫墓的途中特意在广岛站下车，看到了建设中的"广岛市和平公园和纪念馆"。然而当时他竟全然不知丹下健三是东京大学的教授。

据说矶崎新是受到同属于"美术研究会"的前辈们的影响，升到建筑学系的。此外，如果在工学部想成为艺术工作者，只有学习建筑的唯一选择。[8]选择了建筑学之后，矶崎新在勒·柯布西耶《我的作品》中无意发现了"卫城把我变成了反叛者！"这句话，于是非常想设计建筑，也是第一次想要成为一名建筑师。[9]

在学生会时，矶崎新曾在藤岛亥治郎的工作室打工，期间做过模型。也在机缘巧合下，帮忙进行了民居调查（"战后现代建筑的轨迹 丹下健三及其时代"，《矶崎新的思考力——建筑师在哪里做建筑》，王国社，2005年）。其中，还包括伊藤郑尔、田中文男、稻垣荣三三人。虽然矶崎新被认为是由于藤岛亥治郎的指导而选择专攻了建筑史，但我仍然认为，如果学习设计的话还是应求教丹下先生。矶崎新毕业论文的题目，是"高层建筑的诸多问题，摩天大楼的史实分析"。

1954年，矶崎新进入了大学院（丹下研究室）。作为"下面的制图员"，最先参与的是"广岛和平中心主馆"的施工图设计。最开始是"香川县厅舍",接下来的工作与"今治市厅舍公会堂"有关。然而,他并不是只画图或制作模型。与伊藤郑尔、川上秀光三人一同用"八田利也"这个笔名,在《建筑文化》杂志的平台上发表文章,批判"只通过摆弄住宅平面布局来发现现代建筑,并随意制定国家政策"的做法。总结此连载的,是《现代建筑愚作论》(彰国社,1961年)。"只是摆弄住宅平面布局来发现现代建筑"的这种批判不只是针对"使2DK机械性扩散的住宅设计师",还针对标榜"建筑规划学",及建立了西山学派、吉武学派的池边阳、广濑镰二的工业建筑生产派。"因构造力学和抗震技术等专业强势而曾偏重技术的东京大学建筑系,这时开展了'城市规划'的讲座。年轻的副教授丹下先生也参加了。然而,讨论的中心,却是如何现代化地设计学校和医院等公共设施,以及如何使国家的政策具体化。以设计美学为目标的丹下先生关于城市规划的想法竟然完全错了。"丹下研究室与西山·吉武研究室的对立是"作家主义"与"调查主义"的对立。

丹下研究室是以"雕刻室"为根据地的,在这间"雕刻室"里,我们设计了"裸妇",也学习了雕刻,我们在大学时代"雏芥子"的同伴们,曾住过"雕刻室"旁的房间。矶崎新写过关于东京大学建筑系三楼走出的"大文"先生(木匠小文与田中文男)的文章("田中文男 让天使与恶魔同在",《现代栋梁 田中文男》,田中文男等著,INAX出版,1998年)。大学时代的矶崎新就开始了独自的设计实践,最开始设计的是本乡菊阪的小旅店。当时,他委托大文先生作为顾问。我在1990年才认识这位大文先生,他曾拜托内田祥哉老师帮助设立"职人大学"(现制作大学)。当时我常被邀请去与他们小酌,一直听他大声诉苦,也总是反复听到关于年轻时代矶崎新的故事。

五期会

NAU（新日本建筑师集团）解体之后（1951年），建筑研究团体联络会（建研联）的兴起正是矶崎新进入大学院时，也就是1954年3月。在学生会时，矶崎新与国际建筑学生会有联系，与京都大学的绢谷佑规共同写下报告。绢谷佑规，作为西山卯三的继承者倍受期待，却遗憾死于交通事故（1964年），他从东京大学的城市理工科毕业，又在京都大学学习了作为第二专业的建筑学。西山卯三计划由绢谷来负责"地域生活空间规划"的讲座。上田笃最后不得已把"建筑规划讲座"让给了翼和夫，自己作为副教授被建设省召回。更加机缘巧合的，是我也曾在1991年受邀进行"地域生活空间规划"的讲座。

从此，矶崎新进入"周二会"，作为"建研联"的一员，负责记录"总评会馆"设计研讨会的相关工作。对于"五期会"的设立（1956年6月），矶崎新也起到了积极作用。当时，建筑界的中心主题之一，是"协作设计"。在"总评会馆"的协作设计中，由于对沃尔特·格罗皮乌斯在美国组织的TAC（The Architects Collaborative）的憧憬，也可以说是由于美化了协作设计的"TAC幻想"，便有了对丹下研究室"贵族式设计"的批判。

"虽然'五期会'的成立是在矶崎新大学毕业后的第二年，但他实则早已成为建筑师团队的主要成员，虽然他对某些问题在意识上有偏差，却仍然担任机关杂志《设计组织》的发行负责人。要想实现'制作机关杂志的人管理五期会'这种组织运动的原则，就要暗中谋划。""结果却是，他作为一个表面热心的会员，最终成了一个优秀的跑腿成员。"（"年代笔记"，《向空间》，第491页）

"五期会"以后，矶崎新没有参加"日本建筑师协会"，成为彻底地拘泥于"个人"的建筑师。事实上，20世纪50年代的矶崎新还有另外一个世界。他追求独立，却最终迎来了"20世纪60年代安保条约"。

新宿白房子

"当时，我一结束在东大丹下研究室的工作，就去了永田市国会议事堂，加入了不断高呼反对安全保障口号的游行队伍。到了晚上游行和集会解散之后，我回到了本乡菊阪的小旅馆，直到黎明，都在新宿打发时间。我曾一直梦想在白房子的地上坐着，吉村则陶醉于在附近的小酒馆买的便宜威士忌酒。推翻延续至今的概念、过激并革新地改变建筑也许是不可能的吧。"（"我的履历书"）

"白房子"由矶崎新设计，也是吉村益信的住宅兼画室。每晚，吉村益信、赤濑川原平、荒川修作、筱原有司男、风仓省作（匠）等在"新达达主义"[10]中云集的一群人都会在此进进出出。

矶崎新1961年博士课程毕业（期满退学）后，加入了丹下健三研究室（丹下健三＋都市建筑设计研究所URTEC）。这年春天，他突然感到无法控制的恶心，恶心不适反复发作，他被诊断为因过度疲劳而引发的"美尼尔综合症"，不得已住了几个月医院。据说期间岸田日出刀[11]教授以为他患的是精神病，劝导他打打高尔夫或者从事艺术活动什么的来转换心情，甚至还劝导他去国外留学。

"偶发事件"是在矶崎新居住的本驹家中，举行吉村益信的渡美壮行会时发生的（1962年）。当时，冈本太郎、丹下健三、龙口修造、一柳慧等人前来参加宴会，土方巽、筱原有司男赤裸着身体在屋顶上跳舞，聚光灯一照，被近处的警察察觉，随之发生了警车追逐的闹剧。第二天，送出邀请函的矶崎新出面前往警察局，当时被判为公然猥亵罪。矶崎新在警察局时，主张"反艺术"的也是"艺术"的一方面，这个逻辑后来在《建筑的解体》论中被反复使用。

十年后，关于"雏芥子"的一切，有东京大学建筑系的制图室里将绘图桌摆成舞台一事，我想起在这儿曾举行过磨赤儿高挂"大骆驼舰"旗帜的公演。在金粉秀之后，一些团体以自己的姿态在东京大学本乡校区走动，然后飞奔进正门前的洗澡堂。在安田讲堂前的黑帐篷里排演戏剧的时候，因不断回绝来自总（校）长室的邀请，才使得公演能顺利完成。阿尔伯特·施佩尔的"艺术废墟"口号十分符合那个时代的氛围。[12] 只是，那个时候，"偶发事件"早已变成了茶余饭后的稀松平常。

出道

除"白房子"（1957 年）之外，矶崎新的出道作品还有"高崎山万寿院别院规划"（1959–1960 年），委托者是矶崎新父亲的昔日好友，曾担任大分市市长的上田保。这位市长因他成功地吸引了来自高崎山的猴子并将大分市打造为观光景点，而被描绘成火野苇平《只今零匹》的主人公，是一位被影视化的名人市长。"因与岸田日出刀教授的交谈，按照老师的设计当了助手"因这一言论（"我的履历书"）而成为众所周知的市长。

岸田日出刀、丹下健三（再加上高山荣华[13]、吉武泰水——同样是大分出身）和矶崎新的关系意味深长。岸田日出刀教授说"我曾目击多次老师丹下健三被斥责却并未还口的情景"[14]，在这样的关系中，矶崎新与这位大教授成了"私交甚深"的关系。[15] 例如，在 1963 年，"东京市政府"的后面建立超高层别馆的规划，正是岸田日出刀任命的矶崎新陪同东京都高官视察欧美的市政厅。[16]

在大分市还有另一个人，他是接替其父亲并被委托经营私立"岩田学园"的岩田正，经介绍，他认识了大分市医师会副会长中山宏男，实现了首个设计作品"大分市医师会馆"（1960年）。这位中山氏的私宅就是"N氏邸"（1964年）。"岩田学园"（1964年）、"大分县图书馆"（现Araplaza，1966年），以及"福冈相互银行大分分行"（1966年），甚至还有"辛岛邸"（1978年）等这些大分市的项目为矶崎新的首次亮相提供了支持。矶崎新这样回忆道"一位建筑师的后援人是持续把一座城市的建筑物委托于这个建筑师，虽然普通意义的后援人方式在近代化的过程中会慢慢丧失，但也许我能够保有这最后的一份恩惠吧。"

矶崎新于1963年从"URTEC"辞职，设立了"矶崎新工作室"。虽然原本签订了在"URTEC"工作的协议，但由于矶崎新想用自己的名字发表他的构想，因此不得不成立新的公司（"我的履历书"）。

"大分县立图书馆"获得了日本建筑学会的大奖（1967年）。此外，还获得了"建筑年鉴奖"（1968年），接下来的作品"福冈互助银行大分分行"也获得了艺术新人奖（1969年）。可以说是十分年轻的出道，仅在30多岁过半就连续获奖。

1968年

"虽然从年龄上讲我是20世纪60年代的人，但我作为建筑师的思维方式，也属于1968年。"[17] 此后，1968年的事便被反复讨论。矶崎新思考的原理是一贯性的，即对于"既成的事物""旧体制""旧制度""秩序"持"反对"的态度，并偏爱运用"违反""伸张异议""解体""革命""前卫"这类词汇。他在1968年最喜欢用的词汇，是"伸张异议""反""叛"和"自我否定"。矶崎新在其作品中表达了他对那次"学生运动"的看法，并引起了人们的同感，继而自然能使人们产生共鸣。

大阪世博会 EXPO'70 会场的设计，对矶崎新来说有决定性意义。此外，在"米兰三年展"遭遇的被学生和年轻艺术家占据的事件对他的影响也很大。巴黎"五月风暴"的波澜也波及了米兰，矶崎新签署了"支持占据"的声明，"我与呼吁反对体制的他们有共鸣，想想自己的展示内容，这也就理所应当了。"[18] 但是，矶崎新本来想站在发起攻击的一方，最后却发现自己成为学生们攻击的对象。"无论提出怎样的异议，既然与重大事件相关联，就会成为制度的参与者。"（"我的履历书"）

矶崎新被迫"保持着看起来无能的歪曲姿势"，"参与到 EXPO'70 的工作中，同时做着协调反对势力的杂技演员"（"1960 年的印章"，《返回想 I》，ADA 编辑，东京，2001 年）。

从 1968 年开始到 1970 年，虽然从事 EXPO'70 工作的东京工作室在地御茶水地区，但那里也变成了"街头战争"的场所。然而"这次争论中的敌人，变成了正进行国家庆祝活动工具的世博会，我对此没有共鸣。"（"试着回想《手法》"）（《反回想 I》，第 250–264 页）。矶崎新处于"无法动身，进退两难"的状态，只能悬在中间呈现出分裂症的症状，遭受了身体和精神上的双重折磨。

然而，矶崎新一直执着于"1968 年的思想"，尽管他认为这是个挫折。矶崎新也一直执着于"一切都变成了大写文字，也就是对演化成为'形而上学'的概念（'人间''艺术''建筑''中心''西欧''阴茎''美术馆''构造''左右对立'……）宣告死亡的思想。"甚至说道"这些年被卷入的事件，以及直观感知的方向，还有表达共鸣的思想和作品，这些对现在的我来说不会成为障碍，应该积极地去承担和面对。"

EXPO'70

矶崎新在1966年以后,整整五年的时间里,作为核心成员之一,与大阪世博会的设计保持着密切关系。他被卷入各种各样的政治争斗的"漩涡"中,并被屡次捉弄。因为进退两难,反复变换的立场使他身心撕裂,这与技术专治支配下的现实之间有惊人的矛盾,对矶崎新造成了非常大的伤害。时间变迁,更加具体的"漩涡"显露出来。[19]

他被卷入了东大・丹下健三小组 VS 京大・西山夘三小组的主导权之争,矶崎新知道了西山夘三退出与东京大学的重要人物会谈的插曲,为了得到西山夘三对于丹下小组提案的理解还一直追踪他到旅游地的事情,及这些事件被《朝日新闻》单方面揭露等插曲,在这些事情中存在的各种各样的内情。关于丹下与西山的纠葛,我们有机会从上田笃老师口中多次听到"与东大小组的参谋——矶崎新的唇枪舌战"的轶事。此外,事件被记录在《建筑思潮》(2号,1993年),也直接听过在矶崎・原对话中关于EXPO'70的谈话。京都大学方面,海道清信详细地记录了EXPO'70会场设计的始末。[20]

然而,矶崎新被无休止的学阀间的立场争斗所愚弄;同时也被政教一体化的巨大体系所吞没。他在内心学习到的,是"设计只是虚构的事物""大工程是通过政治力学进行的,不期望什么民主性的决定,只有政治性的决定。"

矶崎新在1968-1970年,总结出了以下论断:"激进社会变革主义与设计之间有绝对的分别""不得不说,能一手整合设计与激进社会变革主义两者的提案,只存在于被称作幻想的领域中。反之,如果认同激进社会变革主义者的观点的话,可以说整个设计过程,即在建筑实现的全过程中,反体制的内容只有小部分能够残留",以及"放弃设计,或者只是

拒绝，不就是保存激进姿态的唯一办法吗?"(《建筑的解体》)

  年轻的建筑师接受了矶崎新结论的观点，以及前川国男的发言："现在最优秀的建筑师是什么都不创作的建筑师。"事实上，有许多脱离，或者说是不得不脱离建筑的建筑系学生。

二 建筑的解体与"建筑"宣言 _{矶崎新的建筑论}

矶崎新选择的是"设计"也是"作为艺术(美术)的建筑"。另外"反艺术"也是"艺术",这种"艺术消退不可能性原理"(宫川淳)尤其被关注。但是,作为前提,既成的"建筑"也就是"作为艺术的建筑",必须要暂时解体。矶崎新的理想,是将"建筑"与所谓的桎梏——时间性序列(历史)、社会的背景(场所)、样式和技术中切断,从而虚构自己的平面。[21]

对于矶崎新自身而言,继续"建筑的解体"的连载是为了回避自己的"分裂""进退两难"的状况并进而拼命创造作品。而且,事实上,他把同20世纪60年代的作家,汉斯·霍莱因、建筑电讯派、C. 穆尔、C. 普莱斯、克里斯托弗·亚历山大、罗伯特·文丘里、超级工作室(Super Studio)、阿基组姆设计小组(Archizoom)的扩散化作业,即以否定所谓"建筑"的概念,以及扩张(其他领域理论的介入,向建筑概念的全领域扩散)"近代建筑"(国际风格与功能主义的方法是不同的,同时让已互相接替的风格重新联结)的规范工作为目标,把它们作为研究对象去整理分析,从而清楚地确定自己的方向。

手法——引用与暗喻

最初,矶崎新将手法作为突破口。《手法》(美术出版社)在1979年才出版,较早些的"为什么是《手法》"(《a + u》1972年1月号)"关于手法"(《新建筑》1972年4月号),创作于1972年。

手法,是将正方形和圆形等这种纯粹几何学形状,扩展到三维空间形态,对柏拉图式的立体进行各种各样的切断、映射、布局、旋转、增加、包裹、呼应等操作的,这种层面的设计手法。矶崎新以解剖式几何学的形态操作作为"手法"的诸多作品，被称作"○△□"（圆三角形正方形）等，同时被定性为后现代形式主义的流派之一。关于纯粹几何学形态，矶崎新在提出柏拉图式立体的同时，也提出了俊乘坊重源的"五轮塔"等，强调了与宇宙构成原理（宇宙学）的关系。

矶崎新返回来进行基础理论的研究，援引了16世纪风格主义的"风格"、俄式形式主义的"异化"，以及米歇尔·福柯的"雷蒙德–拉塞尔"（Raymond Rusell）论中的手法。当初，他对于"形式主义的方法"以及"脱离观念意识论的技术主义方法"进行了批判，并作出充满自信的言论："如果假设手法表达的，是物体和空间的异化作用导致明显地违反常识，那么手法作为自身存在有其现实意义，并起着一定的作用。"他所执着的，既是"反叛"也是"现实主义"。矶崎新的手法论是接续引用论、符号论、修辞论[22]的理论。

矶崎新的形式主义，明确地与依据都市文脉的文脉主义相对立。独自创作了虚构的、切断一切与城市关系的建筑平面，意味着拒绝了以都市为设计依据。这就是"从城市中撤退"。

虽然石油危机导致建设量减少，但矶崎新却依旧接连完成"群马县立近代美术馆"（1974年）、"富士乡村俱乐部小屋"（1974年）、"北九州市立美术馆"（1974年）、"北九州市立中央图书馆"（1975年）等设计。20世纪70年代是全盛的"矶崎新时代"。与之相对，丹下健三在日本基本没什么工作，而是按照1960年的方法到中东的石油产业国发展。在矶崎新组织的空间言论的背景下，涌现了很多年轻建筑师。

筑波中心馆

矶崎新的人生轨迹在20世纪80年代进入第二阶段。

第一，完成了由"手法论"向"引用论"进化的结晶作品"筑波中心馆"（1983年）。回顾过去，"筑波中心馆"可以说是日本后现代建筑的先驱，也是矶崎新的代表作。

由于"筑波中心馆"的设计，矶崎新作为首位设计者被卷入"什么都是"的后现代建筑风波。矶崎新自己也乘势发表了《周刊本 后现代原论》（朝日出版社，1985年）。其中，引人注目的语句，是"分裂症折中主义"（schizophrenia eclecticisim，精神分裂折中主义）；把"不存在主题"的"主题"主体化，这并不是倡导"不存在主题"；在《建筑的解体》中追问的，是"建筑的近代性（现代风格）"，而不是宣传"后现代主义建筑"等。"解构主义是有问题的""解构主义没有责任感"，这都是误解，矶崎新曾反复这样辩驳。然而，以手法论和引用论来作为理论基础，发起了一切事物都等价的言论，"筑波中心馆"的实现影响力非常深远。

第二，进入20世纪80年代后，矶崎新开始了海外活动，"帕拉丁音乐厅"（Palladium，1985年）和"洛杉矶现代艺术博物馆（MOCA）"（1986年）是他的跳板。其过程竟然有着这样的插曲：从1981年1月开始设计，到1983年9月这段时间内，他大概提出了30个方案，在差点被建设委员会及运营委员会全部否定的紧急关头，因受媒体记者拥护才得到解救逃出困境。矶崎新当年如果承接了巴塞罗那奥林匹克室内竞技场"圣·霍迪节宫"（1990年）的设计的话，或许会成为更有影响力的国际建筑师吧。

围绕"筑波中心馆"，他把自己的言论和所有批判性（筑波中心馆争论）言论进行总结，出版了《建筑的成绩——"筑波中心馆"争论》（矶崎新编，PARCO出版，1985年）。我也参与其中的、谈及了当时竣工的大江宏的"国立能乐堂"（1983年）、黑川纪章的"国立文乐剧场"（1983

年)、芦原义信的"国立历史民俗博物馆"(1980年),或者是"第二国立剧场"的竞赛(1984年),以及包含了"科学技术馆"(1985年)的理论文章("国家与后现代建筑",《建筑文化》1984年5月号),围绕着矶崎新的"追问城市、国家和'样式'"(《新建筑》1983年2月号),写下了这段话:"矶崎新在《筑波中心馆》中围绕国家与样式提出的问题及其解答,多少有些奇妙。之所以这样说,是因为他总是尽可能用回避解决问题的方式来作答。"

全面否定围绕国家与样式问题的历史性解答,在确认了不存在明确的国家形态的理想状况,也不存在国家象征化的纪念样式之后,矶崎新通过"筑波中心馆"在试图追问些什么。作为结果,他选择的是"像绝对不能得出明确的图像那样,只有经过侧滑、翻滚、继续摇晃的模式""像全体无法被支配一样,把单一的印象重合为一个个片段,互相摩擦、磕碰,再使其缝合。"

"筑波中心馆"虽然"看不到中心,但却有中心。那中心,就是日本天皇制的构造。"这是浅田彰的评论。20世纪90年代的10年,矶崎新与浅田彰共同组织了探讨建筑与哲学的"Any会议"。

被悬空的"近代建筑"批判

20世纪80年代发生了"东京都新市政府大楼"的竞赛事件。黑川纪章利用大众媒体反复激烈地批判了丹下健三,并引起了媒体对"这是建筑界的权力斗争吗?"这一话题的关注。结果,围绕庆祝丹下健三回归日本设计竞赛的始末,平松刚发表了《矶崎新的"东京市政府"——战后日本最大的竞赛》(文艺春秋,2008年)这篇文章。

关于"新市政府大楼",我按照请求,在《朝日新闻》刊登了五篇短评解说("我的新市政府论一～五",1986年2月),写下"纪念碑还是墓碑,或许是变革的征兆吗"(《建筑文化》1986年5月号)的评论。即使到现在也觉得不可思议,谁都没有就矶崎新提出的"新市政府"中蕴含的各种问题写过评论文章。

在决定新市政府的设计者是丹下健三的同时,前川国男去世了(1986年6月26日),享年81岁。他的一生,正值日本二战投降后鼎盛时期的四十年,即使丹下健三对于新市政府没有政权交换的意义,但是却对建筑界有着世代交替的影响。

从20世纪80年代中期到90年代初,泡沫经济袭击了日本列岛。外国建筑师占领了日本列岛,后现代主义建筑虚假繁盛到处开花。

日本列岛开始进入了狂热的开发时代。黑川纪章发表了"东京湾填埋规划",丹下健三也马上提出了订正"东京规划1960""东京规划1986"(图1)等这样的规划方案。这是新陈代谢理论的复活,东京改造的狂热

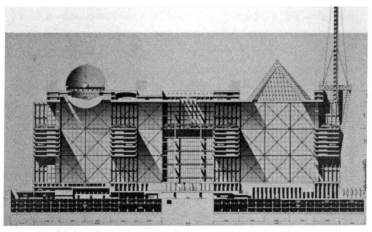

图1. 东京都新都厅舍竞赛方案,矶崎新工作室,1986年

就好像黄金的20世纪60年代的复活。近代建筑批判这种话题就好像从哪吹来的风一样。我重新打起精神写下了"后现代都市·东京"[23]。20世纪80年代后期东京作为世界之都脱离日本列岛，作为在亚洲成长的地域性城市，得到了异常发展。[24]

大字建筑

凭借着泡沫经济的波澜，后现代建筑开始飞扬跋扈，出现了朝着被称作"后现代主义历史"的历史主义建筑方向逐渐转化的状况（被消费），矶崎新对此感到很困惑。

即便矶崎新曾说"因此，我不会再作为设计者插手历史样式……我不会参与自称后现代主义却破坏历史档案库的历史主义"（"后现代／解构"，《矶崎新的思考力》，第157页），也曾说"那与我无关。""差异的无差异化"，在一切的差异被消费的过程中，矶崎新失去了特权的依据。其实最早，矶崎新也只不过是"他们中的一员"（one of them）。

于是，矶崎新进行到底的，是"大字建筑"（architecture with capital A）。开始朝着"建筑的解体"方向出发，却到达了作为"大字概念（超概念）"的"建筑"。

为什么不得不走到"大字建筑"的概念？如果只进行表面性的解释，应是这样："建筑的解体"这种宣言出现以后，因为是从近代建筑的夹板里解脱出来的，所以设计界出现了混乱的现象。极其朴素的行动反映出装饰性和形式性的复活，是历史主义建筑的飞扬跋扈。所谓的后现代主义设计，也令人眼花缭乱。在建筑符号差异的虚幻中，只有差异被拿来竞争。年轻的建筑师陆续涌现，玩味过激的设计。其结果，是出现了设计过度饱和的现象，这就是追求差异化，结果导致产生"白噪声"的状况。被看成是日本后现代主义设计先驱者的矶崎新，不久也被卷入这个漩涡当中。矶崎新也有了"one of them"的状况。如果将差异的差异化作为主题，其速度在不断增加的状况下，谁都不可能成为中心。所以，要使这种状况成为全部特殊的差异化，应当怎么应对才好呢？于是被选择的是"大字建筑"（拙著《战后建筑的绝命——世纪末建筑论笔记》）。

在我看来，"矶崎新时代"在他到达"大字建筑"的那一瞬间就结束了。我们在宣布"建筑解体"时，不单单是阐述近代建筑的规范及其理论和手法的解体，还包括所有特权性建筑所使用的特有方法的解体。以这种双重解体为目标，说到底，"建筑解体"的观点出自解体的结果是"废墟"还是"全部在于建筑"的想法。

矶崎新自己也提出"建筑"这种大时代的超概念，是"宏大叙事"的回归，他也充分意识到，这可能被怀疑成叛逆的倒退。对矶崎新来说，是"通过将引用范围扩展到现代主义封锁的历史档案库""引用并非一种有意识的方法，而是为无政府主义混乱辩护的借口"，也正因如此，我们必须重新调整应对"历史、历史性的事物、历史性的样式、历史性的片段及事实等领域"的方式（"非都市性的物体"《〈建筑〉这种形式Ⅰ》，新建筑社，1991年）。此外，他还决定重新拯救显然是形而上学且"宏大叙事"的"建筑"，并断定这就是讨论的核心问题。本体是被解体了吗？消失了吗？单单是被解体＝构筑（解构，deconstruct）吗？矶崎新被要求解释以上疑问。如果这些问题被解决，也许就能断言"建筑"是灭亡、复兴还是继续了吧。留有"即便如此，希望也很渺茫"的退路。

矶崎新从正面对"建筑"这种超概念的成立提出了质疑。而在审视其在"近代"这个时代的成立时，就需要对使近代建筑确立的知识等领域进行追问。因为"建筑"是作为涉及可视化形式的言论而出现的，因此对"建筑"的追问，就成了对促使其成立的西欧知识本身的提问。也就是说，西欧形而上学及其形式主义本身成了目标的问题构成。随即，便成了荒谬的主题。这应当才是"全都在于建筑"的境界。

创造者的召回

"如果不对'建筑'追问，它就不会显现，忘记即结束；如果构造一个项目，并把'建筑'的概念嵌入其中，那便自动与'建筑'建立了联系，'建筑'也就自然显现出来了。"有这样直截了当的回答。

矶崎新说，"建筑"这种超概念，在18世纪中叶成立。而且，记载其成立的言论中，召回了造物主（Demiurge）。造物主就是柏拉图论述宇宙创造生命的《蒂迈欧篇》（*Timaeus*）中登场的造物之神。矶崎新让造物主获得了重生。

"我认为'建筑'——或言之创造者（造物主）的'构筑'"（《始源的模仿——日本式》，鹿岛出版社，1996年）是矶崎新创作的"随笔"中最为优秀的论述研究。我在长时间处于兴奋的状态下阅读此书，它并不是矶崎新流派的"近代建筑史"，而是"全建筑史"。尤其是矶崎新还把自己的作品插入到了叙述的建筑类型之中。

其开头是这样写的：

"蒂迈欧认为宇宙是根据三个最终原理生成的，即作为造物之神的创造者（造物主），作为肉眼看不到的永远效仿的理念，以及作为让存在者能够看到感受器（感应器）模式发生的场所。创造者（造物主）担负从可见的现实世界、想象的理想世界，以及将理想变成模式场所中进行筛选并生成的使命。……只是，创造者原本是指像鞋店和木工等干手工活的工人，他们未必能像万能的神灵一样创造完美无瑕的事物。于是，作为工人的建筑师、工作者、技术人员也被包含在此范畴之内。创造者虽然被认为包括从事简单实用工作和盲目机械性工作的人，但柏拉图让创造者登场，是为了赋予目的论为自然论的依据，创造者并不是胡乱地创造物体，而是像工人工作时那样，有目的性地创造。"

"'建筑'——或者是创造者的'构筑'"是矶崎新关于"建筑"的宣言。

Any 会议

1990年全年，矶崎新继续撰写汇总《'建筑'这种形式Ⅰ》的理论。为洗清自己"后现代主义建筑的首创者"的罪名而努力。矶崎新在1991年进入花甲之年，开始了以"洛杉矶现代艺术博物馆（MOCA）"作为首展的回顾展——"矶崎新1960/1990建筑展"。同时，在洛杉矶召开了"Any 会议"。这表明了他要哲学性地追寻"建筑"本源的想法。

"Any 会议"是保罗·艾森曼与矶崎新共同的主意，并由他们加上西班牙的伊格纳西·德-索拉－莫拉莱斯（Ignasi de Solà-Morales Rubió）三人合作发起，管理部门的经费由日本的清水建设承担。

"Any 会议"本身可说是象征着"决定的不确定性"，① Anyone（围绕建筑的思考和讨论的场所，1991年，洛杉矶）、② Anywhere（空间的诸多问题，1992年，汤布院）、③ Anyway（方法的诸多问题，1993年，巴塞罗那）、④ Anyplace（场所的诸多问题，1994年，蒙特利尔）、⑤ Anywise（知识的诸多问题，1995年，首尔）、⑥ Anybody（建筑本身的诸多问题，1996年，布宜诺斯艾利斯）、⑦ Anyhow（实践的诸多问题，1997年，鹿特丹）、⑧ Anytime（时间的诸多问题，1998年安卡拉）、⑨ Anymore（全球化的问题，1999年，巴黎）、⑩ Anything（围绕物质/事物的诸多问题，

2000年，纽约）等主题会议持续举行。

"Any会议"讨论的内容由矶崎新和浅田彰进行主编及翻译，由铃木一志编排系列书籍，在日本发行。虽然有稍许的滞后，但是在2007年，记录最后一次会议（2000年）的"Anything——围绕建筑与物质/事物的诸多问题"的日语版，在日本出版。在2010年一月末出版了第二册，它的内容包括了20世纪90年代召开的"Any会议"的内容。[25]

通过浅田彰的话来总结，"虽然说通过Any会议展示的新理论观点越来越被质疑"，但却表现出了陈旧理论架构正趋向瓦解的过程，同时因为具有总结20世纪建筑理论的作用而意义深远。

具体地阐述，虽然保罗·埃森曼＋雅克·德里达（此外还有矶崎新）的脱离建筑理论具有支配性，但是渐渐地德勒兹（Gilles Deleuze）派的生机论开始变得繁盛起来。此外，"比理论超前的，是通过使用计算机开展创造无拘无束形态的游戏。"而且，"批判理论已经过时，凭借早已趋向全球化的资本主义风头冲浪的雷姆·库哈斯（Rem Koolhaas）式的愤世嫉俗的作品变得具有支配性。"雷姆·库哈斯突然正式地概括了"不是建筑而是都市，因其背后有重要的全球化资本主义背景，所以建筑固有的理论等也早就不算什么了。"（"Any会议开辟的平台"，《Anything——围绕建筑与物质/事物的诸多问题》）

1998年后，作为历史的转折点，矶崎新列举出了1995年1月7日（阪神淡路大地震）和2001年9月11日（美国同时多发恐怖事件）发生的两件事。从此，历史转向美国独霸世界，"世界体系"的天平向美国倾斜。日本由于泡沫经济陷入危机成为"空白的十年"。如果说阪神淡路大地震从根本改变了日本城市建筑相关的范围，倒不如说，我们看到日本正向着世界资本主义全面开始的时代突进。"世界建筑师"开始去到阿拉伯半岛和中国等国家，"Any 会议"的争论也非常鲜明地反映了这种时代氛围。

"9·11"事件震撼了世界。

被标榜为世界资本主义象征的美国"世界贸易中心"等地，同一时间发生多次恐怖袭击。利用"文明的冲突"，用武力压迫他国的美式霸权主义，被伊拉克和阿富汗拖进了泥沼。"ground·zero"项目把大量的问题摆在了建筑师面前。另一方面，迪拜也陆续开始招聘"世界建筑师"。

接着，2008年的雷曼事件影响了全世界，同时在日美引发了政权交替。

矶崎新到哪里去了？也许是去能主导世界建筑界的地方了吧。

三　建筑不完善综合征　永远的矶崎新

如果在世界地图上寻找矶崎新的建筑作品（建筑"物"），能找到什么呢？可以感受到，支持他完成首个作品的是故乡大分的组织网络。在日本的建筑环境中，地缘、血缘、学派这种网络关系与工作机会紧密相关，建筑师把其作为飞跃的杠杆，这与至今为止举世闻名的建筑师圈子相一致。

然而，全球化确实覆盖了全世界。进入20世纪70年代，石油危机袭击了世界，即使在建筑界，在"宇宙船地球号"备受瞩目时，以经常被国际性展览会、研讨会、竞赛等邀请的相关建筑师为中心，形成了国际性建筑师团体（在CIAM以后）。与UIA（国际建筑师协会）等立场不同，他们被称作"国际化·设计·黑手党"，是一个没有特定管理部门和特别规定的团体。在其中，有支持美国近代建筑的菲利普·约翰逊，他通过"AT&T大厦"（现索尼大厦，1984年）来尝试领导煽情的后现代主义。前年完成了"筑波中心大厦"的矶崎新也成为其中有发言权的一员。"Any会议"是其延续，在2000年举行最后会议的短途旅行中，矶崎新访问了主要成员菲利普·约翰逊的自家住宅（"玻璃屋"）。也许矶崎新期待的，是能够成为菲利普·约翰逊的继承人吧。

造物主义

"Any会议"除了总结"建筑""建筑（物）""建筑学的"（architectural）概念，还特意翻新了"造物主义"（矶崎新＋浅田彰《建筑物的终结，建筑的开始》，鹿岛出版社，2010年）这篇命名奇特的文章，在这篇文章中矶崎新发表了如下略带有绝望余音的言论。

"这十年历程中,早就没有人谈论艺术和建筑了。不过即便如此,如果必须发表言论,他们就把艺术读作'art',把建筑读作'architecture'这样片假名的读音……这被称为建筑不完善综合征。无论相信还是不相信建筑,这是每个人的自由。但是,建筑存在于这个时代普遍的职业羁绊中,换言之,在尝试设计并实施具有社会性的工程时,论述建筑的线索就会消失,这种令人恐慌的状况就会发生。虽然持有建筑师头衔,但同时对建造建筑的真实感变得越来越淡薄,他们会自称为设计师、艺术家。这不仅仅发生在日本,也是在全世界范围内发生的事。"

从"'建筑的解体'综合征"到"建筑不完善综合征",与其说是情况更加严峻,倒不如说是慢慢变得清晰。"1968 年"是"通过对神学的否定或者打击反对派来延长寿命"的时期。存在"批判(拒绝)艺术的艺术"和"批判(解体)建筑的建筑",即"将自己提及批判的内容变成自身的设计方法"的状况。然而最初这并不是普遍的方法。"建筑的解体"没有进行到终点吧。依靠 IT 革命实现的网络设施,将"自我提及的批判内容变成自身的设计方法"等这种知识性操作变得没有必要,因为只要敲敲鼠标就能够把所谓的"设计"学到手。"建筑日记"相继停刊,建筑批判的场所慢慢丧失。建筑出版物变成了"咖啡桌书籍"或者是"可视相册"的状态。

据说矶崎新是根据电脑算法使建筑设计(算法建筑)变为流行事物的,也可以说它已经成为流行事物。但是,即使已经如此流行,矶崎新也还在努力并希望确认"在其方法背后,若没有强有力的亲身体验作保证,建筑也不会出现。"

"建筑""建筑(物)""建筑学的",无论哪个领域都将成为联系下一个世纪的纽带,这就是"造物主义"。

"建造物宣言"

作为"Any会议"的总结,即使被称作"建造物的结束,建筑的开始",却没有开始。即使关于"建筑"的再生有很大希望,但是"建造物的结束"也没有根据。"建造物"逐渐蔓延,并且趋近覆盖全世界。

看到"建筑""建筑(物)""建筑学的"这种题目,我情不自禁想起的,是宫内康的《哀怨的乌托邦——宫内康建筑论集》的"变序"(第4章1)中以"从《建筑》到《建造物》"为题的短篇文章。

其中,宫内康提出"'建筑',至少在近代以后的建筑,是建立在人类生活以及无休止的技术化对象之上,人们服从其固有的理论,他在理论的自我活动中,在'现实'或者'生活'中,拥有不断远离生活的构造"的言论。其实我想写下全文,但由于篇幅所限,只得忍痛割爱,将它作为主旨。

近代的问题在各分工领域中都普遍存在,在建筑领域中,由于把人类生活整体作为对象,所以可以创造出某种奇妙的虚构世界。"根据技术理论,出现了被称为艺术的诸多新领域,却否定了把想象力作为日常生活的动力,因此,有时它还可能成为对现实整体的反应,而并不是一个独立的虚构世界",具备固有的内在理论,与具有确定有效性的各个工学领域不同,"由于基础的薄弱和不确定,有形式理论辩证法的混杂领域,与日常性紧密关联,然而却与日常的真实性有着微妙的错位,这创造了独立的世界。"

这里说的"建筑",即所谓的"近代建筑——作为作家的建筑师凭借自己的幻想建造建筑",有着明确的二元结构。"我们所看到的大多数建筑,是能体现自身日常性的匿名建筑。由此倒不如说,是被称得上'建筑'的建筑占据,所谓'建筑师'建造的'建筑',只是其中的一小撮而已。""建筑","与其说是日常性产物倒不如说是通过贯彻经济理论而被创造出来的,正是如此。""建筑"也被叫作"'经济型+a'(!)"。"建筑"启蒙了"建筑物",提高了其整体水准,是近代建筑的主要理念。然而"建筑","在大部分的场合里由于难以使用,却扰乱了生活!'建筑'一向在无法成为'建筑'的独自理论下成长,两者一直在向两极方向分化。由于'建筑'领域有着二重意义,具有与日常性的真实性相偏离的构造。'建筑'领域,即使遵从日常性也是不可思议的领域,即使是外行也能明确地看出其全貌。只是我不确定外行是否能够一向如此。"

此外,宫内康曾对近代建筑断言道,当建筑已经不是普通建筑物时,也不会因为它是法西斯统治时期留下的纪念而成为战绩。

"不是作为权力意志表现的'建筑',而是作为民众意志表现的'建筑'的话,首先就必须要粉碎带引号的'建筑'。'建筑'具有两重意义上的与日常性背离的机制,废除暧昧性及对生活的掩饰,必须要坚持不懈地寻找日常性与建筑之间存在的新的更加直接的联系。而线索或许在托马斯·穆尔(Thomas Moore)以来的乌托邦中。乌托邦所拥有的崭新世界和苍老世界的短路与交接的构造暗示着我们,有某种直接却充满幻想、暴力却充满幸福的城市与建筑。到那时,'建筑'第一次去掉了引号,无论是'建筑物'还是'建筑',都将作为某种匿名的建造物而出现。"

最后的宣言

我总结了1992年因癌症病逝的宫内康的全部著作《哀怨的乌托邦——宫内康居住的场所》(连歌书房新社,2000年),请求发表在矶崎新卷首的一篇文章中。裁判斗争耗费精力,矶崎新邀请屡次失去关于建筑的发言机会的宫内康进行"赫尔墨斯"对谈(《建筑与国家》3号,1985年),

表明他对于宫内康的一贯同情。虽然他发表了名为"'建筑物宣言'的宫内康"的文章，表达了对于宫内康的诚挚敬意，但在《建筑师的礼物》中将题目改为"宫内康是有着激进主义意志的人"。

于是，矶崎新在之前的文章"'建筑'到'建筑物'"的末尾，提出决定性宣言。

接下来是更具决定性的宣言如下：

"被压抑的大众所创造的建筑物，常采取极其普通的形态，作为应该被创作的煽动性建筑，其规模要尽可能大。这并非允许有形态特权的空间私有化，而是表示形态空间的公有化的态度。这将全部了解的可能性变成部分不了解，必须用部分无限透明性以及全体不可还原性来回答。"（"作为煽动的建筑"，《侵袭风景——大学 1970-1975 年宫内康建筑论集》，相模书房，1976 年）

我最初认为，矶崎新应该是一边熟悉宫内康的宣言，一边重新论述"大字建筑"就是"建筑"。让"建筑"解体！提到这句话时，解体的对象是"作为艺术的建筑"，虽然被 19 世纪的概念束缚，但去掉其引号的话，其超越性的概念渗入建筑物的细节，会使得逻辑不明确。在建筑中艺术性蔓延的元凶，是被称作人类学的人类主义和主体性论的近代思想。把"建筑"换成"构筑"，摸索引号的添加方式，进而启发创造者。

问题的构成如上所述十分清晰。

所以，矶崎新把宫内康的"建造物宣言"称为"带有乌托邦 1968 年死亡日期记录的最后宣言，悬在宇宙空间并经过了 20 年，尝试将新状况进行总结，并成为面对新时代的最初宣言。"

反建筑

但是，趋势已经很明显。宫内康的宣言果然如最后的宣言一样。早就能预见到，矶崎新在选择"大字建筑"这种虚构的平面中孤军奋战。世界资本主义的自我运动吞没了"建筑"和"建筑师"，可以看出其所有思想行为的表述正不断被废弃。

我从 2002 年 1 月到 2003 年 12 月一直在日本建筑学会的《建筑杂志》担任总编辑。虽没有在杂志封面上出现过，但在网络上公开的"编辑长日志"中，记录了委员会的组阁与计划相关的全过程。我在 2001 年 7 月组织了委员会，却突然遭遇了"9·11"。

我认为矶崎新肯定想参与这个计划，在 2002 年 11 月特辑"都市的踪迹——都市空间的写生"（"思考作为'灵'的都市""向着草根的都市规划"，《建筑杂志》2002 年 2 月号）的卷首刊登了矶崎新 VS 伊藤滋的对谈。由于两个人都繁忙而不得不分别进行采访，即使回过头来看文章，其内容也不能代表矶崎新当时思想的核心。我们应该听到的是更直接地阐述"都市构想"与"大字建筑"有怎样的关联，且是否依然有效。可以说矶崎新原本是作为城市设计者起步，发表了"都市设计的方法""日本的都市空间"等，《向空间》中收录了他许多与城市设计相关的理论。在"在现代都市中的建筑概念"（《建筑文化》，1960 年 9 月号）这一最早的随笔中，把如今我们谈论的城市设计的手法作为"都市组织"（Urban Tissue/Urban Fabric）的问题，也表明他对于一定的建筑形式与其连接系统的问题有过明确设想。像"都市破坏业 KK"（《新建筑》1962 年 9 月号）那样的"Urbanics 试论"（大谷幸夫）的正统路径的界限也有过明确设想。所以，出发点是有关在空中都市重置废墟的"孵化过程"。

矶崎新所构想的都市的未来模样，开始时就没有探讨实现设想的社会性、经济性、技术性等可能性。《建筑的解体》之后，他宣布了"从都市开始撤退"。如果这样的话，拆毁都市的构想（《UNBUILT/反建筑史》，TOTO出版，2001年）又具有怎样的意义呢？"即使是空想、梦境、不可能实现的愿景也好，将'构想'描绘出来非常重要。"但是，"即使把宏大规划的构想让一个人来创造，其作品也只不过是建筑，不是城市。"这是先前采访的结果。那么，到底应该怎样才能接近城市呢？

冒犯你的母亲，刺杀你的父亲

矶崎新说住宅不是"建筑"。自"小住宅设计万岁"（《建筑文化》1958年4月号）以来，矶崎新就讽刺了"住宅设计"或者"住宅设计师"。因为，他认为普通标准的住宅不是建筑。最近，他更盛气凌人地表达了"住宅是建筑吗？"（《住宅的射程》，TOTO出版，2006年）"建筑师究竟是设计出了什么而被称为建筑师的呢？没有人只作住宅设计就能成为建筑师，并在历史上留下名字""住宅设计是妇女孩子作的"，而即使他没有这样说，但也有这种语气了。不管是密斯也好、赖特也好、科尔也好，虽然设计了很多住宅，但只有能够从住宅脱离并完成重大工程，最后才能成为建筑师。

在其言论中心的是对nLDK的批判，以及对西山·吉武规划学批判。更为认真的，是他还写了一篇名为"回想起'造反有理'时"（《反回想Ⅰ》，ADA·edit·tokyo，2001年）的随笔。虽然作为吉武研究室最后一位研究生的我对此不能袖手旁观，但我对nLDK的批判却没有异议。同时，关于对"设施＝制度"（Institution）的批判甚至还是我的出发点。"冒犯你的母亲，刺杀你的父亲"这种矶崎新的煽动性语言，若是用简易的说法来表达，就是坚持"批判统一的标准模式的住宅"的方针。据说矶崎新亲自设定了范围，事实上它由"日本"与"建筑"双重主轴来支撑。而且，他回应道"冒犯你的母亲，刺杀你的父亲"这句口号的母亲是指日本，父亲是指建筑。

无论是矶崎新，还是其他人，如果通过吹嘘对"建筑"的特权来排除某些事物的话，结果就不得不奔向被排除的方向。不管是"建筑物"还是"建筑"，都指向"建造物"。

为什么回想起前川国男的言论呢？

"建造工棚的人一心建造工棚，建造工厂的人一心建造工厂，诚实地把目光倾注于全部环境。"

用矶崎新的话来说，正是把所有的事物连接起来，才有了"造物主义"。

第9章 注释与文献

*1

"因为群马县立现代美术馆的现代美术栋建筑刚刚完成,所以我想起了那些日子"("反回想Ⅰ",ADA EDITA Tokyo,2001年,第243页);"语言果然是后出现的"(《建筑的修辞》,美术出版社,1979年)。

*2

"原则上,只创造一个形象……尽量用最少的手段和形式来确立建筑的意图。如果额外的元素使人印象模糊,就应该把它们去除掉。如果它们难以看到,就把它们移位。直到不能再减少的地步。事实上,这正是设计的初衷。"("○○后名"《寻找建筑师》,第244页)。

*3

"早些时候,我读过勒·柯布西耶的所有著作,但即使我理解了他的新建筑五点和他对城市设计的想法,像《空间新世界》这本书中,他在绘画到城市的全范围内发展他的空间观。本来应该是简单的一本书,但我无法理解。"

*4

在《向空间》中,提到了作为"印度的伊斯兰建筑"的法塔赫布尔西格里,还有关于清真寺的文章。然后,在进入21世纪之后,矶崎开始在伊斯兰圈工作。

*5

"这是一个相当粗糙的形态,所以评委们意见不一,但我作为委员会主席,授予了一等奖,并会说:这是一匹黑马,且程度刚刚好。"(《我的简历(24)》)

*6

简而言之,该理论(逻辑)是:"为了创造一个永恒的建筑,你应该创造一个事先被废墟化的建筑。"

*7

《废墟与兵营——建筑的死亡与重生》[小阪修平(编),《作为地平线的时间》,作品社,1987年],《布野修司建筑论集Ⅰ:废墟与兵营——建筑中的亚洲》(彰国社,1998年)。

*8

"当初选择建筑专业是因为我擅长数学和绘画"[《我的简历(1)》"战后现代主义建筑的轨迹:丹下健三和他的时代""矶崎新的思考力——建筑师要在哪里立足",王国社,2005年,第

53页]。"有一个学长教导我,如果你把艺术和技术加起来除以二,就是建筑学,所以我就去学了建筑学"("命名",《寻找建筑师》,第30页)。他在高中时的老师古后楠德(关西大学名誉教授)让矶崎爱上了数学,并告诉他:"'代数'是没有用的,去学'几何学'吧。"据说矶崎新正是受到这句话的启发而去到了建筑系。

*9

"我遇到了勒·柯布西耶的《空间新世界》(*New World of Space*)"("我的简历(1)""矶崎新——建筑是一个容纳黑暗的空间",《建筑师的礼物》,彰国社,2000年)。

*10

新达达主义(Neo·Dada)这个名字由艺术评论家哈罗德·罗森堡(Harold Rosenberg)创造,将罗伯特·劳森伯格(Robert Rauschenberg)和贾斯帕·约翰斯(Jasper Johns)等画家,以及阿兰·卡普罗(Alain Kaprow)、克莱斯·奥尔登堡(Claes Oldenburg)和吉姆·迪恩(Jim Dine)等从事诸如"发生"的行为艺术的人们集结在一起。这是发生在20世纪50年代末和60年代美国的一个艺术运动。

*11

1899-1966年出生在日本福冈县。中学在东京府立三中的理科甲一班,1922年毕业于东京帝国大学工学部建筑系。1929年成为东京大学的教授。1947年至次年担任日本建筑学会会长。1949年获得了艺术学院奖。丹下健三、前川国男、立道真造和滨口隆一是岸田研究室的成员。他的主要作品包括安田礼堂(1925年)和东京大学图书馆(1928年),他的主要著作包括《奥托·瓦格纳》(岩波书店,1927年)和《过去的构成》(相模书店,1951年)等。

*12

"艺术与争论""螺旋工房纪事(连载)",《建筑文化》1978年4月号。

*13

1910-1999年。1934年毕业于东京帝国大学工学部建筑系。1933年成立了青年建筑师俱乐部。1938年起草了《伪满洲国大同市规划》(大同城市规划)。1943年转入东京帝国大学第二工学部。战后不久组建了国土会。1949年在东京大学担任教授。1962年在东京大学工工学部创立城市工学系。1965-1967年任日本建筑学会会长。曾担任许多重要职务,包括城市规划中央委员会成员、国家土地开发委员会成员、日本原子能工业委员会执行主任、城市防灾研究所基金会主席、日本沿海地区委员会顾问和人类道路委员会主席。

*14

矶崎新在"自然"和"人工"概念的基础上讨论了岸田日出刀与丹下健三的关系,这确实很有意思。

*15

他甚至让岸田日出刀和他的妻子卷入了第一次离婚纠纷(《残存的建筑——现代建筑的保存和轮回》,岩波书店,1998年,第54页)。

*16

"战后现代主义建筑的轨迹,丹下健三和他的时代""矶崎新的思考力——建筑师要在哪里立足",王国社,2005年,第82-85页。

*17

"有人问我与'新陈代谢'团体的关系,于是我回想起那个时候"(《反回想Ⅰ》,ADA EDITA Tokyo,2001年,第20页),"不知怎的,没有任何愧罚感,我回到了1968年"("我想到了1968年,《历史的堕落》开始时",《反回忆Ⅰ》,同上,第153页)。

*18

未来废墟的蒙太奇,如"再次成为废墟的广岛",具体地呈现了城市的反复毁灭(死亡)和重生(生命)。

*19

"世博会的谣言又开始传开了,所以我又试着回想20世纪70年代世博会的日子"(《反回忆Ⅰ》,ADA EDITA Tokyo,2001年,第182-197页),《战后现代主义建筑的轨迹,丹下健三和他的时代》(《矶崎新的思考力》,第111-115页)等。

*20

"第五章 大阪世博会和西山卯三",《西山卯三的住宅和城市论:它的当代验证》,住田昌二+西山卯三纪念住宅和城市规划文库,日本经济评论社,2007年。

*21

"设计的图章"(特辑:"重新思考日本现代建筑的历史:一种虚构的崩溃"),《新建筑》临时增刊,1974年10月号。

*22

《建筑的修辞》(美术出版社,1979年),《建筑的地质层》(彰国社,1979年)。

*23

《早稻田文学》(1989年7月号),"作为形象的帝国主义"(青弓社,1990年)。

*24

"巨型城市化",青木保编,《亚洲新世纪八 构想》,岩波书店,2003年。Shuji Funo: Tokyo: Paradise of Speculators andBuilders, in Peter J. M. Nas (ed.), Directors of Urban Change in Asia, Routledge Advances in Asia • Pacific Studies, Routledge, 2005

*25

矶崎新＋浅田彰《楼宇（Building）的终结,建筑（Architecture）的开始》、矶崎新＋浅田彰编《Any：建筑与哲学会议——1991-2008》(均出自鹿岛出版社出版,2010年)。

第10章

建筑的本源
成为建筑少年

时光飞逝，白井晟一这位著名的建筑师去世（1983年）已快四十年。作为日本近代建筑师代表的前川国男于1986年去世，时间稍晚于白井晟一。两人均出生于1905年，晚年关系交好。前川国男在白井晟一的葬礼上，对先走一步的故人献上"明辨日本黑暗的同行者已经走了"的悼词。

前川国男死后二十年，2005年末到2006年，纪念前川国男百年诞辰的"前川国男展"在日本各地举行。2005年3月，前川国男的弟子，也就是领导了战后日本建筑界的丹下健三也去世了。丹下健三是近代日本诞生的最著名的"国际建筑师"。丹下健三的离世，不论承认与否，都是一个时代的终结。当我思考这件事时，白井晟一的次子昇历先生打来电话，距我们上次见面已恍然30余年。为何如此偶然，能在丹下健三设计的大厦中的漂亮小酒馆见面呢？那时我们好像要说的话很多而忘却了时间。

白井晟一展进展得不太顺利，虽然那是不值一提的事，在不得不放弃"虚白庵"（1970年）的事件后，又开始担忧。但即使在意也于事无补。只是，"虚白庵"是无论怎样也不能保留下来了，就此事，我曾同安排前川展的松隈洋及在日本建筑学会频繁碰面的宇野求，还有早稻田大学中说过可以帮助白井展的中谷礼仁等一同商讨过。然而，时光飞逝，到了年初，历麻吕先生又来了电话，因组织"虚白庵"最后的赏梅会，所以提出赴约的邀请。于是我便与松山严先生打了招呼，两人一起在晚上度过了一段开心的时光，动情地回忆起当时有志于建筑的种种。

这之后的经过就此省略。"虚白庵"转眼之间被解体拆除是一件让人痛心的事。但是，关于白井晟一的小议论不断聚集，形成了也称不上执行委员会的团体，进而形成了一种流派。并最终促成了白井晟一展（"白井晟一 精神与空间"，群马县立近代美术馆，2010年9月11日–11月

3日)。我虽是执行委员会代表,但也只是挂名。我参加了10月9日在群马县立近代美术馆召开的研讨会,也认为围绕白井晟一有不少应该思考的事情。

作为原点的白井晟一

白井晟一持续成为我的"建筑"原点。理由非常明确,我最早撰写的关于"建筑"的文章是有关"圣玛利亚馆"(1974年)的批评文章。即以"悠木一也"为笔名写下的以"偷盗不可得,以虔诚的祈祷供奉的体块——圣玛利亚馆"("建筑文化",1975年1月号)为题的文章。《建筑文化》杂志(彰国社)的编辑部长田尻裕彦,到底为什么指定在大学院对"建筑"一问三不知、连什么是大海什么是高山都不知道的我来作为白井晟一这位大建筑师作品的评判者,至今仍然是个谜。

去参观"圣玛利亚馆",我写道:"我走过细细地雕刻着'追求吧'的石头,被引导进入校园,确实屏住呼吸在期待某些特别事物的出现。……徘徊在体块的周围。能看到两个体块的交接,直接激发了肉体的实感。称不上任何曲线的椭圆体块与吊起的凹部非常妖艳。这么说的话,我站立的地方是年轻女孩们的乐园。是两个体块的辩证法。在这里,不让他们衔接,在被关闭的椭圆红色碎块中,白色的墙面与有着大开窗的不定形尖角的楔子相当吻合。两个鲜明的对照,是在惨淡的光中能看到其对话和交欢的情境"等等。返回来阅读,感知"建筑"的体验清晰地复苏。

以上感受,就在悠木一也的个人体验中结束吧。然而,即使现在反过来阅读,也还是感到羞愧好像脸在发烧,拙劣的文章登载不久,意外的事情发生了。我被白井晟一邀请到"虚白庵",出来迎接我的,是他的次子白井历麻吕先生。由于他本人不在，虽然扑空，但我反而得以毫无避讳地参观了"虚白庵"。无论怎样，"即使有因为好奇想参观的人们，但对主人来讲，公开私宅还是有所顾虑"（"无窗无尘"，《无窗》，晶文社，2010年）。桌上醒目地放着道元方丈的《正法眼藏》，到现在都能感到当时身体被拉入浑然"黑暗"中的感受。特别由衷感谢的，是不知道是号称什么马骨头的奇怪笔名的作者，花了五万几千日元，把刚出版就被作为限定刊号的《白井晟一的建筑》（中央公论社，1974年）一书赠送给我。

是幸运还是不幸？虽然在这之后没有和白井晟一面对面的接触，白井历麻吕为了彻底客观地审视父亲白井晟一，在他创刊的《白井晟一研究》的第2卷（南洋堂出版，1979年）中，邀请我撰写以"虚白庵的黑暗——白井晟一与战后建筑"为题的文章。与其是对于白井晟一及其建筑的追问，倒不如说是通过白井，追问出日本"战后建筑"的理论。以白井晟一论为核心，我出版了处女论文集《战后建筑论笔录》（相模书房，1981年）。

白井神话的诞生

我有志于"建筑"的时候，对我而言，白井晟一这位"建筑师"是充满疑团的、神秘的、非常不可思议地在现实中存在着。去世三十余年后的今天，我越发体会到他是稀有而珍贵的"建筑师"。

白井晟一设计的"亲和银行总行"（图1、图2，1967-1970年）获得1969年日本建筑界最高奖——日本建筑学会奖，当时他64岁。虽然凭借"秋的宫村办事处"（1951年）、"松井田市办事处"（1956年）、"善照寺"（1958年）等作品，第一次获得高村光太郎奖（1961年），但是

图1. 亲和银行总行，一期（1967年），二期（1970年），白井晟一

图2. 怀霄馆（亲和银行总行三期），白井晟一，1975年

建筑界的评价却姗姗来迟。此外，在评价他的发言中写道："在以当今建筑的历史性命题为背景来讨论白井晟一时，他是一位有大问题的作家。而在社会条件下讨论时，也不能说毫无疑问。"

与同样是生于1905年的前川国男的"日本相互银行总行"（1953年）、"神奈川县立图书馆及音乐馆"（1954年）、"国际文化会馆"（坂仓准三＋前川国男＋吉村顺三连名，1956年）、"京都会馆"（1961年）、"东京文化会馆"（1962年）、"蛇之眼缝纫机工业总社大厦"（1966年）等作品在建筑学会中连续得奖的评价相比，对白井晟一的评价可以说是相当低和冷淡。1968年，前川国男凭借"对于近代建筑发展的贡献"获得了更高级别的日本建筑学会大奖。

在此有了"主导日本近代建筑的前川国男"VS"从近代建筑的主流中脱离而出的'异端建筑师'白井晟一"的评论。虽然这让人感到稍许意外，但是正如前文所述，两人之间有过诸多交流，晚年也因参加"风声"的小圈子而亲密起来。在同一年代，同样有着战前出国经验的两位建筑师相比较，有很多共同点，这真是意味深长。

获奖之后，白井晟一开始一跃崭露头角。继"亲和银行总行"（一期、二期）之后，陆续发表了"虚白庵""诺亚大厦""圣玛利亚馆"（同时是1974年）"怀霄馆"（1975年）等杰作。结果，把白井晟一称作是"有大问题的设计师"这个"问题"便是问题的内容，"不是毫无疑问"这种言论则成了"疑问"。

回过头来看，主导了20世纪60年代日本建筑的是丹下健三。在建筑新闻界处于鼎盛的20世纪50年代后期，杂志上有"传统争论"的文章，记录了丹下健三和白井晟一的对立，丹下健三是时代的统治者。"东京天主圣母玛利亚大圣堂""国立室内综合竞技场"（同于1964年）"山梨文化会馆"（1966年）等此类杰作相继成为热议话题，丹下健三作为1970年大阪世博会EXPO'70的首席设计师，展现出华丽的时代。历经20世纪60年代的丹下健三，成为代表世界建筑界有影响力的国际建筑师。

然而，20世纪60年代末，日本建筑状况急剧改变。丹下健三在海外的工作成为主导，几乎彻底在日本消失了。象征着这种明显转变的是白井晟一，我们可以明确地证实这个过程。

公认的礼仪

我升入大学的1968年，正是巴黎"五月风暴"那一年。在日本，以日本大学、东京大学为起点，"学生运动"之火在全国蔓延，不只是学校，连街头也经常笼罩着躁动的氛围。到了6月，东京大学全校学生开始罢课，导致将近一年没有上课，连次年的入学考试也被迫中止。这是大学有史以来从没有发生过的事情。2010年4月17日，东京大雪纷飞，我想起在41年前的同一天，东京也是被积雪覆盖。"东大斗争"在1969年1月19日的"安田讲堂"沦陷之后，开始急剧收敛，4月再次开始授课。到现在我脑中还时常浮现那种呆呆地望着大讲堂外因反季而积雪的鲜明记忆。

如矶崎新所写的那样，"我虽然是20世纪60年代的人，但是具备建筑师的思考方式那要到1968年了"，一直拘泥于1968年的建筑师正是矶崎新。矶崎新对"1968年"的"异议申诉""反""叛""自我否定"一直有着同感和共鸣。就是这样的矶崎新，在1968年初，就"亲和银行总行"的设计，在白井晟一论中写下了"在最高潮冻结时间，与裸体的观念相吻合，选择一瞬间的共存进行组合，正是'晟一的嗜好'的表达，以及现代建筑中的风格主义构思的意义"这个冗长的题目。该文章对白井论具有极其重要的影响。

如前文提到的，矶崎新从丹下健三事务所（URTEC）退职，以"矶崎新工作室"成立为契机设计的"大分县立图书馆"，在他37岁那年获得日本建筑学会奖。这比白井早两年。在第二年，白井晟一抢先在"建筑年鉴奖"中获奖，接着以"福冈相互银行大分分行"获得艺术选奖新人奖（1969年）。我们是读了飒爽亮相的矶崎新编著的白井论后，才知道了白井晟一。原广司在稍早期曾试着采访了白井晟一（"人类、物质、建筑"，《设计批判》1967年6月号）。矶崎新的白井论后，陆续有宫内康（"近代的检举——从亲和银行来看"，《建筑文化》1969年7月号）、长谷川尧（"呼唤'父亲'的要塞"，《近代建筑》1972年1月号）等的文章发表。原广司的《建筑有何可能性》（1967年）、宫内康的《哀怨的乌托邦》（1971年）、长谷川尧的《是神庙还是地狱》（1972年），还有矶崎新的《向空间》（1971年）、《建筑的解体》（1975年）都是我的必读书目。所有年少气盛的建筑师、批判家都追捧着白井晟一，很明显这种现象成为建筑界的历史性事件。

圣地巡礼

我在"圣玛利亚馆"一文中所写的内容，卷入了白井风波的漩涡。

"关于白井晟一的言论未必那么容易说清楚。因为围绕白井晟一及其作品产生了一个完整的言论（所谓的白井神话）体系，而所有关于他的言论都不能避免以此为前提。支撑白井晟一的这种特异性构造，已经存在于他想要说明的事物内部。极端地说，对于白井晟一要么是一味地致敬，表示完全归附，要么是作出漠不关心的样子，完全无视。我甚至感到，其中似乎只有一种是被允许的。当然，如果后者的语言不能成为'言论'，那么所有的言论便都只会使白井被神话。其结果，想通过对比白井晟一及其作品，尝试定位其脉络的方法，便欠缺说服力。因此，不能够只有抗拒神话的言论。"（"虚白庵的黑暗——白井晟一与战后建筑"，《白井晟一研究Ⅱ》）

为什么说是白井神话呢？因为不能理解，即对白井晟一及其作品集无法作出解释。第一，不允许白井晟一的作品因为具有多重意义而被归于容易理解的位置。也就是说，他仍然不被日本建筑主流文化所理解；第二，因为白井晟一来历不明，充满谜团。最终，白井晟一及其作品集被作为具有多重意义的文章被世人解读，根据场合，允许将其定位为包含矛盾并具有双重意义的一类作品。

对白井晟一，有人指出了其国际性，也有些人指出了日本形式的一贯性；有人称赞他的"精神主义"，有人歌颂"物质转化为意识"；有人看到了激进的"变革者",有人看到了"反动性保守主义者";有人指出了"形式主义",也有人评价了"唯物主义"。假如有人指出他为"风格主义",就有人会说远远不到"风格主义者"的程度。

总之,对于"白井晟一神话",在20世纪70年代,白井晟一的作品"建筑旅行",也被称作"圣地巡礼",成为建筑系学生或者年轻建筑师的必修课目。白井晟一的"吴羽之舍"(1965年)的图纸集"木制的详图3 住宅设计篇"(彰国社,1969年)实际上成为设计制图的教科书。在高崎市,与"焕乎堂"(1954年)、"松井田市办事处"的工作有着紧密联系的建筑师水原德言,经常会有以白井晟一作为毕业论文题目的学生前来拜访(水原德言,《白井晟一的建筑与人——绳文式》,相模书房,1979年)。

建筑的根源

以上作为铺垫,我按照展览会图录[1]中的要求撰写白井晟一论[2]。即便是关于战前的白井晟一,我也是按照自己的思绪来理解。写完白井论之后,因为有事路过平户,在佐世保看到了三五年前见过的"亲和银行总行""怀霄馆"。尽管正面挤满拱廊,整体被杂乱的景观包围,但至少在外观上是纹丝不动地耸立着。包括"虚白庵"在内的,被称作战后建筑名作的作品屡次被重建,这些建筑的外观总是保持不变。我想,建筑必须要有不易被破坏的表现力。

关于白井晟一,我重新思考的,是"建筑"这种精神。这种意义中,从他于1933年归国开始着笔,在东京山谷生活了两个月之后,毅然决定将来要成为建筑师,努力地投身于建筑研修并开始写书,尤其是闷在"虚白庵"的时期非常引人注目。白井晟一必然会被新闻界所关注。然而，我想也许最终会朝着建筑的根源追寻下去。

关于建筑的根源，指的是产生建筑的场所，组成建筑要素的材料，另外也是建成建筑的方法。

白井晟一非常喜欢使用石头和瓦片。他在"松井田市办事处"，使用了在上州地区使用过的多胡石来铺砌。在"亲和银行东京分行"（1963年）使用了四国高松郊外庵治村（现庵治市）的花岗岩，据说这是雕刻家流政之介绍的。他在"亲和银行大波止分行"（1963年）使用了九州产的粘板岩，"怀霄馆"使用了谏早石。不仅限于地区生产的材料，他还使用了韩国和北欧的石材。工作闲暇之余，他亲自去巡查了各地的石材仓库及石工作业。曾对在现场的各个环节的工人说道"你们所做的工作，即建筑本身，也即是主人……无论何时建筑在你们面前注视着你们，石头，玻璃，墙壁……没有看不到的时候。"（"听书 对于历史的馒头"，《艺术新潮》1975年9月号），据说没有举行过竣工仪式和庆功宴等。

最终，我认为向白井晟一学到最多的，是单纯明朗、经验、思想，以及建立在这些之上的建造。

"虽然说是思索与经验，我想这也是不同的事物……在不断地实验与实践中，除了建立自己的东西，此外别无他法，无法很快掌握。"[3]

注释与文献：

1.《白井晟一——精神与空间》，青幻社，2010年。

2."虚白庵的黑暗——白井晟一与日本的近代建筑"，出自《白井晟一——精神与空间》。

3."虚白庵随闻"（访问，平井俊晴＋岩根疆＋盐屋宋六），《白井晟一研究Ⅴ》，南洋堂出版，1984年。

后　记

2011年3月11日14点46分，东海大地震袭击了日本，里氏9.0级，是历史上最大规模的地震之一，当时正是在写完本书完成二次校对之后。2004年12月26日，日本遭遇了斯里兰卡海岸的印度洋大海啸，不禁回想起当时差点丧命的那种惊骇的、逼人的寒气，当时刚刚才意识到发生的事情，公车和汽车还有船都已经开始翻滚了。在海岸周围有多达500人丧生。这是噩梦重现？不，此次海啸超出了用"重现"等语言所能表达的程度。而且，引发了前所未有的原子核发电站泄漏所导致的致命问题。

一个月之后，福岛的第一原子核发电站还是没能抵御住冲击。这是日本，或者说是世界有人类起源以来前所未有的经历。"2011·3·11"至少对于日本历史来说，是永远不能被忘记的一天。

脑海中马上浮现出2001年9月11日，1995年1月17日，还有1945年8月15日这几天。回过头来看的话，以1945年8月15日为界限，对日本建筑界战中战后进行追问的是《战后建筑论笔录》（1981年6月15日）。回顾此书，也使第二次世界大战与建筑的20世纪60年代重合，展望了近代建筑发展方向、产业社会的飞跃方向。而且，1995年1月17日的阪神淡路大地震，动摇了日本战后建筑的依存根基，也逐渐明确了必须要超越前者的意识。把阪神淡路大地震灾难补充进《战后建筑论笔录》的，是"战后建筑的终结——世纪末建筑论笔记"（1995年8月31日）。

事实上，包括在这之后的15年，以代表了日本战后建筑历史和日本建筑师的足迹为轴线，加入个人历史以吸引人继续探索的正是本书。然后是，期待着下一代，把新建筑的未来加入到"建筑少年的梦"，这就是本书所蕴含的思想。

此情此景，脑海中首先浮现的是战争投降后的废墟。好像回到原点，我被这种感受强烈冲击。因此，我认为必须再次启动与战争灾难后重建相同的复兴工作。不只是把战后日本列岛的形状原封不动地复原，从能源、资源、产业、一切视角来重新审视日本，要让日本获得重生，必须要创造新型建筑和城市。因此，"建筑少年的梦"是必要的！让所有学习建筑的少年们实现重建日本的期待，同时请在现场进行深刻思考，然后一起来寻找建筑的未来吧。接下来的时代，如果能有世界级建筑师诞生的话，就在他们之中，这绝对不是梦。

此书出版之际，想要感谢《建筑新闻》杂志的中村文美（现编辑部长）、西川直子（前编辑部长）、山崎泰宽、上田隆等，他们给予了"布野修司的现代建筑师批判 – 媒体中的建筑师们"（2008年1月号 – 2010年12月号）在该杂志连载的机会，中村文美总编辑帮助形成连载的基本框架，正是这些论文，成为本书的基本资料。虽然我并没有完全以此框架作为方向，但还是认为没有它就不会有本书的存在。每一次的原稿修改都得到了山崎泰宽的指导，期待在建筑界中继续扩大其宽广领域的山崎先生，今后事业能有更大发展。同时对上田隆先生在连载时期所描绘的建筑师肖像画表示由衷的感谢。很遗憾，这些肖像画并没有刊登在本书中，但这确实是一项非常特别的才能。非常怀念与上田先生一同去首尔为了清溪川取材的过往。

诚挚感谢负责出版本书的彰国社后藤武社长、富贵隆昭编辑部长。在编著《布野修司建筑论集ⅠⅡⅢ》中承蒙后藤武社长无微不至的照顾，在出版本书时又同样给予我正确的指导。对承蒙担任编辑业务的藤田英介先生热心细心的编撰，在此表示由衷的感谢。

正如本书开头所写的那样，《建筑文化》的"解开近代的咒语"的一系列事件给我留下深刻印象，包括此后在彰国社的逐渐成长对我有着深刻影响，这部作品能在彰国社出版，我感到实属荣幸。

2011 年 4 月 11 日

译者的话

时光飞逝，回国已七年多，从1992年毕业也恰好经过了"实践-学习-实践""不管三七二十一"的21年的从业经历。去日本留学前就曾有深入探究日本建筑师的成长历程的强烈想法，借此能为自己将来的发展明确方向。因为中国和日本都是东方文化的传承者和发展者，但日本建筑师却走在了我们的前面。这也算是我"建筑少年的梦"。

2006年在日本完成了博士论文《中日园林比较研究》顺利毕业，之后回到天津，正逢天津发展最快的时期。主持天津文化中心图书馆设计工作，与山本理显团队合作了四年，也算苦尽甘来，图书馆建成后得到同仁的广泛认可。至今给我印象最深的还是山本老师的设计理想。

也许是机缘巧合，建工社的刘文昕编辑邀请翻译布野先生的《建筑少年的梦》，当时看到这个题目，我就怦然心动，不知天高地厚地接下了这一任务。回来一口气看完了全书，脑海中不断涌现矶崎新的"大文字"建筑、藤森照信的"树屋"、伊东丰雄的"仙台媒体中心"、安藤忠雄"水之教堂"和山本理显的"横顶贺美术馆"等建筑……合上书后，习惯了形象思维的我，对于支撑他们建筑作品的设计哲学和社会理想思考有了更合乎逻辑理性认知，这是我最大的收获吧。

反思我们的建筑教育是不是正在扼杀无数"建筑少年的梦"？一是我们思想教育体系存在缺陷，是做有思想真实的建筑还是无意识虚伪的建筑；二是我们人才培养方式有局限，是培养画房子还是建房子的设计师；三是对我们自身社会认识不足，是具有社会责任的还是自我表现的建筑师。想到这些……就更想尽快将该书翻译出来。奉献给读者，尤其希望能为现在正在进入行业的年轻人提供帮助。

　　思易行难！在翻译中遇到许多想象不到的问题，其间得到了刘编辑的大力支持帮助，同时史书培同志参与文章的翻译、校阅工作，张泽鑫、陈伟杰同志在文字整理中也给予热心帮助。由于是业余时间完成，也得到了爱人吴育荣的包容理解，在此一并表示感谢。

　　最后，给读者两点建议，一是文章作者为了增强连续性和可读性加了一些个人逸事难免有些牵强，但译文忠实原著未做任何调整，如果读者不准备作系统研究可略去那些部分，不影响理解全文；二是对建筑师思想的认识一定要重视他的教育背景及时代特征，任何思想的形成都不是无源之水、无本之木，这也正是作者所强调的东西。由于译者水平有限，有不妥之处，请给予批评指正！

赵春水

2014年6月15日

布野修司（Shuji Funo）

1949年出生于日本岛根县。1972年毕业于东京大学工学部建筑系。1976年从东京大学的博士生退学。在东京大学工学部担任助手、东洋大学工学部任建筑系讲师之后，于1984年成为东洋大学工学部建筑系的助教，1991年担任京都大学建筑系的副教授。2005年起担任滋贺县大学环境科学系教授；2011-2013年日本建筑学会副会长。工学博士。

1982-2000年担任《群居》的主编，2002-2003年担任《建筑杂志》的主编。

1991年获得日本建筑学会论文奖，2006年获得日本城市规划学会论文奖。

他的主要著作有《战后建筑论笔记》（相模书房）、《贫民窟与兔屋》（青弓社）、《住宅战争——什么是住宅的丰富性》（彰国社）、《坎普的世界——爪哇民居志。》（PARCO出版社）、《战后建筑的结束：一世纪末的建筑论笔记。》（炼瓦书房新社）、《住宅的梦和梦的住宅——亚洲住宅理论》（朝日选书社）、《布野修司建筑论集Ⅰ、Ⅱ、Ⅲ》（彰国社）、《裸体建筑师：城镇建筑师论介绍》（建筑资料研究社）、《曼陀罗城：印度教城市的空间思想及其转变》（京都大学学术出版社）等。

作为第一作者或合著的著作有《现代建筑：超越后现代主义》（新曜社）、《亚洲城市建筑史》和《世界住宅志》（均由昭和堂出版）、《现代世界体系与殖民地城市》、《莫卧儿城市：伊斯兰城市的空间转型》、《韩国现代城市景观的形成——日本移民渔村和铁路镇》（均由京都大学学术出版社出版）等。

著作权合同登记图字：01-2012-0893 号
图书在版编目（CIP）数据

建筑少年的梦 /（日）布野修司著；赵春水，史书培译. —北京：中国建筑工业出版社，2023.7
ISBN 978-7-112-28717-8

Ⅰ.①建… Ⅱ.①布…②赵…③史… Ⅲ.①建筑师－生平事迹－日本－现代 Ⅳ.①K833.136.16

中国国家版本馆 CIP 数据核字（2023）第 081790 号

Japanese title: Gendaikenchiku Suikoden Kenchikushounentachi no Yume by Shuji Funo
Copyright © 2011 by Shuji Funo
Original Japanese edition published by SHOKOKUSHA Publishing Co., Ltd., Tokyo, Japan
本书由日本彰国社授权我社独家翻译、出版、发行

责任编辑：刘文昕　吴　尘
书籍设计：瀚清堂　张悟静
责任校对：王　烨

建筑少年的梦

[日] 布野修司　著
赵春水　史书培　译

*

中国建筑工业出版社出版、发行（北京海淀三里河路 9 号）
各地新华书店、建筑书店经销
北京建筑工业印刷有限公司制版
北京盛通印刷股份有限公司印刷

*

开本：787 毫米 ×1092 毫米　1/32　印张：11　字数：281 千字
2023 年 9 月第一版　　2023 年 9 月第一次印刷
定价：**58.00** 元
ISBN 978-7-112-28717-8
　　（40204）

版权所有　翻印必究
如有内容及印装质量问题，请联系本社读者服务中心退换
电话：（010）58337283　　QQ：2885381756
（地址：北京海淀三里河路 9 号中国建筑工业出版社 604 室　邮政编码：100037）